现代物流信息技术及应用

主　编　朱耀勤

副主编　侯玉杰　井夫卉
　　　　黄鹏斌　宋鹏程

北京理工大学出版社

BEIJING INSTITUTE OF TECHNOLOGY PRESS

内 容 简 介

本书全面系统地介绍了现代物流信息技术的基本理论及其在物流领域中的应用。本书共十一个项目，内容主要涉及物流信息化概述、条码技术、销售时点信息系统、无线射频技术、地理信息系统、全球定位系统、电子数据交换技术、自动化技术、仓储管理信息系统、运输管理信息系统及国际货运代理信息系统。本书提供了大量与物流信息技术相关的案例和实训操作任务，内容丰富，侧重实用性、操作性和应用性的结合。每个项目都有各种补充材料，便于读者理解和巩固各项目的内容，是比较成熟的物流信息技术教材。

本书可作为物流管理、物流工程、报关报检、港口业务等专业本科生的教材和专业学位研究生的教材，也可作为从事物流管理、物流工程领域的专业技术人员的参考书。

图书在版编目（CIP）数据

现代物流信息技术及应用 / 朱耀勤主编 . —北京：北京理工大学出版社，2017.4
（2021.3 重印）

ISBN 978 – 7 – 5682 – 3936 – 3

Ⅰ. ①现… Ⅱ. ①朱… ①物流 – 信息技术 Ⅳ. ①F253.9

中国版本图书馆 CIP 数据核字（2017）第 079967 号

出版发行 / 北京理工大学出版社有限责任公司

社　　址 / 北京市海淀区中关村南大街 5 号

邮　　编 / 100081

电　　话 / （010）68914775（总编室）

　　　　　（010）82562903（教材售后服务热线）

　　　　　（010）68948351（其他图书服务热线）

网　　址 / http：//www.bitpress.com.cn

经　　销 / 全国各地新华书店

印　　刷 / 涿州市新华印刷有限公司

开　　本 / 787 毫米 × 1092 毫米　1/16

印　　张 / 16.25

字　　数 / 382 千字

版　　次 / 2017 年 4 月第 1 版　2021 年 3 月第 3 次印刷

定　　价 / 45.00 元

责任编辑 / 申玉琴

文案编辑 / 党选丽

责任校对 / 周瑞红

责任印制 / 李志强

现代物流信息技术是信息技术在物流各个作业环节中的综合应用，是现代物流区别于传统物流的根本标志，也是物流信息化、现代化的重要标志。在现代物流信息化的应用中，信息技术是必要的前提。

物流信息技术是应用在物流活动各个作业环节中的信息技术，它是建立在计算机、网络通信技术平台上的各种应用技术，包括硬件技术和软件技术，如条码（BarCode），射频技术（RFID），电子数据交换（EDI），全球卫星定位（GPS）技术，地理信息系统（GIS），仓储、运输、货代管理信息系统，以及在这些技术支撑下的数据库技术，面向行业的信息系统等软件技术。

"十三五"规划中指出，发展食品物流、绿色物流和快递行业，推动物流信息技术的应用，对促进现代物流的科学发展和加快转变经济发展方式，具有重要意义。本书是一门理论性、实践性很强的课程，在编写过程中，力求突出以下特点。

1. 体系新颖

本书基于项目为基础，以岗位技能训练为辅助。每个项目是由不同的任务组成，任务的第一部分是基础知识的学习，第二部分是技能实训，主要是对学生进行岗位能力的培养。每个项目任务又具体包括技能目标、知识目标、预备知识和工作任务，结合案例分析、有针对性的思考题、实训项目等使本书具有很强的可读性。每个项目配有"项目简介""工作流程""学习目标""案例导入""相关知识""实训项目""知识扩展"。

2. 实践性强

本书坚持理论联系实际的原则，注重学生实践能力的培养，体现了加强实际应用、服务专业教学的宗旨，力求做到理论准确、内容通俗易懂。本书提供了大量的实训资源，内容丰富、形式多样。实训资料新颖，项目完善，重点突出。

3. 案例丰富

本书提供了与物流信息技术及其应用有关的案例，内容丰富，案例翔实。由于物流信息技术涵盖的内容广泛，因此本书在编写中充分考虑到读者的基础情况，既有基础性的知识，又有实践经验，具有一定的前瞻性。全书力图做到理论与实践的结合，信息技术与物流的应用结合，便于读者更直观的认识和体会。

　　本书共分十一个项目，项目一、项目七由朱耀勤编写；项目九由黄鹏斌编写；项目二、项目三、项目六由侯玉杰编写；项目四、项目五、项目八由井夫卉编写；项目十、项目十一由宋鹏程编写。全书由朱耀勤修改统稿。书中所编写案例，来自公开出版的书籍和期刊，以及部分学生的科研论文，在此对有关著者表示诚挚的谢意。

　　本书可作为物流管理、物流工程、报关报检、港口业务等专业本科生的教材和专业学位研究生的教材，也可作为从事物流管理、物流工程领域的专业技术人员的参考书。

　　由于作者水平有限，书中的错漏之处在所难免，敬请读者和同仁批评指正。

编　者

目 录

物流信息化概述

项目简介

　　物流和信息流都是供应链的重要组成部分，信息技术在当今的经济生活中起着重要的作用。随着科学技术的普及和发展，信息技术已经成为生产流通过程的重要工具，一方面，客户需要快捷的服务和能力；另一方面，对于企业而言，利用信息技术可以规范化生产，提高工作的准确度，加快流通的效率，满足市场多变的需求。客户的需求和市场的发展，使信息化成为物流过程实施的重要基础，通过信息系统的支持可以对商品的生产和流通过程进行全程监控，减少供应链上牛鞭效应的产生，增强企业快速反应的市场能力。很多物流企业也在不断进行创新研究，研发适合本企业发展的信息化系统，以提高企业的竞争力，赢得更多的竞争优势。

　　顺丰集团 IT 副总裁徐庆强说道，2008 年到 2013 年，短短五年，顺丰的业务发展速度惊人，从日均几十万单迅速发展到日均六百万单左右。在业务增长迅速发展的同时，还能保持高质量，这对于顺丰来说，真的不易。而这些数据背后是信息化体现出的有力支撑。因为只有信息化普遍覆盖时，才能用较高质量的服务去打动客户。

工作流程

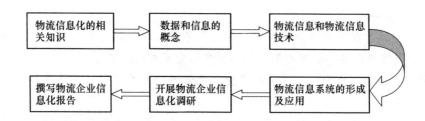

📖 学习目标

（1）能开展物流企业信息化的调查活动。
（2）能掌握物流信息相关知识。
（3）能进行物流企业信息化的应用。

★案例导入

宝供物流信息化三部曲

宝供物流企业集团有限公司（以下简称宝供）被麦肯锡评价为中国领先的物流公司，又被摩根士丹利评估为中国最具价值的第三方物流企业。在 2002 年美智公司在中国物流行业的认知度调查中，宝供以 40% 的认知度雄居中国物流企业之首。对于这家年运作货物总量超过 200 万吨的物流公司来说，信息化是其制胜的最有力武器。

"宝供物流信息系统"被誉为中国电子商务 B2B（企业对企业）及现代物流应用的典型案例。

唐友三教授，宝供物流企业集团 CIO（信息总监）、原中国科学院数学研究所研究员，2002 年、2003 年连续两年被美国 IDC 公司与《IT 经理世界》评为 50 名"中国优秀 CIO"之一。

宝供的信息化建设紧紧围绕着自身业务的拓展，并通过系统的建设，推进了公司业务的发展。其信息化进程分为 3 个阶段：

1997—1998 年，建立基于互联网（Internet）的物流信息系统；

1999—2001 年，建立基于电子数据交换（EDI）、与客户实现数据对接的系统；

2002 年以后，建立基于电子商务（B2B）、与客户结成供应链一体化的合作伙伴关系。

以下对这三个阶段进行详细叙述。

第一阶段：1997—1998 年。

宝供真正腾飞是在 1997 年。这一年，宝供已经发展成为一个在全国主要经济区域设有 10 个分公司和办事处的网络化物流公司。该公司面临的一个主要问题就是如何全面、及时地跟踪全国各地的最新物流业务状况。

经过调研与策划，宝供选择了第一家合作伙伴——北京英泰奈特科技发展有限公司，它为宝供开发了一套基于互联网的物流信息管理系统。

1998 年，在内部全面完成运输信息系统推广的基础上，宝供通过将运输查询功能授权开放给客户，实现了运作信息与客户共享。

第二阶段：1999—2001 年。

1999 年，宝供再度和英泰奈特合作，开发了基于互联网的仓储信息管理系统，并向客户授权开放，使客户坐在办公室就能查到全国各地仓库的最新情况。

2000 年，宝洁公司把华南分销仓库交由宝供管理，并实现了从宝洁信息系统导入数据到宝供仓储系统。

2001 年，宝供与飞利浦实现了 EDI 电子数据对接。原来飞利浦物流部要面对宝供十几个仓库，现在飞利浦物流部可以在自己的系统上直接查看最新的订单运作结果，运作效率得到大幅提升。

2001 年，采用 XML（可扩展标记语言）技术加速订单处理。

第三阶段：2002 年以后。

2002 年，开始推行 B2B 电子商务，形成供应链合作的雏形。

2003 年，开发了 TOM（全面订单管理）系统，作为第三方物流企业的业务管理系统；开发了 SMS（库存管理系统），对仓库管理工作进行规范和重组，实现库位和批次管理。

2004 年，引进实施国际先进的仓库管理系统，继续整合流程并建立供应链物流一体化的信息系统。

通过高度集成的信息平台和无缝接口，能为客户提供业务信息共享、业务指令迅速传递和强大的库存信息管理功能，实现物流供应链一体化。

宝供的两类客户群：一类是大型外资企业和对宝供系统依赖程度较高的客户，如宝洁、飞利浦、红牛等；另一类是国内客户和中小型客户，如美晨、杭州松下、厦华电子等。

针对不同类型企业的需求，宝供信息化解决方案有三种模式：宝洁模式、飞利浦模式和红牛模式。

宝洁模式：客户有信息系统。宝供管理的仓库使用客户系统的客户端输单，同时数据传输到宝供的系统。这样宝供和客户同时拥有运作数据，双方可以对账。

飞利浦模式：客户有信息系统。把客户的系统导出的数据，采用多种数据交换方式（如 FTP、VPN 等），通过转换平台传送到宝供，宝供依数据打印运作单，再通过转换平台把结果返回给客户，客户再把数据导入系统。这是目前宝供运作上对客户支持最大、最先进的运作方式，即 EDI 方式。

红牛模式：客户没有信息系统。宝供需要提供客户下单部分的软件，并把数据输送到宝供。这等于对客户进行了全面的 IT 系统服务。

订单系统：应用 TOM（全面订单管理）系统，包括了运输管理系统 TMS 及订单管理系统 OMS。实现了对接收客户委托单（即订单）、订单审核、运输调度、派车作业、拣货作业、进出仓作业等订单处理业务和运输的在途跟踪、到达签收及作业的回单等管理。

仓储系统：宝供仓库管理应用软件功能强大，具有广泛的适用性。应用 WMS（仓库管理系统）对仓库和配送中心的运营进行管理；应用 SMS（库存管理系统）实现精细化库存管理。

运输系统：实现对货物运输过程的完全控制，能够辅助车辆的调度，产生作业单，跟踪接单、发运、到达、签收等，并能对运输过程进行跟踪。

宝供的物流信息系统不仅为自身提高了竞争力，也为客户带来了巨大的经济效益：

（1）快速反应，取得了竞争优势。客户在自己的系统（或宝供系统）中能实时看到全国各地仓库最新进出仓和库存数据，有利于控制和降低库存，并减少成本。

（2）提高效率，加快资金周转。财务根据系统动态结果及时开出发票，加速资金周转。

（3）优化流程，降低运作成本。EDI 电子对接实现订单无纸化处理，代替传统传真下单、手工开单。

任务一 物流企业信息化

经营效率较低是中国物流业面临的主要问题之一。中国物流行业有超过70万家的企业,却在国际快递市场上只占了20%的份额,而80%的份额被四大国际快递瓜分。如何更好地应用信息技术,提高物流业的效益,是当前物流企业面临的一个重要问题。数据显示,在国内平均一个产品生产环节占用的时间只有5%～10%,其余90%以上的时间都花费在流通、物流服务过程中。当前中国物流市场的需求已经不再停留于运货和送信,而是要求物流行业能够提供包括运输、配送、仓储、包装、流通加工、物流信息、物流设备制造、物流设施建设、物流管理等环节在内的产业集群式服务。

中小型物流企业在企业实力、资源整合与运营能力上都存在巨大的局限性,这也正是中国物流行业内容纳了超过70万家的企业,却在国际快递市场上只抢占了20%份额的原因。面对DHL、FedEx、UPS、TNT这4家跨国公司所占据的80%国际快递份额,能够奋起争夺的中国物流企业可谓凤毛麟角。

相关知识

一、信息概述

(一) 数据和信息

1. 数据

数据就是数值,是人们用来反映客观事物而记录下来的、可以鉴别的符号,是客观事物的基本表达方式,也就是通过观察、实验或计算得出的结果。数据有很多种,最简单的就是数字。数据也可以是文字、图像、声音等。数据可以用于科学研究、设计、查证等。自从计算机问世后,人们对数据越来越重视。图1.1所示为计算机可处理的数据类型。在理解数据的内涵时,一定要注意数据是一种可鉴别的符号。

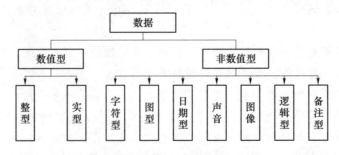

图1.1 计算机可处理的数据类型

数据的三个基本特征见表1.1。

表1.1　数据的特征

数据名	数据类型	数据长度
载重吨数	整型	2字节
品牌	字符型	4字节
数量	整型	—

2. 信息

一般来讲，信息是对某个事件或者事物一般属性的描述。信息是事物的内容、形式及其发展变化的反映。具体来说，信息是指能够反映事物内涵的知识、资料、情报、图像、文件、语言和声音等。

信息是数据所表达的客观事实。信息是指数据处理后所形成的对人们有意义的和有用处的文件、表格和图形等。信息是导致某种决策行动的外界情况。

信息是由实体、属性、值所构成的三元组，即信息 = 实体（属性1：值1；属性2：值2；…；属性 n：值 n）。

例如：信息 = 货车（品牌："东风"；吨位："5"）。

信息具有以下特征：

（1）客观性。

信息是事物变化和状态的客观反映，其实质内容具有客观性。因为事物的变化和状态都是客观存在的，它的反映也是客观的。

（2）无限性。

在整个宇宙时空中，信息是无限的，即使是在有限的空间中，信息也是无限的。

（3）价值性。

信息对于接收者来说，是一种预先不知道的、有价值的东西。信息是一种资源，具有使用价值，人们可以通过利用信息获得效益。

（4）传输性。

信息是可以传播的，人们通过各种各样的手段能把信息传输到很远的地方。

（5）不对称性。

由于人们的认知程度受文化水平、实践经验、获得途径等因素的限制，所以造成了对事物认识的不对称性。

（6）时效性。

信息是有寿命的、有时效的，有一个生命周期。它的使用价值往往与其提供的时间成反比。即信息生成后，它提供的时间越短，使用价值就越大；反之，它提供的时间越长，使用价值就越小。

（7）共享性。

信息与物质和能源的一个主要区别是信息的共享性。物质和能源是不可共享的，而信息是可以共享的。当你把一个消息告诉别人时，你自己并不失去它。在物质和能源的交换中，一方得到的物质和能源正是另一方所失去的，而在信息的共享者获得信息时，信息的提供者并没有丢失信息。

（8）可加工性。

人们可以根据自身的不同需求或者目的，对信息进行目的性的加工，从而使信息具备能够满足自己使用的属性。实际上，信息的压缩、转换都是信息可加工性的表现。

（二）数据和信息的关系

信息是加工处理的数据，数据是原材料，信息就是成品；信息和数据并不是绝对的，二者可以相互转换；信息揭示数据内在的含义，是观念上的。

数据与信息是密切相关的，但是数据不等同于信息，它们之间是有区别的。数据与信息的关系可以看成是原料和成品之间的关系。数据是原材料，而信息是数据经过加工的结果。一般来说，信息总是通过数据形式来表示，加载在数据之上并对数据的具体含义进行解释。

在实际应用中，应该注意以下情形：对某个人来说是信息的东西，而对另外一个人来说可能只是一种原始数据。这如同工厂的生产一样，一道工序或者一个加工部门的成品，只是另外一道工序或者部门的原材料一样。数据和信息的关系如图1.2所示。

（1）信息是加工后的数据"原材料"。

（2）信息和数据是相对的，对某些人来说是数据，对另一些人来说可能是信息。

（3）数据处理必须依据客观规律，如何加工数据是由人来定，但须依据客观规律。

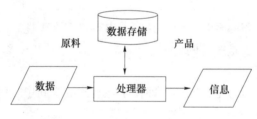

图 1.2　数据和信息的关系

二、物流信息概述

现代物流的重要特征是物流的信息化，现代物流也可看作是物资实体流通与信息流通的结合。在现代物流运作过程中，通过使用计算机技术、通信技术、网络技术等技术手段，大大加快了物流信息的处理和传递速度，从而使物流活动的效率和快速反应能力得到提高。建立和完善物流信息系统，对于构筑物流系统，开展现代物流活动是极其重要的一项工作内容。物流信息在物流系统中，既如同其他物流功能一样表现为其子系统，又不同于其他物流功能，它总是伴随其他物流功能的运行而产生，又不断对其他物流以及整个物流起支持保障作用。

（一）物流信息的定义

物流信息（Logistics Information）是指反映物流各种活动内容的知识、资料、图像、数据、文件的总称。物流信息是物流活动中各个环节生成的信息，一般是随着从生产到消费的物流活动的产生而产生的信息流，与物流过程中的运输、保管、装卸、包装等各种职能有机结合在一起，是保证整个物流活动顺利进行所不可缺少的。

物流信息化是指物流企业运用现代信息技术对物流过程中产生的全部或部分信息进行采

集、分类、传递、汇总、识别、跟踪、查询等一系列处理活动，以实现对货物流动过程的控制，从而降低成本、提高效益的管理活动。物流信息化的重点是基础信息的采集，还有信息的共享和交换两个问题。

由于物流系统是涉及社会经济生活各个方面的错综复杂的大系统，关系到原材料供应商、生产制造商、批发商、零售商、最终消费者和市场流通的全过程，因此，物流信息数量巨大，类别繁多，如图1.3所示。

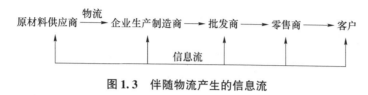

图1.3 伴随物流产生的信息流

（二）物流信息的分类

物流信息是随企业的物流活动同时发生的。物流信息是使运输、保管、装卸和配送等物流功能顺利完成的必不可少的条件。

物流信息可按其在物流活动中的功能、环节、作用层次和加工程度进行分类。

1. 按功能分类

按信息产生和作用所涉及的不同功能领域分类，物流信息包括仓储信息、运输信息、加工信息、包装信息、装卸信息等。对于某个功能领域还可以进行进一步细化，例如，仓储信息分成入库信息、出库信息、库存信息、搬运信息等。

2. 按环节分类

按信息产生和作用的环节，物流信息可分为输入物流活动的信息和物流活动产生的信息。

3. 按作用层次分类

按信息作用的层次，物流信息可分为基础信息、作业信息、协调控制信息和决策支持信息。基础信息是物流活动的基础，是最初的信息源，如物品基本信息、货位基本信息等。作业信息是物流作业过程中发生的信息，信息的波动性大，具有动态性，如库存信息、到货信息等。协调控制信息主要是指物流活动的调度信息和计划信息。决策支持信息是指能对物流计划、决策、战略产生影响的有关统计信息或宏观信息，如科技、产品、法律等方面的信息。

4. 按加工程度分类

按加工程度的不同，物流信息可分为原始信息和加工信息。原始信息是指未加工的信息，是信息工作的基础，也是最有权威性的凭证性信息。加工信息是对原始信息进行各种方式和各个层次处理后的信息，这种信息是原始信息的提炼、简化和综合，可以利用各种分析工作在海量数据中发现潜在的、有用的信息和知识。

（三）物流信息的作用

物流信息是伴随着物流活动的发生而产生的，贯穿于物流活动的整个过程，在物流活动中起着中枢神经系统的作用，它不仅对物流活动具有支持保证的作用，而且具有连接整合物流系统活动的作用。正是由于物流信息具有这些作用，使得物流信息在现代企业经营战略中占有越来越重要的地位。建立物流信息系统，提供迅速、准确、及时和全面的物流信息是现代企业获得竞争优势的必要条件。

物流信息的作用具体表现在以下几个方面：

（1）物流信息有助于物流活动各环节之间的相互衔接。

（2）物流信息有助于物流活动各环节之间的协调与控制。

（3）物流信息有助于物流管理和决策水平的提高。

（四）物流信息的特征

1. 信息量大

物流信息随着物流活动以及商品交易活动展开而大量发生，多品种少批量生产和多频度小数量配送使库存、运输等物流活动的信息大量增加。零售商广泛应用 POS（Point of Sale System，销售时点信息系统）系统读取销售时点的商品价格、品种、数量等即时销售信息，并对这些销售信息加工整理，通过 EDI（Electric Data Interchange，电子数据交换）向相关企业传送。同时，为了使库存补充作业合理化，许多企业采用 EOS（Electronic Ordering System，电子订货系统）。随着企业间合作倾向的增强和信息技术的发展，物流信息的信息量在今后将会越来越大。

2. 更新快

多品种少量生产，多频度小数量配送，利用 POS 系统及时销售使得各种作业活动频繁发生，从而要求物流信息不断更新，而且要求更新的速度越来越快。

3. 来源多样化

物流信息不仅包括企业内部的物流信息（如生产信息、库存信息等），而且包括企业间的物流信息和与物流活动有关的基础设施的信息。企业竞争优势的获得需要各供应链参与企业之间相互协调合作。协调合作的手段之一是信息及时交换和共享。现在，越来越多的企业力图使物流信息标准化和格式化，并利用 EDI 在相关企业间进行传送，实现信息共享。

三、物流信息技术概述

物流信息技术在现代企业的经营战略中占有越来越重要的地位。建立物流信息系统，充分利用各种现代化信息技术，提供迅速、及时、准确、全面的物流信息是现代企业获得竞争优势的必要条件。

（一）物流信息技术的定义

物流信息技术（Logistics Information Technology，LIT）是指运用于物流领域的信息技术。

物流信息技术是物流现代化的重要标志，也是物流技术中发展最快的领域之一。从物流数据自动识别与采集的条码系统，到物流运输设备的自动跟踪；从企业资源的计划优化到各企业、单位间的电子数据交换；从办公自动化系统中的微型计算机、互联网、各种终端设备等硬件到各种物流信息系统软件都在日新月异地发展。同时，随着物流信息技术的不断发展，产生了一系列新的物流理念和物流经营方式，推进了物流的变革。

（二）物流信息技术的分类

1. 条码与射频技术

条码技术是 20 世纪在计算机应用中产生和发展起来的一种自动识别技术，是集条码理论、光电技术、计算机技术、通信技术、条码印制技术于一体的综合性技术。条码技术具有制作简单、信息收集速度快、准确率高、信息量大、成本低和条码设备方便易用等优点，所以从生产到销售的流通转移过程中，条码技术起到了准确识别物品信息和快速跟踪物品历程的重要作用，它是整个物流信息管理工作的基础。条码技术在物流数据采集、快速响应、运输中的应用极大地促进了物流业的发展。例如，在货物保管环节中，由于使用了条码技术，使商品的出入库、库存保管、商品统计查询、托盘利用等所有保管作业实现了自动检测、自动操作和自动管理，大幅降低了保管成本，提高了仓储的效率；在装卸搬运和包装环节中，由于使用了条码信息技术，实现了自动化装卸搬运、模块化单元包装、机械化分类分拣和电子化显示作业，大幅提高了装卸搬运和包装作业效率，并提高了对用户的服务水平。

射频技术（RFID）是一种基于电磁理论的通信技术，适用于物料跟踪、运载工具和货架识别等要求非接触数据采集和交换的场合。它的优点是不局限于视线，识别距离比光学系统远，射频识别卡可具有读写能力，可携带大量数据，难以伪造，且有智能。目前利用便携式的数据终端，通过非接触式的方式从射频识别卡上采集数据，采集的数据可直接通过射频通信方式传送到主计算机，由主计算机对各种物流数据进行处理，以实现对物流全过程的控制。

2. 全球定位技术

全球定位系统（Global Positioning System，GPS）是利用空中卫星全天候、高准确度地对地面目标的运行轨迹进行跟踪、定位与导航的技术。GPS 最初只运用于军事领域，近年来，GPS 已在物流领域得到了广泛的应用，如应用在汽车自定位及跟踪调度、铁路车辆运输管理、船舶跟踪及最佳航线的确定、空中运输管理、防盗反劫、服务救援、远程监控、轨迹记录和物流配送等领域。例如，利用卫星对物流及车辆运行情况进行实时监控。用户可以随时"看到"自己的货物状态，包括运输货物车辆所在的位置（如某城市的某条道路上）、货物名称、数量、质量等，同时可实现物流调度的即时接单和即时排单以及对车辆动态实时调度管理；GPS 提供交通气象信息、异常情况报警信息和指挥信息，以确保车辆、船只的运营质量和安全；客户经授权后也可以通过互联网随时监控运送自己货物车辆的具体位置；GPS还能进行各种运输工具的优化组合、运输网络的合理编织，如果货物运输需要临时变化线路，可随时指挥调动，大大降低了车辆的空载率，提高了运输效率，做到资源的最佳配置。

3. 地理信息技术

地理信息系统（Geographic Information System，GIS）是人类在生产实践活动中，为描述和处理相关地理信息而逐渐产生的软件系统。GIS 以地理空间数据为基础，以计算机为工具，采用地理模型分析方法，对具有地理特征的空间数据进行处理，实时地提供多种空间和动态的地理信息。它的诞生改变了传统的数据处理方式，使信息处理由数值领域步入空间领域。通过各种软件的配合，地理信息系统可以建立车辆路线模型、网络物流模型、分配集合模型、设施定位模型等，更好地为物流决策服务。GIS 用途十分广泛，除应用于物流外，还应用于能源、农林、水利、测绘、地矿、环境、航空、国土资源综合利用等领域。

4. 电子数据交换技术

电子数据交换（Electronic Data Interchange，EDI）技术是计算机、通信和管理相结合的产物。EDI 按照协议的标准结构格式，将标准的经济信息，通过电子数据通信网络，在商业伙伴的电子计算机系统之间进行交换和自动处理。由于使用 EDI 可以减少甚至消除贸易过程中的纸面文件，因此 EDI 又被人们通俗地称为"无纸贸易"。

EDI 能让货主、承运人及其他相关的单位之间通过系统进行物流数据交换，并以此为基础实施物流作业活动。物流 EDI 的参与单位有货主（如生产厂家、贸易商、批发商、零售商等）、承运人（如独立的物流承运企业或代理商等）、实际运货人（如铁路企业、水运企业、航空企业、公路运输企业等）、协助单位（如政府有关部门、海关、金融企业等）和其他的物流相关单位（如仓库从业者、专业配送者等）。

EDI 的基础是信息，这些信息可以由人工输入计算机，但更好的方法是通过扫描条码获取数据，因为这样速度快、准确性高。EDI 的运用改善了贸易伙伴之间的联系，使物流企业或单位内部运作过程合理化，增加了贸易机会，改进了工作质量和服务质量，降低了成本，获得了竞争优势。例如，物流活动的各参与方通过 EDI 交换库存、运输、配送等信息，使各参与方一起改进物流活动效率，提高了客户满意度。对于全球经营的跨国企业来说，EDI 技术的发展可以使它们的业务延伸到世界的各个角落。

5. 企业资源信息技术

20 世纪 70 年代初，美国企业最早使用计算机辅助编制物料需求计划（Material Requirements Planning，MRP）。到 20 世纪 90 年代初，美国的加特纳公司（Gartner Group Inc.）首先提出并实施企业资源计划（Enterprise Resource Planning，ERP）。此后，ERP 技术在全世界范围内得到众多企业的广泛应用并不断完善和发展。如在一些领域，ERP 技术延伸发展为分销资源计划（Distribution Resource Planning，DRP）和物流资源计划（Logistics Resource Planning，LRP）。

ERP 是一整套企业管理系统体系标准，集信息技术与先进的管理思想于一身，为企业提供业务集成运行中的资源管理方案。ERP 技术是集合企业内部的所有资源，进行有效的计划和控制，以达到最大效益的集成系统。企业资源计划一般被定义为基于计算机的企业资源信息系统，其包含的功能除制造、供销、财务外，还包括工厂管理、质量管理、设备维修管理、仓库管理、运输管理、过程控制接口、数据采集接口、电子通信（EDI、电子邮件）、法律法规标准、项目管理、金融投资管理、市场信息管理、人力资源管理等。当然，仅仅只有企业内部资源的充分利用还不够。ERP 技术还能链接企业的外部资源，包括客户、供应商、分销商等的资源。ERP 以这些资源所产生的价值，组成一条增值的供应链信息系统，将客户的需求、企业的制造活动与供应商的制造资源集成在一起，从而适应当今全球市场的高速运转需求。

目前，世界的 500 强企业，全部实现了 ERP 管理；不少跨国公司选择合作伙伴的前提之一，就是看其是否应用了 ERP 系统。世界经济一体化让所有企业特别是物流企业，面对一个更大的市场空间和更激烈的竞争环境，提高企业综合管理水平、适应市场的快速变化与需求，建立一套全面的 ERP 系统，将是中国物流企业实现现代化管理、成功参与国际竞争的必由之路。

四、发展物流信息的意义

物流发展的总趋势是物流的现代化、国际化和信息化。而物流信息化是物流国际化、物流现代化的基础，尤其随着以电子化，网络化和数字化经济为特征，以电子商务为核心的"E"时代的来临，物流信息化面临挑战与改革。物流作为一个涉及投入和产出的重要环节，在企业经营管理中起着重要的作用，而物流信息化的重要性也越来越被人们认同。

1. 物流信息化促使物流成本的减少

无论是企业物流还是物流企业，如何对自身物流资源进行优化配置，如何实施管理和决策，以期用最小的成本带来最大的效益，是其面临的最重要的问题之一。物流的信息化能够使管理人员运用智能规划理论和方法，高效地进行运输资源的使用、运输路线的选择、工作计划的拟订、人员的安排、库存数量的决策、需求和成本的预测、系统的控制等，以取得良好的经济效益。

2. 物流信息化有助于提高物流传递的效率和质量

物流在传递信息的同时，把各种信息经过加工、处理，再传播出去。物流信息化的目的并不是精减一些人员，节约一些费用，而是要形成一个效率高、质量好的物流系统，提高物流传递的效率和质量。

3. 物流信息化有助于提高企业的竞争力

物流信息化包括对物资采购、销售、存储、运输等物流过程的各种活动，如对采购计划的制订、销售计划的制订、供应商的选择、顾客分析等提供决策支持，并充分利用计算机的强大功能汇总和分析物流数据，在物流管理中选取、分析和发现新的机会，进而使企业做出更好的采购、销售和存储决策，同时充分利用企业资源，增加对企业的内部挖潜和外部利用，从而使企业降低成本，提高生产效率，增强竞争优势。

五、现代物流信息发展的趋势

趋势之一：RFID（Radio Frequency Identification）将成为未来物流领域的关键技术。

专家分析认为，RFID 技术应用于物流行业，可大幅提高物流管理与运作效率，降低物流成本。另外，从全球发展趋势来看，随着 RFID 相关技术的不断完善和成熟，RFID 产业将成为一个新兴的高技术产业群，成为国民经济新的增长点。因此，RFID 技术有望成为推动现代物流加速发展的新品润滑剂。

趋势之二：物流动态信息采集技术将成为物流发展的突破点。

在全球供应链管理趋势下，及时掌握货物的动态信息和品质信息已成为企业盈利的关键因素。但是由于受到自然、天气、通信、技术、法规等方面的影响，物流动态信息采集技术的发展一直受到很大制约，远远不能满足现代物流发展的需求。借助新的科技手段，完善物流动态信息采集技术，成为物流领域下的一个技术突破点。

趋势之三：物流信息安全技术将日益被重视。

借助网络技术发展起来的物流信息技术，在享受网络飞速发展带来巨大好处的同时，也时刻饱受可能遭受的安全危机，如网络黑客无孔不入的恶意攻击、病毒的肆虐、信息的泄密等。应用安全防范技术，保障企业的物流信息系统或平台安全、稳定地运行，是企业长期将面临的一项重大挑战。

任务二 物流信息化的应用

一、信息系统的概念

信息系统是指运用计算机对信息进行收集、处理、存储和传输的人机系统。通常，信息系统根据某项业务的需要，由多个相互有关的人工处理和计算机处理过程组成，对输入的大量数据进行加工处理，代替人工处理的烦琐、重复劳动，同时系统利用计算机的软硬件为企业或组织的作业、管理和决策提供信息支持。

信息系统是任何企业或组织中都存在的一个很重要的子系统，它能将整个企业或组织的各个部分紧密地联系在一起，从而保证整个组织的顺利运行。信息系统输入、加工、输出的对象都是信息，同时将这些过程形成一个系统，以便为人们提供所需的信息，图1.4 所示为信息系统结构示意图。

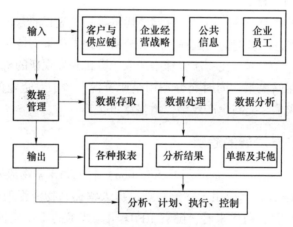

图1.4 信息系统结构示意图

二、物流信息系统概述

(一) 物流信息系统的概念和特点

1. 物流信息系统的概念

物流信息系统（Logistics Information Systems，LIS）是通过对物流相关信息的加工处理来达到对物流、资金流的有效控制和管理，并为企业提供信息分析和决策支持的人机系统。物流信息系统是由人员、设备和程序组成的，为物流管理者执行计划、实施、控制等职能提供信息的交互系统，它与物流作业系统一样都是物流系统的子系统。物流信息系统是把物流和物流信息结合成一个有机的系统，用各种方式选择收集输入物流计划的、业务的、统计的各种有关数据，经过有针对性、有目的地进行计算机处理，即根据管理工作的要求，采用特定的计算机技术对原始数据进行处理后输出对管理工作有用信息的一种系统。

2. 物流信息系统的特点

物流信息系统，实际上是物流管理软件和信息网络结合的产物，小到一个具体的物流管理软件，大到利用覆盖全球的互联网将所有相关的合作伙伴、供应链成员连接在一起提供物流信息服务的系统，都叫作物流信息系统。对一个企业而言，物流信息系统不是独立存在的，而是企业信息系统的一部分，或者说是其中的子系统，即使对一个专门从事物流服务的企业也是如此。例如，一个企业的 ERP 系统，物流管理信息系统就是其中一个子系统。具体来说，物流信息系统有以下特点：

（1）集成化。集成化是指物流的各个模块业务在逻辑上被连接在一起。在系统开发过程中，数据库、系统结构、系统功能的设计都遵循统一的标准和集成化，避免出现"信息孤岛"现象。

（2）模块化。模块化是把物流信息系统分为几个子系统，每个子系统分成一个单独的模块，并进行统一标准的开发，然后集成子系统。模块化满足了物流企业各部门管理的需求，也使各个系统之间能进行更好的访问和使用。

（3）实时化。实时化是指在物流活动中借助编码技术、自动识别等信息技术对物流活动进行准确实时的数据收集，并采用计算机与通信技术，对物流信息进行传送和处理；通过 Internet/Intranet 将物流的各个供应链点连接起来，使整个物流信息能够即时的在供应商、分销商和客户之间共享。

（4）智能化。随着物流信息网络化的发展，智能化在物流信息中已经被应用，也是今后物流发展的方向。

（二）物流信息系统的功能

由人员、计算机硬件、软件、网络通信设备及其他办公设备组成的人机交互系统，其主要功能是进行物流信息的收集、存储、传输、加工整理、维护和输出，为物流管理者及其他物流信息系统组织管理人员提供战略、战术及运作决策的支持，以达到组织的战略竞优，提高物流运作的效率与效益。

国内的物流信息系统主要有路歌管车宝等，使车辆管理、车辆调度、车辆定位等操作变得更简便快捷，做到了物流全程的透明化管理，达到了降低物流信息成本提高物流管理效率的目标。

物流信息系统是物流系统的神经中枢，它作为整个物流系统的指挥和控制系统，可以分为多种子系统或者多种基本功能。通常，可以将其基本功能归纳为以下几个方面。

1. 信息收集

物流数据的收集首先是将数据通过收集子系统从系统内部或者外部收集到预处理系统中，并整理成系统要求的格式和形式，然后再通过输入子系统输入到物流信息系统中。这一过程是其他功能发挥作用的前提和基础，如果一开始收集和输入的信息不完全或不正确，在接下来的过程中得到的结果就可能与实际情况完全相左，这将导致严重的后果。因此，在衡量一个信息系统性能时，应注意它收集数据的完善性、准确性，以及校验能力，预防、抵抗破坏能力等。

2. 信息存储

物流数据经过收集和输入阶段后，在其得到处理之前，必须在系统中存储下来。即使在处理之后，若信息还有利用价值，也要将其保存下来，以供以后使用。物流信息系统的存储功能就是要保证已得到的物流信息能够不丢失、不走样、不外泄、整理得当、随时可用。无论哪一种物流信息系统，在涉及信息的存储问题时，都要考虑到存储量、信息格式、存储方式、使用方式、存储时间、安全保密等问题。如果这些问题没有得到妥善的解决，信息系统是不可能投入使用的。

3. 信息传输

物流信息在物流系统中，一定要准确、及时地传输到各个职能环节，否则信息就会失去其使用价值。这就需要物流信息系统具有克服空间障碍的功能。物流信息系统在实际运行前，必须要充分考虑所要传递的信息种类、数量、频率、可靠性要求等因素。只有这些因素符合物流系统的实际需要时，物流信息系统才是有实际使用价值的。

4. 信息处理

物流信息系统的最根本目的就是要将输入的数据加工处理成物流系统所需要的物流信息。数据和信息是有所不同的，数据是得到信息的基础，但数据往往不能直接利用，而信息是从数据加工得到，它可以直接利用。只有得到了具有实际使用价值的物流信息，物流信息系统的功能才算发挥。

5. 信息输出

信息的输出是物流信息系统的最后一项功能，也只有在实现了这个功能后，物流信息系统的任务才算完成。信息的输出必须采用便于人或计算机理解的形式，在输出形式上力求易读易懂、直观醒目。

这五项功能是物流信息系统的基本功能，缺一不可，而且，只有五个过程都没有出错，最后得到的物流信息才具有实际使用价值，否则会造成严重的后果。

从物流信息系统来说，信息和物流是同时进行的，其关键是两者内容相一致。为此，必须使信息先行，如果信息跟不上，就什么都谈不上。

（三）物流信息系统所要解决的问题

（1）缩短从接收订货到发货的时间。

（2）库存适量化（压缩库存并防止脱销）。

（3）提高搬运作业效率。

（4）提高运输效率。

（5）使接收订货和发出订货更为省力。

（6）提高接收订货和发出订货精度。

（7）防止发货、配货出现差错。

（8）调整需求和供给。

三、建立物流信息系统的意义

现代物流管理以信息为基础，因此建立物流信息系统越来越具有战略意义：

（1）在企业日益重视经营战略的情况下，建立物流信息系统是必要的，不可缺少的。具体来说，为确保物流竞争优势，建立将企业内部的销售信息系统、物流信息系统、生产供应信息综合起来的信息系统势在必行。

（2）由于信息化的发展，各企业之间的关系日益紧密。如何与企业外部销售渠道的信息系统、采购系统中的信息系统以及运输信息系统连接起来，将成为今后重点研究解决的课题。

（3）企业物流已经不只是一个企业的问题，进入社会系统的部分将日益增多。在这种形势下，物流信息系统将日益成为社会信息系统的一个重要组成部分。

四、物流信息系统的应用

在国内，各种物流信息应用技术已经广泛应用于物流活动的各个环节，对企业的物流活动产生了深远的影响。

1. 物流自动化设备技术的应用

物流自动化设备技术集成和应用的热门环节是配送中心，其特点是每天需要拣选的物品品种多、批次多、数量大。因此在国内超市、医药、邮包等行业的配送中心部分地引进了物流自动化拣选设备。一种是拣选设备的自动化应用，如北京市医药总公司配送中心，其拣选货架（盘）上配有可视的分拣提示设备，这种分拣货架与物流管理信息系统相连，可动态地提示被拣选的物品和数量，指导工作人员的拣选操作，提高了货物拣选的准确性和速度。另一种是一种物品拣选后的自动分拣设备。用条码或电子标签附在被识别的物体上（一般为组包后的运输单元），由传送带送入分拣口，然后由装有识读设备的分拣机分拣物品，使物品进入各自的组货通道，完成物品的自动分拣。分拣设备在国内大型配送中心有所使用。但这类设备及相应的配套软件基本上是由国外进口的，也有进口国外机械设备，在国内配置软件的。立体仓库和与之配合的巷道堆垛机在国内发展迅速，在机械制造、汽车、纺织、铁路、卷烟等行业都有应用。例如，昆船集团生产的巷道堆垛机在红河卷烟厂等多家企业应用了多年。近年来，国产堆垛机在其行走速度、噪声、定位精度等技术指标上有了很大的改进，运行也比较稳定。但是与国外著名厂家相比，在堆垛机的一些精细指标如最低货位极限高度、高速（80 m/s 以上）运行时的噪声、电机减速性能等方面还存在不小的差距。

2. 物流设备跟踪和控制技术的应用

目前，物流设备跟踪主要是指对物流的运输载体及物流活动中涉及的物品所在地进行跟踪。物流设备跟踪的手段有多种，可以用传统的通信手段如电话等进行被动跟踪，可以用 RFID 手段进行阶段性的跟踪，但目前国内用得最多的还是利用 GPS 技术跟踪。GPS 技术跟踪利用 GPS 物流监控管理系统，主要跟踪货运车辆与货物的运输情况，使货主及车主随时了解车辆与货物的位置与状态，保障整个物流过程的有效监控与快速运转。物流 GPS 监控管理系统的构成主要包括运输工具上的 GPS 定位设备、跟踪服务平台（含地理信息系统和相应的软件）、信息通信机制和其他设备（如货物上的电子标签或条码、报警装置等）。在国内，部分物流企业为了提高企业的管理水平和提升对客户的服务能力也应用这项技术。

3. 物流动态信息采集技术的应用

企业竞争的全球化发展、产品生命周期的缩短和用户交货期的缩短等都对物流服务的可得性与可控性提出了更高的要求，实时物流理念也由此诞生。如何保证对物流过程的完全掌控，物流动态信息采集应用技术是必需的要素。动态的货物或移动的载体本身具有很多有用的信息。例如，货物的名称、数量、重量、质量、出产地，或者移动载体（如车辆、轮船等）的名称、牌号、位置、状态等一系列信息。这些信息可能在物流中反复地被使用，因此，正确、快速地读取动态货物或载体的信息并加以利用可以明显地提高物流的效率。在目前流行的物流动态信息采集技术应用中，一、二维条码技术应用范围最广，其次还有磁条（卡）、声音识别、便携式数据终端、射频识别（RFID）等技术。

（1）一维条码技术。一维条码是由一组规则排列的条、空和相应的数字组成，这种用条、空组成的数据编码可以供机器识读，而且很容易译成二进制数和十进制数。因此，此技术被广泛地应用于物品信息标注中。因为符合条码规范且无污损条码的识读率很高，所以一维条码结合相应的扫描器可以明显地提高物品信息的采集速度。加之条码系统的成本较低，操作简便，又是国内应用最早的识读技术，所以在国内有很大的市场，国内大部分超市都在使用一维条码技术。但一维条码表示的数据有限，条码扫描器读取条码信息的距离也要求很近，而且条码被损污后可读性极差，所以限制了它的进一步推广应用。目前，信息存储容量更大、识读可靠性更好的识读技术开始出现。

（2）二维条码技术。由于一维条码的信息容量很小，如商品上的条码仅能容纳几位或者十几位阿拉伯数字或字母，因此商品的详细描述只能依赖数据库提供，离开了预先建立的数据库，一维条码的使用就受到了限制。基于这个原因，人们发明了一种新的码制，除具备一维条码的优点外，同时还有信息容量大（根据不同的编码技术，容量是一维的几倍到几十倍，从而可以存放个人的自然情况及指纹、照片等信息）、可靠性高（在损污50%时仍可读取完整信息）、保密防伪性强等优点。这就是在水平和垂直方向的二维空间存储信息的二维条码技术。二维条码继承了一维条码的特点，条码系统价格便宜，识读率强且使用方便，所以在国内银行、车辆等管理信息系统上开始应用。

（3）磁条（卡）技术。磁条（卡）技术以涂料形式把一层薄薄的由定向排列的铁性氧化粒子用树脂粘贴在一起并粘在诸如纸或塑料这样的非磁性基片上。磁条从本质意义上讲和计算机用的磁带或磁盘是一样的，它可以用来记载字母、字符及数字信息。优点是数据可多次被读写，数据存储量能满足大多数需求，由于黏附力强的特点，使之在很多领域得到广泛的应用，如信用卡、机票、公共汽车票、自动售货卡、会员卡等。但磁条卡的防盗性能、存储量等性能比起一些新技术如芯片类卡技术还是有差距的。

（4）声音识别技术。声音识别技术是一种通过识别声音达到转换文字信息的技术，其最大的特点就是不用手工录入信息，这对那些采集数据同时还要完成手脚并用的工作场合，或键盘上打字能力低的人尤为适用。但声音识别的最大问题是识别率问题，要想连续地高效应用会有难度。

（5）视觉识别技术。视觉识别系统是一种通过对一些有特征的图像进行分析和识别的系统，能够对限定的标志、字符、数字等图像内容进行信息的采集。视觉识别技术的应用障碍也是对于一些不规则或不够清晰的图像存在识别率问题而且数据格式有限，通常要用接触式扫描器扫描。随着自动化的发展，视觉技术会朝着更细致、更专业的方向发展，并且还会与其他自动识别技术结合应用。

（6）接触式智能卡技术。智能卡是一种将具有处理能力、加密存储功能的集成电路芯板嵌装在一个与信用卡一样大小的基片中的信息存储技术，通过识读器接触芯片可以读取芯片中的信息。接触式智能卡的特点是具有独立的运算和存储功能，在无源情况下，数据也不会丢失，数据安全性和保密性都非常好，成本适中。智能卡与计算机系统相结合，可以方便地满足对各种各样信息的采集传送、加密和管理的需要，它在国内外的许多领域如银行，公路收费，水表、煤气收费等领域都得到了广泛的应用。

（7）便携式数据终端。便携式数据终端（Portable Data Terminal，PDT）一般包括一个扫描器、一个体积小但功能很强并有存储器的计算机、一个显示器和一个供人工输入的键盘。因此，它是一种多功能的数据采集设备，是可编程的，允许编入一些应用软件。PDT存储器中的数据可随时通过射频通信技术传送到主计算机上。

（8）射频识别（RFID）技术。射频识别技术是一种利用射频通信实现的非接触式自动识别技术。RFID标签具有体积小、容量大、寿命长、可重复使用等特点，可支持快速读写、非可视识别、移动识别、多目标识别、定位及长期跟踪管理。RFID技术与互联网、通信等技术相结合，可实现全球范围内物品跟踪与信息共享。从上述物流信息应用技术的应用情况及全球物流信息化发展趋势来看，物流动态信息采集技术的应用正成为全球范围内重点研究的领域。我国作为物流发展中的国家，已在物流动态信息采集技术应用方面积累了一定的经验，如条码技术、接触式磁条（卡）技术的应用已经十分普遍。

任务三　物流企业信息化技能实训

一、情景设置

随着我国物流行业的高速发展，市场对物流企业的服务要求越来越高。信息化水平的高低直接影响着整个物流运作的效率与效果，怎样把大量信息快速应用到物流企业中，是本次调研实训的目的所在。请学生调研熟悉的物流公司，可以采用不同的调研方法，如查阅资料（网上或网下）、个别讨论、问卷调查（网上或网下）、参加企业业务实践，熟悉物流信息化在物流企业的现状。

二、实训目的

（1）掌握物流信息的概念。
（2）掌握物流信息在企业中的应用。
（3）学会调研报告的撰写。

三、实训准备

（1）学生在进行任务之前，学习和查阅与信息相关的理论知识点。
（2）学生对所熟悉的物流企业进行调研。

四、实训步骤

（1）将学生分组，每组4~5人，按照任务步骤逐步展开。
（2）学生根据具体的物流企业，进行模块化的调研。
（3）调研物流企业信息化在运输、仓储、配送等不同部门的应用。
（4）完成调研报告的撰写。

五、实训报告

实训名称：　　　　　　　　　　　　　　　　课程名称：

学号：		姓名：		实训时间：
专业：		班级：		实训地点：

一、实训目的与要求

二、实训环境

三、实训内容

四、实训步骤

五、结论、问题与解决方法
　　（此部分为实训总结，是体现实训过程的重要内容，应鼓励学生将遇到的重要问题及解决方法总结出来，以体现实训对学生技能的提升作用。）

批语：

"十三五"物流信息化

2016 年既是中国"十三五"规划的开局之年，也是全面建设小康社会决胜阶段的开局之年。在"十三五"规划中对物流的发展提出了新的要求，规划中指出拓展网络经济空间，实施"互联网＋"行动计划，完善互联网，推进产业组织、商业模式、供应链、物流链创新，支持基于互联网的各类创新。

"十三五"期间，国家发展和改革委员会将按照引领经济新常态、贯彻发展新理念的要求，进一步把"物流业降本增效和服务国家重大战略"作为降成本、补短板，推进供给侧结构性改革的重点任务，着力推动物流业的创新发展。一方面，通过创新物流业的体制机制，完善相关政策，加强物流重要节点建设，支持第三方物流、多式联运等物流新模式发展，减轻税费负担等，促进物流业降本增效，助力强实体、稳增长。另一方面，通过谋划构建国际物流大通道、推进京津冀农产品流通体系创新、加快以长江黄金水道为核心的多式联运发展等，服务于"三大战略"。同时，继续组织实施好现代物流重大工程、物流领域试点示范和行业标准制定修订等基础性工作，促进物流业持续健康发展。

"十三五"规划中指出："采取综合措施，降低企业交易、物流、财务、用能等成本，坚决遏制涉企乱收费行为。"据统计，目前我国人均工资约为印度的 5 倍，物流成本与贷款利率分别约为美国的 2 倍和 2.4 倍，居高不下的融资、税费、物流等成本，已经成为制约我国产业竞争力进一步提升的一大瓶颈。在此背景下，降低企业交易、物流、财务等成本便显得尤为迫切。深挖国内需求潜力，开拓发展更大的空间。在 2015 年国家邮政局首次发布的中国快递发展指数中显示，2014 年中国快递发展指数达 282.4%，比 2013 年增长 70.8%，2010—2014 年中国快递发展指数年均增长 29.6%。这一数据表明，近几年中国快递业保持了持续快速发展的良好态势，业务量巨大，未来的发展前景可期。尤其是在"快递下乡""跨境电商""一带一路"等战略方针的不断深化下，未来中国物流快递业的发展前景也将无限广阔。

发展绿色物流，进行节能。全面推广车用燃油"国五标准"，对于物流商用车企业来说无疑是重大利好，这将引导和推动绿色物流装备的快速发展。未来，在绿色化背景下，物流商用车企业要围绕低碳经济、绿色制造和智能制造，大力研究开发和应用先进制造技术，减少物流活动对环境的危害，以绿色环保科技来推动物流行业的转型升级。

规划对食品物流也进行了阐述。目前，我国食品与药品的冷链物流发展现状不容乐观。尽管近年来国家对冷链物流的发展非常重视，但仍然缺乏规范化、系统化、连贯性运作。因此，国家大力支持冷链物流，不仅仅需要在资金上支持、在技术上扶持、在系统上建立，同时也需要在法律上保障，建立一套完整的冷链物流服务体系。

近年来，国家对于中西部地区的发展，尤其是铁路和公路等物流基础设施建设十分重视与关注，并相继投注了大力的支持。但一直以来，中西部地区仍是我国综合交通运输体系中的一大短板。经济要发展，交通须先行。作为主要的运输方式，铁路和公路对于一个地区的经济发展具有至关重要的深远影响。因此，在 2015 年的发展基础上，进一步加强中西部地区的铁路和公路等物流基础设施建设，将成为助推我国经济发展的重头戏。

当然所有的物流业都离不开信息技术的支撑。物联网的应用，智能物流、智能交通、智能工业是物流业发展的前提。

思考题 \\\\\

1. 什么是信息？它有哪些性质？
2. 什么是物流信息？
3. 什么是物流信息技术？
4. 信息技术对物流的发展有哪些影响？

项目二

条码技术

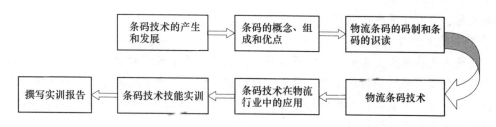

📖 项目简介

　　条码技术是在计算机的应用实践中产生和发展起来的一种自动识别技术。条码技术由于输入速度快、准确率高、成本低、可靠性强，因此发展十分迅速。它不仅扩大了计算机的应用范围，而且使计算机技术的应用无论在深度上还是广度上都有了新的发展。

　　条码识别技术的出现，不仅在国际范围内为商品提供了一套可靠的代码表示体系，而且为产、供、销等生产及贸易的各个环节提供了通用的"语言"，为实现商业数据的自动采集和电子数据交换（EDI）奠定了基础，是目前商品流通领域使用最广泛的自动识别技术。

💡 工作流程

```
┌──────────────┐    ┌──────────────┐    ┌──────────────────┐
│ 条码技术的产生 │ ─> │ 条码的概念、组 │ ─> │ 物流条码的码制和条 │
│ 和发展        │    │ 成和优点      │    │ 码的识读          │
└──────────────┘    └──────────────┘    └──────────────────┘
                                                  │
┌──────────────┐    ┌──────────────┐    ┌──────────────────┐
│ 撰写实训报告   │ <─ │ 条码技术技能实训 │ <─ │ 条码技术在物流    │ <─ │ 物流条码技术 │
│              │    │              │    │ 行业中的应用      │
└──────────────┘    └──────────────┘    └──────────────────┘    └──────────────┘
```

📖 学习目标

　　（1）了解条码技术的常用码制、码制的结构、二维条码、常用的条码识读设备。

　　（2）理解条码技术的特点、条码符号的构成、条码识读的基本原理。

　　（3）掌握条码技术在物流领域中的应用，能熟练进行条码的生成、打印和识读操作。

★**案例导入**　　　　　**鼎方仓库管理系统引入条码技术进行仓库管理**

仓储在企业的整个供应链中起着至关重要的作用，如果不能保证正确的进货和库存控制及发货，将会导致管理费用的增加，使服务质量难以得到保证，从而影响企业的竞争力。传统简单、静态的仓库管理已无法保证企业资源的高效利用。如今的仓库作业和库存控制作业已十分复杂多样化，仅靠人工记忆和手工录入，不但费时费力，而且容易出错。

鼎方仓库管理条码解决方案在仓库管理中引入条码技术，对仓库的到货检验、入库、出库、调拨、移库移位、库存盘点等各个作业环节的数据进行自动化的数据采集，保证仓库管理各个作业环节数据输入的效率和准确性，确保企业及时准确地掌握库存的真实数据，合理保持和控制企业库存。通过科学的编码，条码技术还可方便地对物品的批次、保质期等进行管理，目前已经在蒙都、心海伽蓝等公司成功应用。

一、仓库条码解决方案概括

（一）解决方案流程图

条码打印机打印条码→条码标签贴到物品上→扫描枪或数字采集器扫描条码→计算机处理数据。

（二）解决方案流程解析

1. 对库存品及其外包装进行科学编码

根据不同的管理目标（如要追踪单品，还是实现保质期/批次管理）对库存品进行科学编码，在科学编码的基础上，入库前通过条码打印机打印出库存品和外包装箱的条码标签。

2. 对仓库的库位和货架进行科学编码

对仓库的库位和货架进行科学编码，用条码符号加以标识，并在入库时采集库存品所入的库位和货架，同时导入管理系统。仓库的库位管理有利于在大型仓库或多品种仓库中快速定位库存品所在的位置，有利于实现先进先出的管理目标及仓库作业的效率。

3. 使用扫描枪或手持数据终端进行仓库管理

使用扫描枪或手持数据终端进行分散采集相关数据，把采集的数据上载到计算机系统集中批量处理，有利于库存的盘点和及时跟踪查询。

4. 数据的上传与同步

将现场采集的数据上传到仓库管理系统中，自动更新系统中的数据。同时也可以将系统中更新后的数据下载到手持终端中，以便在现场进行查询和调用。通过仓库条码解决方案可以帮助企业实现以下管理：基本信息管理、仓库区管理、入库管理、出库管理、质检管理、包装管理、调配管理、统计分析。

二、仓库条码解决方案具体描述

（一）进货管理

1. 订货

条码打印机打印出库位和货架的条码，并进行分类编排（其中包括类别、商品名称、品牌、产地、规格等信息）。配送中心向供应商订货时，可以根据货架和储位上的条码进行订货。

2. 收货

当仓储中心收到采购的商品时，可用条码打印机大量打印出商品包装箱条码，作为该种商品对应仓库内相应货架的记录。同时，对商品外包装上的条码进行扫描，将信息传到后台管理系统中，并使包装箱条码与商品条码形成一一对应。

3. 入库

商品到货后，计算机系统根据预先确定的入库原则、商品库存数量，确定该种商品的存放位置。计算机系统则根据商品的数量打印出条码标签，这种条码标签包含着该种商品的存放位置信息。然后在货箱上贴上标签，并将其放到输送机上。输送机识别货箱上的条码后，将货箱放在指定的库位区。

（二）库存管理

1. 库存盘点

仓库管理系统根据货物存放仓位、货架进行品名、型号、规格、产地、牌名、包装等的分类，划分货物品种，并且分配唯一的编码，通过手持无线终端，收集盘点商品信息，然后将收集到的信息由计算机进行集中处理，从而形成盘点报告。对于需要更新的条码标识可用便捷式条码打印机进行及时更新。

2. 移库调拨

商品以托盘为单位进行整理移库、调拨时，通过计算机整理出移库或调拨物品清单，用打印机打印出条码标识，并在相关移库或调拨物品和移库托盘上贴上条码。利用叉车将整理好的商品移动到计算机所指引的对象或库位上。

3. 库内加工

给重新组装的包装或重新加工的产品打上条码标签，并实现计算机同步管理。

（三）出货管理

1. 拣货配货

配送中心在接到客户的送货要求后，汇总各客户的货物需求信息，并分批通过条码打印机打印出拣货条码标签，这种条码包含有这件货物要发送到哪一城市或街道的信息。分拣人员根据计算机打印出的拣货单，在仓库中进行拣货，并在商品上贴上拣货标签（在商品上已有包含商品基本信息的条码标）。

2. 装箱

将拣出的商品进行装箱，用条码打印机对包装箱打印条码标签，这种条码包含有商品到达区域的信息，再将货箱送至自动分类机。在自动分类机的感应分类机上，激光扫描器对货箱上贴有的条码进行扫描，然后将货箱输送到不同的发货区。

3. 出库

根据商务中心产生的提货单或配送单，对出库产品上的条码进行扫描，并进行出库检验，生成可用于移动终端的数据文件。产品出库时，要扫描商品上的条码，对出库商品的信息进行确认，同时更改其库存状态。

三、仓库条码管理的优越性

（1）在仓库管理中应用条码技术，实现数据的自动化采集，去掉了手工书写单据和送到机房输入的步骤，能大大提高工作效率。

（2）解决库房信息陈旧滞后的弊病。一张单据从填写、收集到键盘输入，需要一天或更长的时间。这使得生产调度员只能根据前几天甚至一周前的库存信息，为用户定下交货日期。

（3）解决手工单据信息不准确的问题（主要是抄写错误、键入错误），从而达到提高生产率、明显改善服务质量、消除事务处理中的人工操作、减少无效劳动、消除因信息不准引起的附加库房存量、提高资金利用率等目的。

（4）将单据所需的大量纸张文字信息转换成电子数据，简化了日后的查询步骤，工作人员不用再手工翻阅查找各种登记册和单据本，只需输入查询条件，计算机在很短的时间内就会查到所需记录，大大加快了查询速度，提高生产数据统计的速度和准确性，减轻汇总统计人员的工作难度。

任务一　条码概述

随着计算机、信息及通信技术的发展，信息的处理能力、储存能力、传输通信能力日益增强。全面、有效地进行信息采集和输入几乎成为所有信息系统的关键，条码自动识别技术就是在这样的环境下应运而生的。它是在计算机技术、光电技术和通信技术的基础上发展起来的一门综合性科学技术，是信息采集、输入的重要方法和手段。

条码最早出现于20世纪40年代，但得到实际应用和迅速发展还是在近20年。欧美等国及日本已普遍使用条码技术，而且正在世界各地迅速推广普及，其应用领域正在不断扩大。

20世纪40年代后期，美国的乔·伍德兰德（Joe Wood Land）和贝尼·西尔佛（Beny Silver）两位工程师就开始研究用代码表示食品项目以及相应的自动识别设备，并于1949年获得了美国专利。这种代码图案很像微型射箭靶，称作"公牛眼"代码。靶的同心环由圆条和空白绘成。

"公牛眼"代码与后来的条码符号在原理上很接近，但遗憾的是当时的商品经济还不十分发达，而且工艺上也没有达到印制这种代码的水平。然而，20年后，乔·伍德兰德作为IBM公司的工程师成为北美地区的统一代码——UPC条码的奠基人。吉拉德·费伊塞尔（Girad Feissel）等人于1959年申请了一项专利，将数字0~9中的每个数字用七段平行条表示。但是这种代码机器难以阅读，人读起来也不方便，不过这一构想促进了条码码制的产生与发展。不久，E·F·布林克尔（E. F. Brinker）将条码标识应用在了有轨电车上。

20世纪60年代后期，西尔韦尼亚（Sylvania）发明了一种被北美铁路系统所采纳的条码系统。这两项发明可以说是条码技术最早期的应用。

1970年，美国超级市场AdHoc委员会制定了通用商品代码——UPC（Universal Product Code），此后，许多团体也提出了各种条码符号方案。UPC码首先在杂货零售业中试用，这为以后该码的广泛采用奠定了基础。次年，布莱西公司研制出"布莱西码"及相应的自动识别系统，用于库存验算。这是条码技术第一次在仓库管理系统中的应用。1972年，莫那奇·马金（Monarch Marking）等人研制出"库德巴码"（Codabar），至此美国的条码技术进入了新的发展阶段。

美国统一代码委员会（Uniform Code Council，UCC）于1973年建立了UPC条码系统，并全面实现了对该条码编码以及其所标识的商品编码的标准化。同年，食品杂货业把UPC码作为该行业的通用标准码制，为条码技术在商业流通销售领域里的广泛应用起到了积极的推动作用。

1974年，Intermec公司的戴维·阿利尔（Davide Allair）博士推出39码，很快被美国国防部采纳，作为军用条码码制。39码是第一个字母、数字式的条码，后来广泛应用于工业领域。

1976年，美国和加拿大在超级市场上成功地使用了UPC系统，这给人们以很大的鼓舞，尤其是欧洲人对此产生了很大的兴趣。次年，欧洲共同体在UPC条码的基础上，开发出与UPC码兼容的欧洲物品编码系统（European Article Numbering System，EAN码），并签署了欧洲物品编码协议备忘录，正式成立了欧洲物品编码协会（European Article Numbering Association，EAN）。直到1981年，由于EAN组织已发展成一个国际性组织，被称为"国际物品编码协会"（International Article Numbering Association），一般来讲应简称IAN，但由于历史和习惯，该组织至今仍沿用EAN作为其简称。

20世纪80年代，人们开发出密度更高的一维条码，如EAN128码和93码（这两种码的符号密度均比39码高将近30%）。同时，一些行业纷纷选择条码符号，建立行业标准和本行业内的条码应用系统。在这以后，二维条码开始出现。戴维·阿利尔研制出49码，特德·威廉斯（Ted Williams）于1988年推出16K码，Symbol公司推出PDF417码。二维条码的出现使得条码的作用从只能充当便于机器识读的物品代码扩展到能携带一定信息量的数据包，这就使得系统能够通过条码对信息包实现自动识别和数据采集。在某些场合下，二维条码由于方便、价廉、快捷的特点，在信息识别和数据采集方面有着无可比拟的优势。

相关知识

一、条码技术概述

（一）条码的定义

当今的物流信息自动化管理系统要求高速、准确地对物流信息进行采集。要及时捕捉作为信息源的每一商品出库、入库、上架、分拣、运输等过程中的各种信息，就迫切要求建立一种自动识别及数据自动录入的手段。条码自动识别技术由于具有输入简便、迅速、准确、成本低、可靠性高等显著优点，被充分应用于物品装卸、分类、拣货、库存等各物流环节，使得物流作业程序简单而且准确。

条码是由一组规则排列的条、空以及对应的字符组成的标记，如图2.1所示。"条"指对光线反射率较低的部分，"空"指对光线反射率较高的部分。这些条和空组成的数据表达一定的信息，能够用特定的设备识读，并能够转换成与计算机兼容的二进制和十进制信息。

（二）条码的组成

一个完整的条形码符号由两侧静区（也叫空白区）、起始字符、数据字符、校验字符和终止字符组成，其排列方式如表2.1所示。

(a)　　　　　　　　　　(b)

图 2.1　常见的条码

(a) 一维条码；(b) 二维条码

表 2.1　条码的组成

静区	起始字符	数据字符	校验字符	终止字符	静区

1. 起始字符

条形码符号的第一个字符，标志一个条形码符号的开始，阅读器确认此字符存在后开始处理扫描脉冲。

2. 数据字符

位于起始字符后面的字符，标志一个条形码的值，其结构异于起始字符，可允许进行双向扫描。

3. 校验字符

校验字符代表一种算术运算结果，阅读器在对条形码进行解码时，对读入的字符进行规定的运算，如运算结果与校验字符相同，则判定此次阅读有效，否则不予读入。

4. 终止字符

条形码符号的最后一位字符，标志着条形码符号的结束，阅读器确认此字符后停止处理。

(三) 条码技术的优点

条码技术是光电技术、通信技术、计算机技术和印刷技术相结合的产物，是实现快速、准确、可靠地采集数据的有效手段。条码技术的特点是实现物流行业自动化管理的有力武器，有助于进货、销售、仓储管理一体化，是实现物流 EDI、节约资源的基础，是及时沟通产、供、销的纽带和桥梁，是提高市场竞争力的工具。

与其他自动识别技术相比，条码技术具有如下的优点：

(1) 输入速度快。与键盘输入相比，条码输入的速度是键盘输入的 5 倍，并且能实现即时数据输入。

(2) 可靠性高。键盘输入数据出错率为三百分之一，利用光学字符识别技术出错率为万分之一，而采用条码技术误码率低于百万分之一。

(3) 采集信息量大。利用传统的一维条码一次可采集几十位字符的信息，二维条码可以携带数千个字符的信息，并有一定的自动纠错能力。

(4) 灵活实用。条码标识既可以作为一种识别手段单独使用，也可以和有关识别设备组成一个系统实现自动化识别，还可以和其他控制设备连接起来实现自动化管理。

另外，条码标签易于制作，对设备和材料没有特殊要求；识别设备操作容易，不需要特殊培训，且设备也相对便宜。

二、物流条码的码制

条码码制是指条码符号的类型，满足物流条码体系基本应用要求的物流条码有三种，即通用商品条码、交插二五条码、贸易单元128条码。

（一）通用商品条码

通用商品条码又称EAN-13码，它是按照"模块组合法"进行编码的。它的符号结构由八部分组成：左侧静区、起始字符、左侧数据字符、中间分隔符、右侧数据字符、校验字符、终止字符、右侧静区，如图2.2所示。

图2.2 通用商品条码的组成

模块EAN-13码由13位数字组成。根据EAN规范，这13位数字分别被赋予了不同的含义。厂商识别代码由7~9位数字组成，用于对厂商的唯一标识。厂商代码是各国的EAN编码组织在EAN分配的成员前缀码的基础上分配给厂商的代码。前缀码是标识EAN所属成员的代码，由EAN统一管理和分配，以确保前缀码在国际范围内的唯一性。商品代码由3~5位数字组成，用以标识商品的代码。商品代码由厂商自行编码。通用商品条码中数字的含义如图2.3所示。

图2.3 通用商品条码中数字的含义

（二）交插二五条码

交插二五条码又称储运单元条码，是一种连续、无固定长度、具有自校验功能的双向条码。交插二五条码可用于定量储运的单元包装上，也可以用于变量储运单元的包装上，因此在物流管理中被广泛采用。我国于1998年3月开始实施《GB/T 16829—1997：交插二五条码》国家标准，如图2.4所示。现行GB/T 16829—2003国家标准。

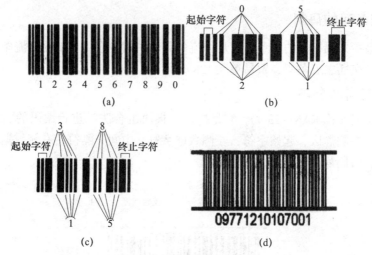

图 2.4　交插二五码

（a）交插二五码符号；（b）交插二五码表示"251"（左端加 0）；
（c）表示"3185"的交插二五条码；（d）带有托架的交插二五条码

（三）贸易单元 128 条码

贸易单元 128 条码（UCC/EAN－128）于 1981 年推出，是一种长度可变、连续性的字母数字条码，如图 2.5 所示。与其他一维条码比较起来，128 码是较为复杂的条码系统，其所能支持的字符也相对地比其他一维条码多，又有不同的编码方式可供交互运用，因此应用弹性较大。内容大致分为起始码、资料码、终止码、检查码等四部分，其中检查码是可有可无的。它自动输入信息，节省了信息传递及输入的成本，保证信息传输的正确性和及时性，使生产、配送、零售等各环节都能掌握商品动态，允许双向的扫描处理。

图 2.5　贸易单元 128 条码

这三种常见的物流条码的应用领域包括制造业的生产流程控制、批发物流业或运输业的仓储管理、车辆调配、货物追踪、医院血液样本的管理、政府对管制药品的控制追踪等。

三、二维条码

随着条码应用领域的不断扩展，传统的一维条码渐渐表现出它的局限性。首先，使用一维条码，必须通过连接数据库的方式提取信息才能明确条码所表达的信息含义，因此在没有数据库或者不便联网的地方，一维条码的使用就受到了限制。其次，一维条码表达的只能为字母和数字，不能表达汉字和图像，在一些需要应用汉字的场合不能很好地满足要求。最后，在某些场合下，大信息容量的一维条码通常受到标签尺寸的限制，也给产品的包装和印刷带来了不便。

二维条码的诞生解决了一维条码不能解决的问题，它能够在横向和纵向两个方位同时表达信息，不仅能在很小的面积内表达大量的信息，而且能够表达汉字和存储图像。二维条码简单地说就是将一维条码存储信息的方式在二维空间上扩展，从而存储更多的信息，即从一维条码对物品的"标识"转为二维条码对物品的"描述"。

（一）二维条码的分类

二维条码可以分为堆叠式二维条码和矩阵式二维条码。

1. 堆叠式二维条码

堆叠式二维条码又称行排式、堆积式或层排式二维条码，其编码原理是建立在一维条码的基础上，按需要堆积成两行或多行。它在编码设计、校验原理、识读方式等方面继承了一维条码的一些特点，识读设备及条码印刷与一维条码技术兼容。但由于行数的增加，需要对行进行判定，其译码算法与软件与一维条码不完全相同。有代表性的行排式二维条码有 Code 16K、Code 49、PDF 417、MicroPDF 417 等，其中 PDF 417 条码如图 2.6 所示。

2. 矩阵式二维条码

矩阵式二维条码又称棋盘式二维条码，它是在一个矩形空间通过黑、白像素在矩阵中的不同分布进行编码。在矩阵相应元素的位置上，用点（方点、圆点或其他形状）的出现表示二进制的"1"，点的不出现表示二进制的"0"，点的排列组合确定了矩阵式二维条码所代表的意义。矩阵式二维条码是建立在计算机图像处理技术、组合编码原理等基础上的一种新型图形符号自动识读处理码制。具有代表性的矩阵式二维条码有 Code One、MaxiCode、QR Code、Data Matrix、Han Xin Code、Grid Matrix 等，其中 QR 条码如图 2.7 所示。

定位图案

资料存储区

组成单元

图 2.6　PDF 417 条码　　　　　　　　　图 2.7　QR 条码

（二）二维条码的特点

（1）高密度编码。信息容量大，可容纳多达 1 850 个大写字母，或 2 710 个数字，或 1 108 个字节，或 500 多个汉字，比普通条码信息容量高几十倍。

（2）编码范围广。该条码可以把图片、声音、文字、签字、指纹等可以数字化的信息进行编码，用条码表示出来，可以表示多种语言文字，可以表示图像数据。

（3）纠错能力强。具有纠错功能，这使得二维条码因穿孔、污损等引起局部损坏时，照样可以正确得到识读，损毁面积达 50% 仍可恢复信息。

（4）译码可靠性高。普通条码译码错误率为百万分之二，而二维条码误码率不超过千万分之一。

（5）可引入加密措施，保密性、防伪性好。

（6）成本低，易制作，持久耐用。

（7）条码符号的形状、尺寸大小比例可变。

（8）二维条码可以使用激光或 CCD 阅读器识读。

（三）二维条码的优势

二维条码与一维条码相比有以下明显优势：

（1）数据容量更大。

（2）超越了字母、数字的限制。

（3）条码相对尺寸小。

（4）具有抗损毁能力。

一维条码与二维条码的具体比较见表 2.2。

表 2.2　一维条码与二维条码的具体比较

项目　条码类型	一维条码	二维条码
条码密度与容量	密度低，容量大	密度高，容量大
错误校验及纠错能力	校验码可以进行错误校验，但没有错误纠正能力	有错误校验及纠错能力，并可以根据实际应用设置不同的安全等级
垂直方向的信息	不存储信息，垂直方向的高度是为了识读方便，并弥补印刷缺陷或局部损坏	携带信息，并对印刷缺陷或局部损坏等可以用错误纠正机制恢复信息
主要用途	用于对物品的标识	用于对物品的描述
信息网络及数据库依赖性	多数场合依赖信息网络与数据库的存在	可不依赖信息网络与数据库的存在而单独应用
识读设备	可用线扫描器识读，如光笔、线型 CCD、激光扫描枪	对于堆叠式可用线扫描器多次扫描，或用图像扫描仪识读；矩阵式则仅能用图像扫描仪识读

（四）二维条码的应用

1. 二维条码在证件上的应用

证件采用二维条码可以实现数据的自动采集；提高证件的防伪能力；成本低，符合身份证、驾驶证、暂住证等证件的成本要求；具有自动纠错能力，使用寿命长；不需要和数据库连接就可获得所需数据。暂住证背面的二维条码如图 2.8 所示。

2. 二维条码在数据表单中的应用

数据表单中使用的二维条码可以避免以下问题：数据的重复录入需要花费大量的时间；多次录入数据增加了数据的出错率；报表的防伪能力差；如采用磁盘传递，可能感染计算机病毒，导致系统甚至整个网络的瘫痪。墨西哥海关报关单如图 2.9 所示。

注意事项

一、持证人必须随时携带此卡备查

二、有效期满继续暂住，主动到管辖所登记办卡

管辖派出所：北坝派出所 　　　发证单位：三台县公安局

图 2.8　暂住证背面的二维条码

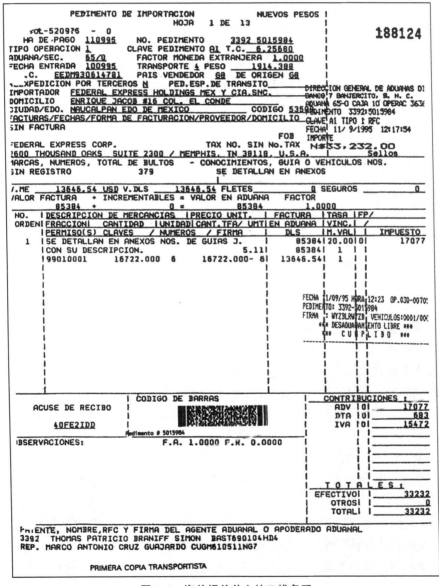

图 2.9　海关报关单上的二维条码

3. 二维条码在物流快递中的应用

在包裹或快递单中使用的二维条码可以实现包裹或快件的全程追踪；不再需要手工重复录入数据；不需要和数据库连接就可随时获取客户的详细信息；可以带来高品质服务。西班牙包裹详情单上的二维条码如图 2.10 所示。

图 2.10 包裹详情单上的二维条码

四、条码识读

（一）条码识读原理

条码的阅读与识别涉及光学、电子学、数据处理等多学科技术，就阅读条码信息而言，一般要经以下几个环节。

（1）要求建立一个光学系统，该光学系统能够产生一个光点，该光点能够在自动或手动控制下在条码信息上沿某一轨迹做直线运动，同时要求该光点直径与待扫描条码中最窄条符的宽度基本相同。

（2）要求一个接收系统能够采集到光点运动时打在条码条符上反射回来的反射光。光点打在着色字符上的反射光弱，而光点打在白色条符及左右空白区的反射光强，通过对接收到反射光的强弱及延续时间的测定，就可以分辨出扫描到的是着色条符还是白色条符以及条符的宽窄。

（3）要求一个电子电路将接收到的光信号不失真地转换成电脉冲信号。

（4）要求建立某种算法，并利用这一算法对已经获取的电脉冲信号进行译解，从而得到所需要的信息。

总之，条码阅读器是用于读取条码所包含信息的设备，条码阅读器的结构通常有光源、接收装置、光电转换部件、译码电路、计算机接口几个部分。

普通的条码阅读器通常采用光笔、CCD、激光三种技术，它们都有各自的优缺点，没有一种阅读器能够在所有方面都具有优势。

(二) 常用条码扫描器的工作方式及性能分析

1. 光笔条码扫描器

光笔是最先出现的一种手持接触式条码阅读器,也是最为经济的一种条码阅读器。

光笔条码扫描器是一种轻便的条码读入装置。在笔内部有扫描光束发生器及反射光接收器。目前,市场上出售的这类扫描器有很多种,它们主要在发光的波长、光学系统结构、电子电路结构、分辨率、操作方式等方面存在差异。光笔条码扫描器不论采用何种工作方式,从使用上都存在一个共同点,即在阅读条码信息时,要求扫描器与待识读的条码接触或离开一个极短的距离(一般仅 0.2 ~ 1 mm)。常见的光笔条码扫描器如图 2.11 所示。

2. 手持式 CCD 条码扫描器

手持式 CCD 条码扫描器内一般都装有控制扫描光束的自动扫描装置。阅读条码时,不需与条码符号接触,因此,对条码标签没有损伤。扫描头与扫描标签的距离短的在 0 ~ 20 mm 内,而长的可达到 500 mm 左右。枪型条码扫描器具有扫描光点匀速的优点,因此,阅读效果比光笔扫描器要好。扫描速度快,每秒可对同一标签的内容扫描几十次至上百次。常见的手持式 CCD 条码扫描器如图 2.12 所示。

图 2.11　光笔条码扫描器

图 2.12　手持式 CCD 条码扫描器

3. 台式自动条码扫描器

台式自动条码扫描器适合于不便使用手持式扫描方式阅读条码信息的场合。如果工作环境不允许操作者一只手处理标附有条码信息的物体,而另一只手持条码扫描器进行操作,就可以选用台式自动条码扫描器自动扫描。这种扫描器也可以安装在生产流水线传送带旁的某一固定位置,等待标附有条码标签的待测物体以平稳、缓慢的速度进入扫描范围,对自动化生产流水线进行控制。常见的台式自动条码扫描器如图 2.13 所示。

4. 激光自动条码扫描器

激光自动条码扫描器的最大优点是扫描光照强,可以远距离扫描且扫描景深长,而且激光扫描器的扫描速度高,有的产品扫描速度可以达到 1 200 次/秒,这种扫描器可以在百分之一秒时间内对某一条码标签扫描阅读多次而且可以做到每一次扫描不重复上一次扫描的轨迹。扫描器内部光学系统可以单束光转变成十字光或米字光,从而保证被测条码从不同角度进入扫描范围时都可以被识读。常见的激光自动条码扫描器如图 2.14 所示。

图 2.13　台式自动条码扫描器

图 2.14　激光自动条码扫描器

5. 卡槽式条码扫描器

卡槽式条码扫描器可以用于医院病案管理、身份验证、考勤和生产管理等领域。这种扫描器内部的机械结构能保证标有条形代码的卡式证件或文件在插入滑槽后自动沿轨道做直线运动，在卡片前进过程中，扫描光点将条码信息读入。卡槽式条码扫描器一般都具有向计算机传送数据的能力，同时具有声光提示以证明识别正确与否。常见的卡槽式条码扫描器如图 2.15 所示。

6. 便携式条码扫描器

便携式条码扫描器一般配接光笔式或轻便的枪形条码扫描器，有的也配接激光扫描器。便携式条码扫描器本身就是一台自动识别与数据采集专用计算机，有的甚至就是一台通用的微型计算机。这种扫描器本身具有对条码信号的译解能力。条码译解后，可直接存入机器内存或机内存储器的磁带中。扫描器具有与计算机主机通信的能力。通常，它本身带有显示屏、键盘、条码识别结果声响指示及用户编程功能。使用时，这种扫描器可以与计算机主机分别安装在两个地点，通过线路连成网络，也可以脱机使用，利用电池供电。这种设备特别适用于流动性数据采集环境。收集到的数据可以定时送到主机内存储。有些场合，标有条码信息或代号的载体体积大，比较笨重，不适合搬运到同一数据采集中心处理，在这种情况下，使用便携式条码扫描器就十分方便。常见的便携式条码扫描器如图 2.16 所示。

图 2.15　卡槽式条码扫描器

图 2.16　便携式条码扫描器

任务二 物流条码技术

产品供应链的典型物流包括由生产厂家将产品生产出来，通过运输，仓储，加工，配送到用户、消费者的物流全过程。具体分工为：生产性企业购进原材料，组织生产产品，生产结束后将单个产品进行包装，并将多个产品集中在大的包装箱内；物流公司组织包装运输，在这一环节中通常需要更大的包装；批发商直接从生产企业购进商品，进行商品的存储和配送；最后产品通过零售商销售到消费者手中，产品通常在这一环节中再还原为单个产品。产品物流示意图如图2.17所示。

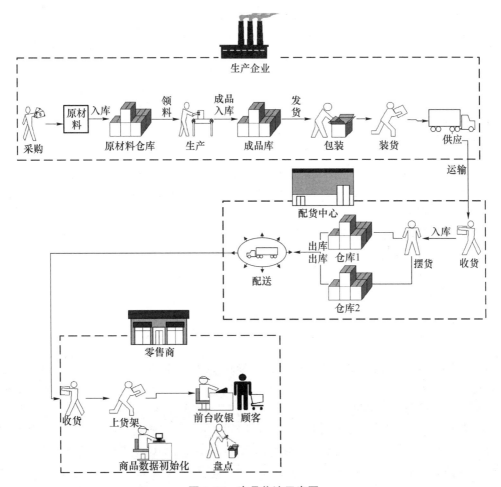

图2.17 产品物流示意图

贸易过程中的商品从厂家到最终用户的物流过程是客观存在的，长期以来人们从未主动地、系统地、整体地去考虑，因而未能发挥其系统的总体优势。供应链物流系统从生产、分配、销售到用户不是孤立的行为，是一环扣一环的，相互制约、相辅相成的，因此，必须协调一致，才能发挥其最大效益。条码技术的应用解决了数据录入和数据采集的"瓶颈"问题，为供应链管理提供了有力的技术支持。

企业为了满足市场需求多元化的要求，在生产制造上从过去的大批量、单调品种的模式向小批量、多品种的模式转移，给传统的手工方式带来更大的压力。手工方式效率低，由于各个环节统计数据的时间滞后性，造成统计数据在时序上的混乱，无法进行整体的数据分析，因此无法给管理决策提供真实、可靠的依据。企业利用条码技术对物流信息进行采集跟踪的管理信息系统跟踪生产制造业的物流，来满足企业针对物料准备、生产制造、仓储运输、市场销售、售后服务、质量控制等方面的信息管理需求。

一、企业内的产品生产流程

（一）物料管理

（1）将物料编码、打印条码标签，不仅便于物料跟踪管理，而且也有助于做到合理的物料库存准备，提高生产效率，便于企业资金的合理运用。对采购的生产物料按照行业及企业规则建立统一的物料编码可杜绝物料因无序而导致的损失和混乱。

（2）对需要进行标识的物料打印其条码标签，以便于在生产管理中对物料的单件跟踪，从而建立完整的产品档案。

（3）利用条码技术对仓库进行基本的进、销、存管理，有效地降低了库存成本。

（4）通过产品编码建立物料质量检验档案，产生质量检验报告，与采购订单挂钩建立对供应商的评价。

（二）生产管理

（1）制定产品识别码格式。根据企业规则和行业规则确定产品识别码的编码规则，保证产品规则化、唯一标识。

（2）建立产品档案。通过产品标识条码在生产线上对产品生产进行跟踪，并采集生产产品的部件、检验等数据作为产品信息，在生产批次计划审核后建立产品档案。

（3）通过生产线上的信息采集点控制生产信息。

（4）通过产品标识码条码在生产线采集质量检测数据，以产品质量标准为准绳判定产品是否合格，从而控制产品在生产线上的流向及是否需要建立产品档案，打印合格证。

（三）仓库管理

（1）货物库存管理。仓库管理系统根据货物的品名、型号、规格、产地、牌名、包装等划分货物品种，并且分配唯一的编码，也就是"货号"，并且应用于仓库的各种操作。

（2）仓库库位管理是对存货空间的管理。仓库分为若干个库房，每一个库房分若干个库位。仓库管理系统是按仓库的库位记录仓库货物库存的，在产品入库时将库位条码号与产品条码号一一对应，在出库时按照库位货物的库存时间可以实现先进先出或批次管理。

（3）条码仓库管理包括货物单件管理。仓库管理不光要管理货物品种的库存，还要管理货物库存的每一单件。采用产品标识条码记录单件产品所经过的状态，实现了对单件产品的跟踪管理。

（4）更加准确地完成仓库出入库操作。仓库业务管理包括出库、入库、盘库、月盘库、移库，不同业务以各自的方式进行，完成仓库的进、销、存管理。条码仓库管理采集货物单件信息，处理采集数据，建立仓库的入库、出库、移库、盘库数据，使仓库操作完成更加准确。它能够根据货物单件库存为仓库货物出库提供库位信息，使仓库货物库存更加准确。

（5）一般仓库管理只能完成仓库运输差错处理（根据人机交互输入信息），而条码仓库管理根据采集信息，建立仓库运输信息，直接处理实际运输差错，同时能够根据采集单件信息及时发现出入库的货物单件差错（如入库重号、出库无货等），并且提供差错处理。

（四）市场销售链管理

为了占领市场、扩大销售，企业根据各地的消费水准不同，制定了各地不同的产品批发价格，并规定只能在此地销售。但是，有些违规的批发商以较低的地域价格名义取得产品后，将产品在地域价格高的地方低价倾销，扰乱了市场，使企业的整体利益受到了极大的损害。由于缺乏真实、全面、可靠、快速的数据，企业虽然知道这种现象存在，但对违规的批发商也无能为力。为保证政策的有效实施，必须能够跟踪向批发商销售的产品品种或产品单件信息。通过在销售、配送过程中采集产品的单品条码信息，根据产品单件标识条码记录产品销售过程，完成产品销售链跟踪。

（五）产品售后跟踪服务

（1）根据产品标识码建立产品销售档案，记录产品信息、重要零部件信息。

（2）通过产品上的条码进行售后维修产品检查，检查产品是否符合维修条件和维修范围，同时分析其零部件的情况。

（3）通过产品标识号反馈产品售后维修记录，监督产品维修点信息，记录统计维修原因，建立产品售后维修档案。

（4）对产品维修部件实行基本的进、销、存管理，建立维修零部件档案。

通过对产品的售后服务信息进行采集与跟踪，为企业产品售后保修服务提供了依据，同时能够有效地控制售后服务带来的困难，如销售产品重要部件被更换而造成保修损失以及销售商虚假的修理报表等。

上述五个环节为企业进行产品质量管理控制及分析提供了强有力的依据：根据物料准备、生产制造、维修服务过程中采集的物料单品信息，统计物料质量的合格率，辅助产生物料质量分析报告；通过生产线质量控制产品条码信息采集点，采集产品生产质量信息，辅助打印合格证，提高产品生产质量的有效控制；通过分析生产线质量控制采集点采集的数据，提供生产质量分析数据。

二、商业企业产品的流程

商业企业的日常业务经营活动主要包括购、销、存三个方面。商业管理者和经营者迫切需要借助现代化的管理工具和手段来加强企业内部的管理、加快物流周转、提高资金利用率、准确掌握供销业务情况，及时组织畅销商品，降低库存和流通费用，使企业在竞争中立于不败之地。这种现实的商业业务管理状况和管理要求成为计算机化管理的重要前提。

商业企业的电脑化管理满足三个层次的要求，即经营作业层、管理层、决策层。在实际作业中，商业企业推行大类管理、单品进销存管理，利用商品上现有的条码再配合自打条码作为自动识别输入的基础，减少了操作时间、提高了录入的准确性，节约了大量的人力物力，提高了自动化程度。

批发商、零售商的流程大致相同，只是其重点稍有区别，因此放在一起做统一论述。现代商业须依靠EDI（电子数据交换）技术，依靠信息流来控制物流。在现代化商业企业的管理中，条码已被广泛应用。在所用到的条码中，除了商品的条码外，还有货位条码、装卸台条码、运输车条码等，以及商业流通业务处理中的收货、摆货、仓储、配货、补货、销售条码等。条码的应用几乎出现在整个商业流作业流程的所有环节中。下面简要阐述一下其应用情况。

1. 订货

无论是总部向供应商订货，还是连锁店向总部或配送中心订货，订货方式可以根据订货簿或货架牌进行订货。不管采用哪种订货方式，都可以用条码扫描设备将订货簿或货架上的条码输入。这种条码包含了商品品名、品牌、产地、规格等信息，然后通过主机利用网络通知供货商或配送中心，这种订货方式比传统的手工订货方式效率高出数倍。

2. 收货

当配送中心收到从供应商处发来的商品时，接货员就会在商品包装箱上贴一个条码，作为该种商品对应仓库内相应货架的记录。同时，对商品外包装上的条码进行扫描，将信息传到后台管理系统中，并使包装箱条码与商品条码一一对应。对零售商而言，收货过程的记账单位则是单个商品。

3. 入库

应用条码进行入库管理。商品到货后，通过扫描条码建立商品基本信息，告诉计算机系统哪种商品要入库、入多少。计算机系统根据预先确定的入库原则、商品库存数量，确定该种商品的存放位置。然后根据商品的数量制出条码标签，这种条码标签包含着该种商品的存放位置信息。最后在货箱上贴上标签，并将其放到输送机上；输送机识别箱上的条码后，将货箱放在指定的库位区。零售商入库的过程一般是商品的单品直接上货架、部分入库。

4. 摆货

首先扫描包装箱上的条码，计算机就会提示工人将商品放到事先分配的货位，搬运工将商品运到指定的货位后，再扫描货位条码，以确认所找到的货位是否正确。这样，在商品从入库到搬运到货位存放的整个过程中，条码起到了相当重要的作用。商品以托盘为单位入库时，把到货清单输入计算机，就会得到按照托盘数制出的条码标签。在各个托盘货位上装有传感器和发射显示装置、红外线发光装置和标明货区的发光图形牌。叉车驾驶员将托盘放置好后，通过叉车上装有的终端装置，将作业完成的信息传送到主计算机。这样，商品的货址就存入计算机中了。零售商的摆货过程相对简单一些，商品的单品需要摆在合适的位置，防止重复摆放。

5. 配货（销售）

在配货过程中，也采用了条码管理。在传统的物流作业中，分拣、配货要占去所用劳动力的 60%，且容易发生差错。在分拣、配货中应用条码，能使拣货迅速、正确，并提高效率。

总部或配送中心在接收客户的订单后，将订货单汇总，并分批制出印有条码的拣货标签。这种条码包含有这件商品要发送到哪一连锁店的信息。分拣人员根据计算机打印出的拣货单，在仓库中进行拣货，并在商品上贴上拣货标签（在商品上已有包含商品基本信息的条码标）。将拣出的商品运到自动分类机处，并放置于感应输送机上。激光扫描器对商品上的两个条码自动识别，检验拣货有无差错。如无差错，商品即分岔流向按分店分类的滑槽中。然后将不同分店的商品装入不同的货箱中，并在货箱上贴上印有条码的送货地址卡，这种条码包含有商品到达区域的信息。再将货箱送至自动分类机，在自动分类机的感应分类机上，激光扫描器对货箱上的条码进行扫描，然后将货箱输送到不同的发货区。当发现拣货有错时，商品流入特定的滑槽内。条码配合计算机在物流管理中的应用，大大提高了物流作业的自动化水平，从而提高了劳动生产率和劳动质量。

对零售而言，这一过程是销售的过程，顾客自己将商品从货架上取下到收银台结账，收银员扫描商品的条码，计算机系统自动调出商品所需的其他重要属性，如商品名称、商品售价。这里，条码在数据库中起到重要关键字的作用。使用条码大大加快了销售的速度，缩短了商品流转的时间。条码在销售环节得到了最直接的价值体现。

6. 盘点

通过扫描器对条码库存数据的采集，一方面能及时准确地了解商品的存量，减轻盘点的工作量，与计算机中的商品数量对比后，及时掌握商品数量的盈亏情况。同时可以进行有效的库存控制，缩短商品的流转周期，保持合适的库存量。另一方面，由于采用条码扫描代替原有的填写表单、账簿的工作，因此避免了人为的错误，提高了数据的准确性，减少了错账、错货等问题造成的商品积压、缺货、超过保质期等情况的发生，也减少了由于管理不善而造成的损失。

任务三　条码技术在物流行业中的应用

条码技术在商品零售业中的应用与在物流业中的应用有着较大的区别。在零售业中，条码主要是用于对消费包装单元的标识，采用的是贸易单元 EAN – 13 码或 EAN – 8 码。而在物流领域，条码是对运输货仓储包装的标识，物流条码根据消费包装单元属性的不同可采用 EAN – 128 条码、ITF – 14 条码和 EAN – 13 条码。

在供应链物流领域，条码技术就像一条纽带，把产品生命周期各阶段发生的信息连接在一起，可跟踪产品从生产到销售的全过程。

一、仓库货物管理

条码技术应用于库存管理，避免了手工书写票据和送到机房输入的步骤，大大提高了工作效率。同时解决了库房信息陈旧滞后的问题，提高了交货日期的准确性。另外，解决了票据信息不准确的问题，提高了客户服务质量，消除了事务处理中的人工操作，减少了无效劳动。

二、生产线人员管理

每个班次开工时，工作小组中的每个成员都要用条形码数据采集器扫描员工卡上的条码，把考勤数据和小组成员记录到数据采集器，然后输入计算机系统中。小组成员都能根据当天的产品生产数据和质量数据得到相应的报酬或相应的处罚。

三、流水线的生产管理

在条码没有应用的时期，每个产品在上生产线前，必须手工记载生成这个产品所需的工序和零件，领料员按记载分配好物料后，才能开始生产。在每条生产线每个产品都有记录表单，每一个工序完成后，填上元件号和工人的工号。手工记载过程工作量大，很复杂，而且不能及时反映产品在生产线上的流动情况。采用条码技术后，订单号、零件种类、产品数量编号都可条码化，在产品零件和装配的生产线上及时打印并粘贴标签。产品下线时，由生产线质检人员检验合格后扫入产品条码、生产线条码号，并按工序顺序扫入工人的条码，对于不合格的产品送维修部，由维修人员确定故障的原因，整个过程不需要手工记录。

四、仓储管理

条码出现以前，仓库管理作业流程存在着很多问题，如物料出入库、物品存放地点等信息手续过程烦琐，信息传递滞后，导致库存量上升、发货日期无法保证、货物难以估计、决策依据不准，从而降低了系统的可靠性。为了避免失误，一些企业增设验单人员，这就降低了劳动生产率，影响指令处理速度。

如果在工厂中安装计算机网络系统，只需在数据输入前增加一些条码数据采集设备，就可以解决上述一系列的问题。

五、进货管理

进货时需要核对产品的品种和数量。这部分工作是由数据采集器完成的。首先，将所有本次进货的单据、产品信息下载到数据采集器中，数据采集器将提示材料管理员输入购货单的号码，由采集器的应用系统判断这个条码是否正确。如果不正确，系统会立刻向材料管理员做出警示；如果正确，材料管理员再扫描所购材料单上的项目号，系统随后检查购货单上的项目是否与实际相符。接着，材料管理员扫描物料规格信息和标识号的条码。每个物料都有唯一的标识。

六、入库管理

搬运工或叉车司机只需扫描准备入库物料箱上的标签即可。入库可分间接和直接两种：间接入库是指物料堆放在任意空位上后，通过条码扫描记录器地址；而直接入库是指将某一类货物存放在指定货架，并为其存放位置建立一个记录。

七、库存货物管理

对于标签破损，参照同类货物或根据其所在位置，用计算机制作标签，进行补贴。在货物移位时，用识别器进行识读自动收集数据，把采集的数据自动传送至计算机货物管理系统中进行数据管理。按照规定的标准，通过条码识读器对仓库分类货物或零散货物进行定期的盘存。在货物发放过程中，出现某些品名的货物零散领取的情况，可采用两种方式：一是重新打包，系统生成新的二维码标签，作为一个包箱处理；另一种是系统设置零散物品库专门存储零散货物信息，记录货物的品名、数量、位置等，统一管理。

八、货物信息控制、跟踪

库存自动预警是指对各种货物库存量高于或低于某限量而进行的自动预警。结合各种货物近期平均用量，自动生成需要在一定时间内需要采购的货物品名和数量等。管理人员可适时地进行采购或取消订货，有效地控制库存量。空间监控是指监控货物的实际位置、存放时间、空间余地等参数，自动对不合理位置、超长存放时间、空间余地不足等情况自动报警。货物信息跟踪是指对整个供应链进行跟踪。例如，通过跟踪系列、批号和库存，掌握准确的可供应量信息；或通过跟踪货物的出库、入库情况，掌握分发单位、生产单位的相关信息等。报损处理是指自动对将要报损的货物进行跟踪，管理人员可对报损的货物进行登记，填写报损申请表；若报损申请批准后，系统对报损的货物进行报损处理，建立报损明细。

九、出库管理

采用条码识读器对出库货物包装上的条码标签进行识读，并将货物信息传递给计算机，计算机根据货物的编号、品名、规格、数量等自动生成出库明细。发现标签破损或丢失按照上述程序人工补贴。将出库货物经过核对，确认无误后，再进行出库登账处理，更新货物库存明细。

十、系统管理

系统管理是为仓库货物管理系统的正常、安全运行提供保障。其主要功能有：
（1）用户管理。对每一个用户定义不同的角色和权限，管理用户密码。
（2）权限管理。根据用户情况定义系统的权限。
（3）日志管理。对系统用户的登录、退出等各种重要操作进行记录，防止非法用户使用。
（4）数据管理。定期备份数据，制定备份策略，实施数据恢复。

任务四　条码技术技能实训

一、实训目的

（1）了解和认识常用的一维条码、二维条码。
（2）掌握条码的生成、打印。
（3）学会实训报告的撰写。

二、实训准备

（1）学生在进行任务之前，学习和查阅与信息相关的理论知识点。
（2）学生要熟悉计算机的基本操作。
（3）每位学生一台计算机，安装 Windows 2000 以上软件操作系统，能够登录 Internet，安装有条码编辑软件 BarTender 和打印机驱动程序。

三、实训步骤

（1）将学生分组，每组 4~5 人。
（2）给学生安排任务，按照任务步骤逐步展开。
（3）根据具体的流程，学生进行操作。
（4）完成调研报告的撰写。

四、实训报告

实训名称：   课程名称：

学号：	姓名：	实训时间：
专业：	班级：	实训地点：

一、实训目的与要求

二、实训环境

三、实训内容

四、实训步骤

五、结论、问题与解决方法

（此部分为实训总结，是体现实训过程的重要内容，应鼓励学生将遇到的重要问题及解决方法总结出来，以体现实训对学生技能的提升作用。）

批语：

★**知识拓展**　　　　　　　　　**条形码在天津丰田汽车公司中的应用案例**

天津丰田汽车有限公司是丰田汽车公司在中国的第一个轿车生产基地。在这里，丰田汽车公司不惜投入 TOYOTA 的最新技术，生产专为中国最新开发的，充分考虑到环保、安全等条件因素的新型小轿车。

二维条码应用管理解决方案使丰田汽车公司在生产过程控制管理系统中成功应用了 QR 二维条码数据采集技术，并与丰田汽车公司天津公司共同完成了生产过程控制管理系统的组建。

一、丰田汽车组装生产线数据采集管理

汽车是在小批量、多品种混合生产线上生产的，生产过程中，需要将写有产品种类、生产指示命令的卡片安装在产品生产台，这些命令将被各个作业操作人员读取并完成组装任务。但使用这些卡片存在严重的问题和大的隐患，包括速度、出错率、数据统计、协调管理、质量问题的管理等一系列问题。

（一）系统概要

如果用二维码来取代手工卡片，初期投入费用并不高，同时又建立了高可靠性的系统。

（1）在生产线的前端，根据主控计算机发出的生产指示信息，条码打印机打印出 1 张条码标签，贴在产品的载具上。

（2）在各作业工序中，操作人员用条码识读器读取载具上的条码符号，将作业的信息输入计算机，主系统对作业人员和检查装置发出指令。

（3）在各个工序中，工作人员用扫描器读取贴在安装零件上的条码标签，然后读取贴在载具上的二维条码，以确认零件安装是否正确。

（4）在各工序中，二维条码的生产指示号码、生产线顺序号码、车身号数据和实装零部件的数据、检查数据等，均被反馈回主控计算机，用来对进展情况进行管理。

（二）应用效果

（1）投资较低。

（2）二维条码可被识读器稳定读取（错误率低）。

（3）可省略大量的人力和时间。

（4）主系统对生产过程的指挥全面提升。

（5）使生产全过程和主系统连接成一体，生产效益大大提高。

二、丰田汽车供应链采集系统的应用

应用环境：汽车零件供货商按汽车厂商的订单生产零配件，长期供货，这样可以减少人为操作，缩减成本，提高效率。

（一）应用描述

（1）汽车厂家将看板标签贴在自己的周转箱上，先定义箱号。

（2）汽车厂家读取看板标签上的一维条码，将所订购的零件编号、数量、箱数等信息制作成 QR 码，并制作带有该 QR 码的看板单据。

（3）将看板单据和看板标签一起交给零件生产厂。

（4）零件生产厂读取由车辆提供的看板单据上的 QR 码，处理接收的订货信息，并制作发货指示书。

(5) 零件生产厂将看板标签附在发货产品上,将看板单据作为交货书发给汽车生产厂。

(6) 汽车生产厂读取看板单据上的 QR 条码进行接货统计。

(二) 应用效果

(1) 采用 QR 条码使得原来无法条码化的品名、规格、批号、数量等可以自动对照,出库时的肉眼观察操作大幅减少,降低了操作人员人为识别验货的错误,避免了误配送的发生。

(2) 出库单系统打印二维条码加密、安全,不易出错。

(3) 验货出库工作,可以完全脱离主系统和网络环境独立运行,对主系统的依赖性小,减少主系统网络通信和系统资源的压力,同时对安全性要求降低。

(4) 真正做到了二维条码数据与出库单数据及实际出库的物品的属性特征的统一。

(5) 加快了出库验收作业的时间,缩短了工作的过程,并且验收的信息量大大增加,从而提高了效率、降低了成本、保证了安全、防止了错误的发生。

思考题

1. 什么是条码? 条码由哪些部分组成?
2. 相对于其他识别技术,条码技术有哪些显著优点?
3. 物流领域的常用码制有哪些?
4. 什么是二维条码? 二维条码有哪些分类和特点?
5. 简述条码识读原理。
6. 常用的条码识读设备有哪些?

销售时点信息系统

项目简介

在 20 世纪 70 年代中期开发出的电子收款机仅仅是机械式收款机作业的翻版。在 20 世纪 80 年代初期，随着商业经营与管理的不断提高和需要，随着商品市场的迅速发展和客户对交易多种方式的要求，电子收款机开始从单机控制转变为"主－从方式"的数台收款机及多台辅助设备集群连接的控制方式，进一步提高了电子收款机自身的功能，从单纯的收款工具开始向 POS 销售结算系统转变。

工作流程

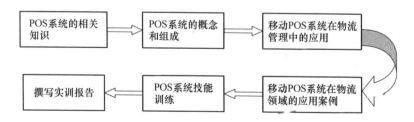

学习目标

（1）了解 POS 系统的构成和结算步骤。

（2）理解 POS 系统的定义、分类、功能和实现后的价值。

（3）掌握 POS 系统的特点和操作方法。

国内零售业 POS 系统应用问题浅析

我国零售行业经过几年的信息化建设目前已经走向成熟，企业经营管理、流程及效益都得到了很大的提升。而在这个过程当中，作为中国零售业信息化首个引入的软硬件设备，POS 系统成了功臣。但中国的 POS 系统目前还仅仅被当作普通的收款设备来使用，应用效率远不及国外同行。

一、中国零售业 IT 系统的利用率还不足 10%

虽然经过多年的信息化建设，中国的零售企业已经尝到了甜头。但是据中国零售业 IT 投入评估报告显示，中国零售业 IT 系统的利用率还不足 10%。虽然各种系统的应用数量非常庞大，但大部分还是小型、孤立的系统，而且缺乏高水平应用。和国外同行相比，我国零售企业的信息化应用还只能算是初级阶段。

例如，国外零售企业的选址或者新品进店，都要有充分的信息依据才能做出决策。而这完全要依赖于其完善的 IT 系统。国内零售企业在这方面则做得非常盲目。用业内人士的话说，国内零售企业并没有把从消费者那里得到的数据当作企业的资源与资本。而对 IT 系统开发相应的消费者数据研究功能的零售企业则几乎为零。

二、POS 机高价值的功能被忽略

目前，POS 机已经从最初的收银机和第二代的 ECR 电子收款机发展到了第三代包括主机、显示器、扫描仪以及钱箱的整体解决方案。有些 POS 机还可以当作普通 PC 来使用。而在性能和稳定性方面也更加强悍。有些甚至还可以满足对于数据库管理的需求以及处理多种类型的交易，轻松收集用户的消费记录及用户信息，与网络的无缝接入可满足店面的数据共享，为数据的深度挖掘提供基础工作。

目前国内的许多零售企业虽然也花大价钱将 POS 系统升级到了最新一代，不过还只是将其作为一般的收款结账设备来使用。而其辅助零售企业控制库存、降低库存风险等更高价值的功能却往往被忽略掉了。

三、POS 数据是辅助运营的有效工具

事实上，零售企业完全可以通过数据挖掘技术来分析消费者的购物模式，以便对将来的趋势和行为进行预测，支持企业的决策。如果将这些数据运用到客户关系管理中，就能在海量的客户数据库中，将看似无关联的数据进行筛选、净化，提取出有价值的客户关系，对客户需求做出恰当的回应，并预测需求趋势。

比如，一个大型超市，什么时间段做正常销售，什么时间段做促销，顾客群体的男女比例、年龄、收入水平分别是多少，以及门店周围商圈面积，消费人群层面等问题。这些在以前都需要投入大量人力物力去做的工作，现在由于 POS 系统具有反映每笔销售实际情况的功能，都被简单地存储在了 POS 机中，通过会员卡制度与 POS 系统相结合，再辅以专业的数据挖掘工具就可以很容易地分析出来。而这些功能，现在国内的大部分零售企业还没有将其利用。据了解，有些大型零售企业虽然建立了专业的商品数据分析部门，但他们 80% 的精力都被耗费在了信息收集和整理上，仅有 20% 是进行数据分析的。而即便是这样的企业，在国内依然不多。

任务一 POS 系统概述

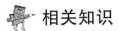 **相关知识**

一、POS 系统的定义

POS 系统即销售时点信息系统，是指通过自动读取设备（如收银机）在销售商品时直接读取商品销售信息（如商品名、单价、销售数量、销售时间、销售店铺、购买顾客等），并通过通信网络和计算机系统传送至有关部门进行分析加工以提高经营效率的系统。POS 系统最早应用于零售业，以后逐渐扩展至其他如金融、旅馆等服务行业，利用 POS 系统的范围也从企业内部扩展到整个供应链。

POS 是一种多功能终端，把它安装在信用卡的特约商户和受理网点中与计算机联成网络，就能实现电子资金自动转账，具有支持消费、预授权、余额查询和转账等功能，使用起来安全、快捷、可靠。

二、POS 系统的构成

POS 系统由前台 POS 系统和后台 MIS（Management Information System）系统两大部分组成，如图 3.1 所示。

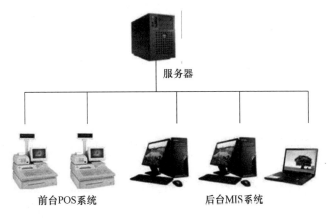

前台POS系统　　　　后台MIS系统

图 3.1　POS 系统的构成

（一）前台 POS 系统

前台 POS 系统指通过自动读取设备（如扫描仪等）在销售商品时直接读取商品销售信息，实现前台销售业务的自动化，对商品交易进行实时服务和处理，并通过通信网络和计算机系统传至后台 MIS 系统。前台 POS 系统的构成如图 3.2 所示。

前台 POS 系统的功能如下：

1. 收银员识别功能

收银员识别功能是指收银员必须在工作前登录前台系统才能进行终端操作，即门店中每个系统的收银员都实行统一编号，每个收银员都有一个 ID 和密码，只有收银员输入了正确的 ID 和密码后，才能进入"销售屏幕"进行操作。在交接班结束时，收银员必须退出系统以便让其他收银员使用该终端。如果收银员在操作时需要暂时离开终端，可以使终端处于"登录或关闭"状态，在返回时重新登录。

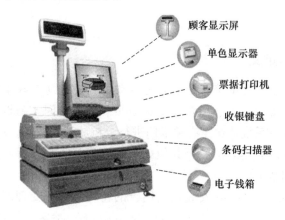

图 3.2　前台 POS 系统的构成

2. 多种销售功能

POS 系统有多种销售方式，收银员在操作时可根据需要选择商品的各种销售方式。

（1）优惠、打折功能。当优惠折扣商品或交易本身有特价许可时，应进行权限检查。

（2）销售交易更正功能，包括清除功能、交易取消功能。

（3）退货功能。通常收银员无该种商品交易的权限，需管理人员来完成。

（4）挂账功能。挂账功能是指在当前交易未结束的状态下保留交易数据而进行下一笔交易的收银操作。

3. 多种方式的付款功能

付款方式主要有现金、支票、信用卡等。POS 系统具备多种付款方式的设置功能。

4. 其他功能

（1）票据查询。查询的范围可以是某时间段内的全部交易，也可以是某时间点的交易情况。

（2）报表查询。根据收银机本身的销售数据制作出一些简单的报表，并在收银机的打印机上打印出来。报表包括结款表、柜组对账表等。

（3）前台盘点。盘点的过程主要是清查库存商品数量。前台盘点的实质是将要盘点商品的信息像销售商品一样手工输入或用条码扫描仪录入到收银机中，作为后台的数据来源。

（4）工作状态检查。工作状态检查是指对有关收银机、收银员的各种状态进行检查，包括一般状态、交易状态、网络状态、外设状态等。

（二）后台 MIS 系统

后台 MIS 系统包括计算机和相应的管理软件。MIS 系统负责全部商品的进、销、存管理。它根据前台 POS 系统提供的销售数据，控制进货数量，优化库存；再通过后台计算机系统计算、分析和汇总商品销售的相关信息，为企业管理部门和管理人员的决策提供依据。

后台 MIS 系统的具体功能如下：

1. 商品入库管理功能

对入库的商品进行输入登录，建立商品数据库，以实现对库存的查询、修改，对报表及商品入库验收单的打印等功能。

2. 商品调价管理功能

由于某些商品的价格随季节和市场等情况而变动，POS 系统能提供对这些商品所进行的调价管理功能。

3. 商品销售管理功能

根据商品的销售记录，实现商品的销售、查询、统计、报表等管理，并能对各收款机、收银员等进行分类统计管理。

4. 单据票证管理功能

实现商品的内部调拨、残损报告、变价调动、仓库验收盘点报表等各类单据票证的管理。

5. 报表打印管理功能

打印内容包括时段销售信息表、营业员销售信息报表、部门销售统计表、退货信息表、进货单信息报表、商品存储信息报表等。该功能有助于实现商品销售过程中各类报表的分类管理。

6. 数据分析功能

POS 系统的后台管理软件应能提供完善的分析功能，分析内容涵盖进、销、调、存过程中的所有主要指标，可以图形和表格的方式提供给管理者。

7. 数据维护管理功能

完成对商品资料、营业员资料等数据的编辑工作，如对商品资料的编号、名称、进价、进货数量、核定售价等内容的增加、删除、修改，对营业员资料的编号、姓名、部门、班组等内容的编辑。还有实现商品进货处理、商品批发处理、商品退货处理，实现收款机、收款员的编码、口令管理，支持各类权限控制。它具有对本系统所涉及的各类数据进行备份，交易断点的恢复功能。

8. 销售预测功能

销售预测包括对畅销商品分析、滞销商品分析、某种商品的销售预测分析、某类商品的销售预测分析等。

三、POS 系统的特点

（一）分门别类管理

POS 系统的分门别类管理不仅针对商品，而且针对员工及顾客。

1. 单品管理

零售业的单品管理是指对店铺陈列展示销售的商品以单个商品为单位进行销售跟踪和管理的方法。由于 POS 系统信息能够及时准确地记录单个商品的销售信息，因此，POS 的应用使单品管理的高效率成为可能。

2. 员工管理

通过 POS 系统终端机上计时器的记录，针对每个员工的出勤情况、销售状况（在任一时间段内）对员工进行考核管理。

3. 顾客管理

在顾客购买商品结账时，可通过扫描仪自动读取零售商发行的顾客 ID 卡或信用卡，来把握每个顾客的购买品种和购买金额，从而对顾客进行分类管理。

（二）自动读取销售时点信息

在顾客购买商品结账时，POS 系统可通过扫描读数仪自动读取商品条形码标签或 OCR 标签上的信息。在销售商品的同时获得实时的销售信息是 POS 系统的最大特征。

（三）集中管理信息

把在各个 POS 终端获得的销售时点信息以在线连接方式汇总到企业总部，与其他部门发送的有关信息一起由总部的信息系统加以集中并进行分析加工，对商品上架陈列方式、促销方法、促销期间、竞争商品的影响进行相关分析，集中管理。

（四）连接供应链的有力工具

POS 系统被认为是供应链信息管理的起点。供应链上的参与各方如果要做到信息共享，那么销售时点信息必不可少。在具有 POS 系统、EOS 系统并能使用 VAN 网络的现代化企业中，通过 POS、EOS、VAN、MIS 将商品销售信息转化为订货信息并通过 VAN 网络自动传递至上游供应商的管理信息系统，供应商可以利用该信息并结合其他的信息来制订企业的经营计划和市场营销计划。

四、POS 系统的类型

POS 主要有消费和转账两种类型。

（一）消费 POS

消费 POS 具有消费、预授权、查询止付名单等功能，主要用于特约商户受理银行卡消费。

国内消费 POS 的手续费如下：

（1）航空售票、加油、大型超市一般扣率为消费金额的 0.5%。

（2）药店、小超市、批发部、专卖店、诊所等 POS 刷卡消费额不高的商户，一般扣率为消费金额的 1%。

（3）宾馆、餐饮、娱乐、珠宝首饰、工艺美术类店铺一般扣率为消费金额的 2%。

（4）房地产、汽车销售类商户一般扣率为固定手续费，按照 POS 消费刷卡笔数扣收，每笔按规定不超过 40 元。

（二）转账 POS

转账 POS 具有财务转账和卡卡转账等功能，主要用于单位财务部门。

五、POS 系统的结算步骤

通过 POS 系统结算时应通过下列步骤：

（1）地方易货代理或特约客户的易货出纳系统，将买方会员的购买或消费金额输入到POS终端。

（2）读卡器（POS机）读取广告易货卡上磁条的认证数据、买方会员号码（密码）。

（3）结算系统将所输入的数据送往中心的监管账户。

（4）广告易货出纳系统对处理的结算数据确认后，由买方会员签字。买卖会员及易货代理或特约商户各留一份收据存根，易货代理或特约商户将其收据存根邮寄到易货公司。

（5）易货公司确认买方已收到商品或相关服务后，结算中心划拨易换额度，完成结算过程。

六、POS系统的网络功能

ECR（Efficient Consumer Response）即"快速客户反应"，它是在商业、物流管理系统中，经销商和供应商为降低甚至消除系统中不必要的成本和费用，给客户带来更大效益，而利用信息传输系统或互联网进行密切合作的一种战略。

实施"快速客户反应"这一战略思想，需要将条码自动识别技术、POS系统和EDI集成起来，在供应链（由生产线直至付款柜台）之间建立一个无纸的信息传输系统，以确保产品能不间断地由供应商流向最终客户。同时，信息流能够在开放的供应链中循环流动，既满足客户对产品和信息的需求（即给客户提供最优质的产品和适时准确的信息），又满足生产者和经销者对消费者消费倾向等市场信息的需求，从而更有效地将生产者、经销者和消费者紧密地联系起来，降低成本，提高效益，造福社会。

要实施ECR战略，目前只有中、高档次的机型（即二类收款机）具备联网功能。由于ECR的硬件环境不具备开放性，而且软件数据量比较小，因此ECR一般采用专用网络形式，即通过收款机本身的RS232/RS422/RS485接口、多用户卡实现与收款机之间或与一台上位机（微机）的连接，完成收款机与收款机之间、收款机与上位机之间的数据传输。

七、POS系统实现后的价值

（1）节约了原来用于手写、保管各种单据的人工成本和时间成本。

（2）简化了操作流程，提高了基层员工的工作效率和积极性。

（3）提高了工作人员的正确性，省略了手工核对的工作量。

（4）各级主管从繁重的传统方式经营管理中解脱出来，并且有更多的时间从事管理工作，工作重心逐渐转到管理上来，进一步提高了工作效率。

（5）采购人员利用查询和报表，可更直接、有效地获得商品情况，了解到商品是否畅销和滞销。

（6）销售人员根据商品的销售情况进行分析，以进行下一次的销售计划。

（7）财务人员能更加清楚地了解库存情况、账款余额、毛利贡献等财务数据，通过更好地控制成本和费用，提高资金周转率。

（8）管理者把握住商品的进、销、存动态，对企业各种资源的流转可以进行更好的控制和发展。

任务二　移动 POS 系统在物流管理中的应用

随着现代商业多种业态的发展，消费方式的变化，一种主动新颖的销售方式——移动销售应运而生。移动销售改变了传统的固定式店铺销售模式，它采用的是一种主动、灵活的销售模式，使原来以商品经营为主的销售行为逐步让位于提供多样化、个性化的服务行为。移动 POS 系统以 GPRS 无线网络为载体与企业总部 ERP 数据库服务器进行连接，可以解决目前使用 POS 系统受到的网络传输、计算机硬件等条件限制的问题。将庞大的收银系统浓缩在手持式条码数据终端和红外驱动的打印机上，方便携带，功能强大，使用灵活简单，随时随地可完成商品销售情况的记录、金额的结算以及凭证的打印。

只要保持在线的状态，就可在进行单据保存的同时将数据提交到中心数据库；在网络不通畅的情况下，系统会将数据先暂存设备的本地数据库，滞后递交数据，使销售人员在进行日常的收货、销售、盘点等工作时更加轻松，保证了数据的及时递交和准确性；信息以最快的速度汇集到企业的中心数据库，便于及时做出准确快速的反应，提高企业的日常营运效率。移动 POS 系统的应用，扩大了商业现代化管理的领域，拓展了商业领域的空间范围，全面提升了商家的营销手段，是 POS 系统解决方案的时尚典范，已经在很多连锁企业中应用。

一、移动 POS 系统

（一）移动 POS 系统的构成

移动 POS 系统可以分为三层，即中心数据库层、PC 处理软件层以及移动 POS 处理层，三层紧密联系在一起。其中移动 POS 处理层是最基本的一层。首先，所有的客户信息都是通过移动 POS 采集（例如，通过订货 POS，可以获得客户完整的需求信息，这些信息是十分重要的），配送 PC 和追踪 PC 根据此信息完成其相应的处理过程，将这些信息进行整理后就可以进行市场需求分析和市场预测。其次，简单的逻辑过程和运算过程都可以通过移动 POS 现场完成，从而缩短了整个物流过程的运行周期，提高了运行效率。例如，在配货的支付过程中就可以通过无线通信直接和银行数据库相联系，快捷地完成整个配货过程。在整个系统中，条码作为信息载体，起着举足轻重的作用。

（二）移动 POS 系统的特点

低成本、无环境限制、配置简单、功能强大、操作简便、系统稳定、交易迅速、安全性高。适用于网站 BtoB、BtoC 销售，商品流动销售车，商品连锁专卖店及第三方上门配送等场合。

（三）移动 POS 系统的硬件配置

移动 POS 系统的硬件配置主要包括手持式激光数据采集终端、红外通信座、微型红外打印机、Modem 等。

二、移动 POS 系统的主要功能

（1）商品管理包括物品数量、销售明细和退货记录。

（2）用户管理包括销售配额和销售底价。

（3）售价控制包括基本价格、批量价格和特优价格。

（4）综合查询包括客户查询、商品查询、单据查询和销售额查询。

（5）访销管理包括增补订单和定期配送。

（6）打印管理包括销售凭据（收据）、销售记录和退货记录。

（7）操作员管理包括操作员登录、普通权限和特殊权限。

在销售配送系统方面越来越要求信息系统能够强化物流企业和货主之间的连接，由此实现高品质服务和低成本的运营。对此，推广手持式终端（移动POS）和条码在流通领域的应用，既可以实现高质量的配送管理，又可对配送中心的货物进行随时动态追踪管理，还可以根据所获知的信息进行市场分析和市场预测等。

三、移动POS系统在物流中的应用

（一）订货、配货处理是企业的核心业务流程

订货、配货处理包括订单准备、订单传递、订单登录、按订单供货、订单处理状态跟踪等活动。

订货、配货处理是实现企业顾客服务目标最重要的影响因素。改善订货处理过程、缩短订货处理周期、提高订单满足率和供货的准确率、提供订货处理全程跟踪信息，可以大大提高顾客服务水平与顾客满意度，同时也能够降低库存水平，在提高顾客服务水平的同时降低物流总成本，使企业获得竞争优势。

（二）PC可以提高订货、配货效率

在移动POS系统中，PC从中心数据库中动态下载客户的基本信息，然后下载到订货POS上，订货员通过订货POS访问相应的客户，获得其订货信息，再上传到配货PC等待进一步处理，配货PC根据订货PC所提供的信息，定制出合理的供货周期，将货物及时准确地送到客户手中。配货POS将打印各种单据，并利用配货POS的无线通信功能实现实时支付，这样就大大方便了客户。最后把配货处理的信息上传到配货PC上进一步处理。

（三）移动POS可以对跨地域物流进行跟踪

移动POS的应用可以跨地域掌握产品在整个市场中的销售情况，然后通过全局统筹进行市场调整和预测，以获得最大收益。另外，还可以使用移动POS完成对产品本身信息（如条码信息，特别是二维条码的产品详细信息）的采集，通过与中心数据库的产品信息相对照，确定该产品的真伪性，从而真正做到防伪保真，保障企业自身的利益。因此，跟踪PC必须准备相应的产品信息以供跟踪POS相对照，然后下载到跟踪POS上；在对产品进行跟踪处理时，跟踪POS通过本身的跟踪软件记录产品信息并参照相应的产品信息，从而确定该产品的真伪性。

（四）移动POS的应用可以提高库存管理效率与精度

库存管理可以分为出库发货和库存盘点。在出库发货时，根据配送中心的补货申请，由盘点PC机对照库存的相应商品数量制定出配送中心的补货明细表，将需补货的商品集中后，使用已存储好该批出库数据的盘点POS扫描商品的条码、确认出库的数量，完成后将

盘点 POS 数据传送至盘点 PC，然后制作出各种库存损益报告和分析报告。这些信息将通过网络放入中心数据库中，以备使用。

任务三　移动 POS 系统在物流领域的应用案例

在我国，烟草行业率先在其核心业务流程和客户关系管理——"全面访销、全面配送、访送分离、专销结合"的体系中，实现了以通信网络和移动 POS 为基础的电子化。访销是指一个卷烟销售网点定期调查所辖经营户的卷烟需求情况；配送是指销售网点根据访销的情况，在规定的时间内将卷烟及时准确地送到经营户手中。根据访销、配送的具体特点，使用移动 POS 作为信息采集装置，以一维、二维条码作为信息载体，通过通信网络可成功地实现访销、配送体系商流信息采集和物流管理的电子化。

移动 POS 系统在烟草配送支付中的应用

一、市场背景

目前，中国烟草行业是一个高度垄断的行业，它实行的是农、工、商贸一体化，其经营管理体制具有浓厚的计划色彩。中国现阶段常年吸烟人口达 3.1 亿之多，年卷烟消费量约 17 000 亿支，市场零售总额近 3 000 亿元。中国加入世贸组织后，烟草行业也面临着国际化竞争。从 1994 年开始，上海、山东等地开始进行卷烟销售网络建设，目前已在全国范围内采用对卷烟零售商进行流动配送等销售方式，形成了较为完整且自成体系的销售网络。

中国烟草行业资金流动性强、规模效益明显，拥有大批的银行个人客户——卷烟零售商，这对于银行而言，是难得的优质客户群体。因此，建设银行菏泽分行以提高客户满意度和忠诚度为基础，以建立长期合作为目标，坚持"培植客户、经营客户"的理念，对本地烟草行业展开了整体营销渗透。菏泽分行在利用省行组建的资金结算网络积极争取烟草行业资金结算的同时，还抓住烟草公司卷烟销售款现金流量大，存在反复清点、存放不安全、结算速度慢等特点，向烟草公司提出了"采用移动 POS 技术结算烟款、建立高效科学的资金管理模式"的建议。此举得到了烟草公司的积极配合和响应，双方经过数月的谈判协商，本着"互惠互利、共同发展"的合作原则，签订了多方面的银企合作协议，进一步提高了菏泽分行在烟草销售领域的业务占比和经济效益。

二、系统技术特点

（一）移动 POS 的特点

银行卡作为一种先进的电子支付工具，已经被人们广泛接受和使用。银行卡的日益普及也推动了银行 POS 在各个商业领域的应用普及。传统 POS 基本上采用普通电话拨号连接银行主机的方式，但部分配送行业用户（如烟草）由于流动性及收款额度大等因素，其需求逐渐向方便、快捷和时效性强的电子交易方式转变，对移动 POS 的需求和依赖性越来越大，有线 POS 越来越不能满足客户需求。

移动 POS 是基于 GPRS（General Packet Radio Service，通用分组无线服务）技术的手持

式 POS，兼备有线、无线双重功能，它采用无线通信短信息为主、无线拨号为辅的通信方式，具有交易速度快、体积小、携带方便等优点，非常适合各种物流配送行业的货款结算。与有线 POS 相比，无线 POS 交易速度明显加快，真正体现了银行卡交易的快捷性。

（二）GPRS 的特点

GPRS 即通用无线分组业务，它是基于 GSM 的数据业务。GPRS 提供了一种高效、低成本的无线分组数据业务，特别适合间断的、突发性的和频繁的、少量的数据传输，也适合偶尔的大数据量传输。相对于普通电话通信，GPRS 无线技术在安全性、网络特性、效率以及成本等各方面表现出更强的优势。

（三）移动 POS 系统的优势

（1）连接速度和交易速度极快。普通电话拨号方式每次通信需要网络连接一次，每次需 20 s 左右，而移动 POS 系统是"永远在线"，可随时随地进行刷卡交易，每次交易时间 3 ~ 5 s。

（2）传输速度快。普通电话拨号方式最大传输速率为 9.6 kbit/s，而 GPRS 目前可以达到 30 ~ 40 kbit/s。

（3）费用经济。移动 POS 一笔交易数据的流量约为 300 B，按移动公司业务自由套餐资费标准计算，通信费用为：$300 \times 8 \times 0.03/1\ 024 = 0.07$ 元。而普通电话拨号一笔交易至少为 0.22 元。由以上可知，如果每台移动 POS 每月交易量按 300 笔计算，采用电话拨号每月通信费用为 $300 \times 0.22 = 66$ 元，而采用 GPRS 每月费用为 $300 \times 0.07 = 21$ 元。两者比较，采用 GPRS 的通信费用节约了 45 元。

三、POS 系统应用的现实意义

（一）有利于企业提高销售管理水平

一是加快了烟草公司的配送结算速度，并避免了卷烟配售面对的假币、短款等问题。

二是烟草公司实现了销售资金的实时入账，提高了资金运转效率。

三是烟草公司可通过 POS 交易数据分析销售情况、调整销售方案和访销路线，优化配置销售人员，提高企业销售管理水平。

（二）有利于银行拓展新的业务市场

移动 POS 结算系统突破了交易时间、交易环境等方面的限制，可以凭借稳定的 GPRS 通信，随时随地实现银行卡交易。在商贸物流配送行业日趋兴旺的市场环境下，移动 POS 将具有广阔的发展空间。

（三）有利于银行提高业务创新能力

移动 POS 结算系统的成功应用，为银行开发移动金融业务提供了经验。银行可根据市场发展趋势，利用安全、快捷的 GPRS 通信手段，无线接入银行专网，创造出流动服务车、移动 ATM、个人账户通知、手机支付等一系列新产品，满足不同层次的客户需求。同时，银行还可利用 GPRS 通信专线，推进银行内部管理工作的信息化，如企业电话直连、内部信息发布、车辆卫星定位、移动手机智能虚拟网等，在提高银行工作效率的同时，大幅降低管理成本。

任务四　POS 系统技能实训

一、情景设置

POS 系统的工作原理如图 3.3 所示。

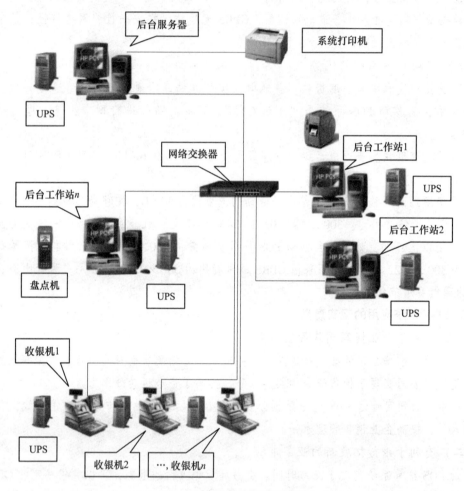

图 3.3　POS 系统的工作原理

二、实训目的

（1）了解 POS 系统及其在物流销售环节的应用。

（2）掌握常用 POS 系统软件的使用方法。

（3）学会实训报告的撰写。

三、实训准备

（1）学生在开始完成任务之前，先学习和查阅与信息相关的理论知识点。

（2）学生要熟悉计算机的使用。

（3）每位学生一台计算机，安装 POS 软件操作系统，能够登录 Internet。

四、实训步骤

（1）将学生分组，每组 4～5 人。

（2）给学生安排任务，按照任务步骤逐步展开。

（3）学生根据具体的流程进行操作。

（4）完成调研报告的撰写。

五、具体操作步骤

（一）日常操作流程

日常操作流程如图 3.4 所示。

图 3.4　POS 系统的日常操作流程

下面以某一服装零售 POS 系统为例说明具体操作。

1. 数据更新

双击打开程序【程序和数据更新】，选择【数据更新】选项卡。单击右下角的【数据下载】进行数据更新，如图 3.5 所示。

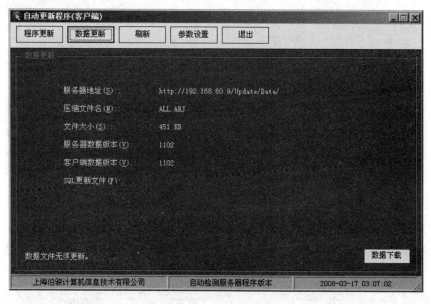

图 3.5　数据更新

2. 打开 POS 系统

双击打开【POS】系统界面，如图 3.6 所示。

图 3.6　打开【POS】系统

输入用户名和密码，如果已断开网络，请在"离线零售"前打上"√"，反之不做选择。单击【确定】按钮后出现"登录"界面，如图 3.7 所示。

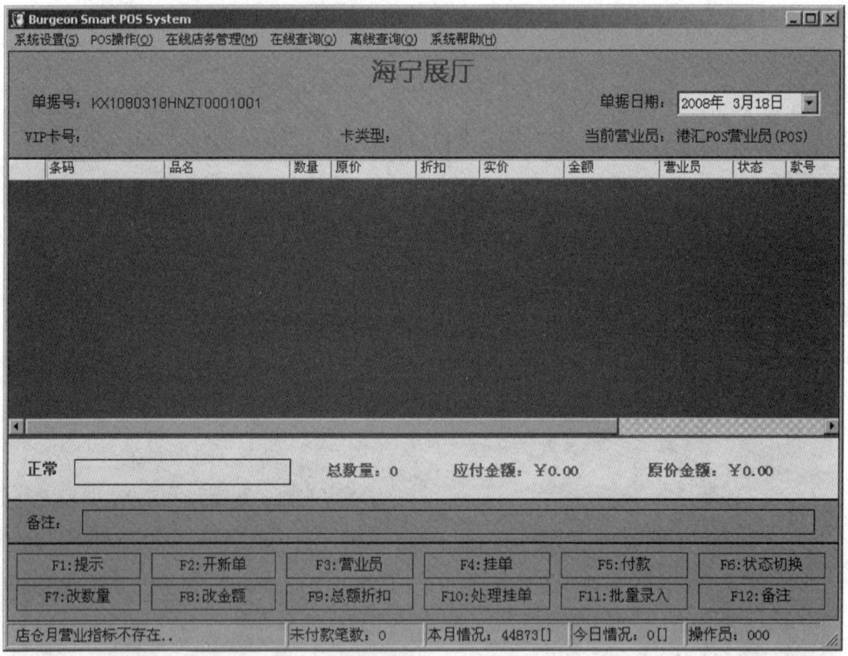

图 3.7　"登录"界面

"POS 操作"菜单中的所有命令后面都有一个快捷键，可以按键盘上的【F1】键，屏幕下方就会弹出两排"操作提示"，如图 3.8 所示。再次按下【F1：提示】按钮，它就会消失。

图 3.8　操作提示

3. 开新单

按【F2：开新单】，弹出"VIP 输入"界面，如图 3.9 所示。

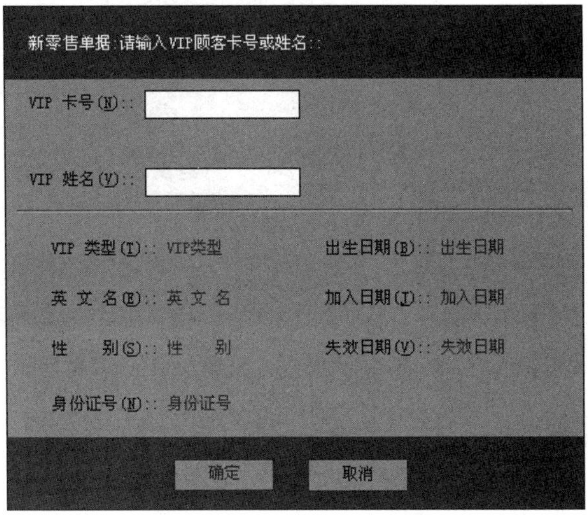

新零售单据:请输入 VIP 顾客卡号或姓名:

VIP 卡号(N)::

VIP 姓名(V)::

VIP 类型(T):: VIP类型   出生日期(B):: 出生日期

英文名(R):: 英文名   加入日期(I):: 加入日期

性别(S):: 性别   失效日期(V):: 失效日期

身份证号(N):: 身份证号

确定　　　取消

图 3.9　"VIP 输入"界面

如该顾客有 VIP 卡，可在"VIP 卡号"里输入卡号或密码，单击【确定】按钮。如没有，可直接单击【取消】按钮。

按【F3：营业员】，可以更改相应营业员。

4. 零售业务操作

输入提示符在"正常"后面的空白方框里闪烁，此时可以录入商品条码，如图 3.10 所示。

正常 [　　　　　] 总数量：0　应付金额：¥0.00　原价金额：¥0.00

图 3.10　录入商品条码

输入商品条码可以通过手工录入和扫描枪扫入。当商品的条码出现后，按【Enter】键，相应的款号、颜色、尺寸、金额、折扣等信息会自动显示出来。

销售数据显示出来以后，输入提示符默认停留在条码输入框中，可以继续扫描下一件商品。

如果输入条码有误，系统会出现提示："条码不存在"。这时要仔细核对条码，修改完成后，再按【Enter】键确定。

如果顾客购买的衣服不止一件，可以通过【F7：改数量】修改件数。

如果发现输入的商品条码错误，只要把光标移到要删除的条码，按键盘上的【Delete】键（POS 操作——【删除】）。

选中要更改价格的商品，单击【F8：改金额】，会自动跳出输密码的提示框，如果设置了密码，系统会要求输入该密码，如图 3.11 所示。密码输入正确后，出现如图 3.12 所示界面。

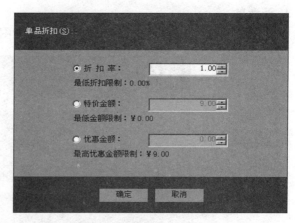

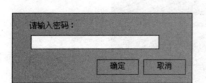

图 3.11　提示框　　　　　　　图 3.12　"单品折扣"界面

单品折扣更改：最低折扣限制、最低金额限制、最高优惠金额限制都是由总公司来定。
总额折扣更改和单品折扣更改的方式一样。

价格和数量修改完后，下一步就是付款操作。

按【F5：付款】，出现"付款"界面，如图 3.13 所示。

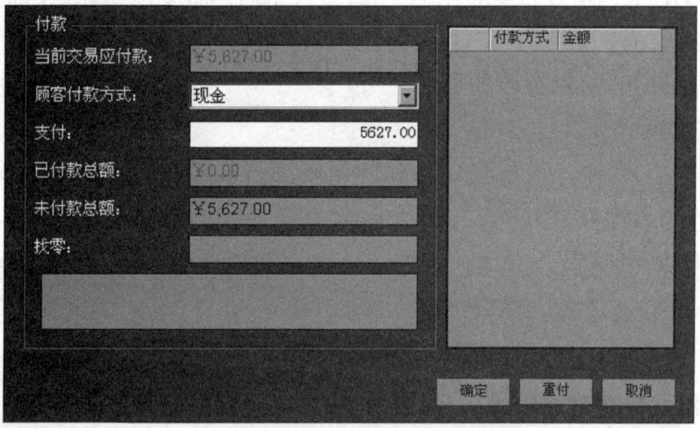

图 3.13　"付款"界面

在顾客付款方式中允许顾客以多种方式付款，可以是现金，也可以是支票或者其他，一
张零售单可采用一种付款方式，也可以采用多种付款方式，即可在一张零售单中，同时使用
现金和卡进行付款。在下拉框中选择该付款方式，然后输入相应的付款金额即可。

不同的付款方式，系统中有着不同的控制，比如说现金付款可以超出应付款，系统还可
以找零；卡付款就不能超出应付款；购物券可以超出应付款，但不会找零。这些付款方式的
相关设定要在 E－max 总部系统中进行。

5. 退货操作

按【F6：状态切换】，状态有"正常""全额""赠品""退货"四个状态，通过按键盘
上的【F6】键进行切换，如图 3.14 所示。

图 3.14 退货

当状态切换到"退货"时,将顾客需退货的商品扫入,此时需要输入密码,确认后出现如图 3.15 所示界面。该零售单号是退货商品先前销售时的交易单号,也可以选择忽略。

图 3.15 "零售退货"界面

输入这件商品的价格。系统会根据该款商品的原价自动设置退货价格的范围,如果超出这个范围,退货无法成功。

以上操作完成后,按【F5:付款】,进入"付款"界面,如图 3.16 所示。这里显示当前交易应付款金额,为负数。店铺里的金额就会自动减去退货商品价格的金额,库存也随之增加一件。

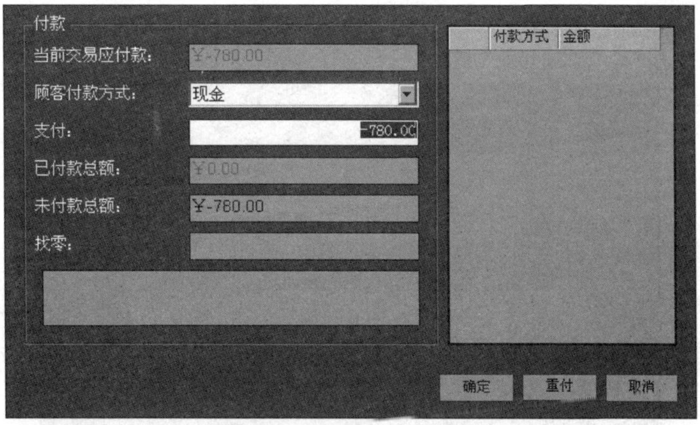

图 3.16 "付款"界面

6. 结束一天的零售业务

双击打开"零售数据上传"工具,会在任务栏右下角出现图标。单击此图标,它会自动上传数据。

(二)库存盘点操作

盘点是店仓人员定期做的一件非常重要的事情,只有通过盘点才能时刻保证库存的准确性,从而为总部提供最为准确、及时的数据信息,并为公司的经营决策提供依据。

盘点的原理：把实盘数量（输入盘点单的实际盘点数量）和记录在数据库中的数量进行比较，分析出差异（实盘数量和计算机账的差异），系统会将差异数量记录下来，盘点单记账后，自动调整计算机账，以保证实际库存和计算机账的一致。

库存盘点的具体操作步骤如下：

新增盘点单，单击工具栏上的"在线店务管理"——"盘点单"，如图 3.17 所示。

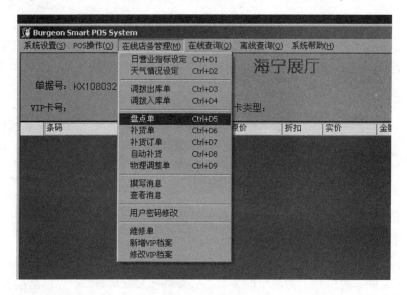

图 3.17　盘点

按货架盘点，如图 3.18 所示。

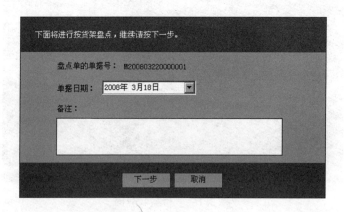

图 3.18　"货架盘点"界面

单击【下一步】按钮，继续操作。此时会出现一些单据，这些单据是还未操作完成的，需要确认，确认后再进行盘点工作。

单击【下一步】按钮，新增货架后（单击键盘中"＋"）键，根据货物适当增加货架。

增加货架后，选中第一个货架，将光标输入码移到条码后面的空白单元格，进行手工录入或是扫描枪扫入，第一个货架录入完成后，选中第二个货架继续操作。以此类推，直到所有货架全部盘点完成。

单击左上角【下一步】检查数据，再单击【下一步】按钮，如图3.19所示。

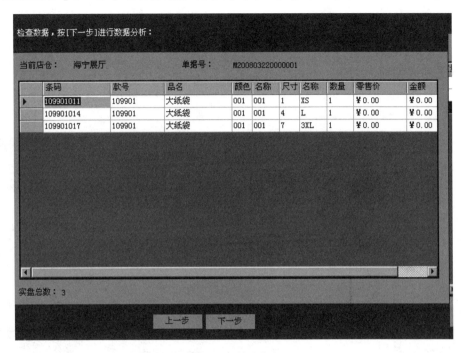

图 3.19　检查数据

盘点类型有全盘、随机盘点、历史盘点三种类型。

全盘系统提供两种全盘方式。所有款号的全盘：将所盘商品数量和店仓所有商品库存进行比较，其中未输入或者扫描的商品，系统将作为零库存处理。部分款号的全盘：将所盘商品数量和已选择款号的库存进行比较，其中未输入或者扫描的商品，系统将作为零库存处理。

随机盘点将所盘商品数量和店仓该商品库存进行比较，其中未输入或者扫描的商品，系统不予处理。

实盘数量是指该商品的实盘数量。

账面数量是指记录在数据库中的该商品的数量。

差异数量是指实盘数量减去账面数量，也就是实盘数量和计算机账的差异，系统会自动计算出。

盘点单生成后，要记账。记账后，系统会自动调整计算机账，以保证实际库存和计算机账的一致。

注意：进行本地盘点，在录入货架盘点商品时，若单击【强制退出】按钮，可能会引起数据不一致。

（三）报表查询（在线查询、离线查询）

报表查询的具体步骤如图3.20所示。

1. 日营业清单

通过设置日期，查询某一天的营业情况。可以导出 Excel 表格，进行打印操作。

2. 店仓库存查询

可以选择店仓查询多个款号的库存情况。输入要查询的款号，单击【查询】按钮，可以将明细及结果导出 Excel。

3. 店仓业绩排行

在左边窗口勾选几个店仓，选择日期进行业绩排行。这里同样也有导出功能。通过单击【明细】按钮可以查看店仓的零售明细，如图 3.21 所示。

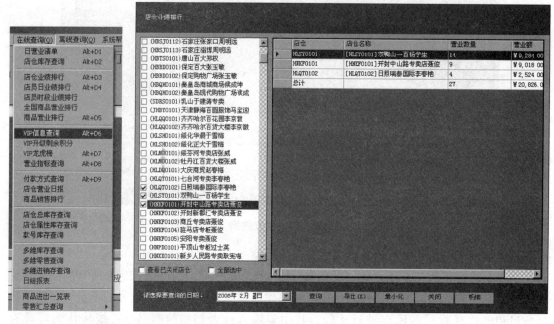

图 3.20 报表查询　　　　图 3.21 "店仓业绩排行"界面

4. 店员日营业排行/店员时段业绩排行

查询店员某一天的营业排行及某段时间内的业绩排行。

5. 全国商品营业排行/商品营业排行

全国商品营业排行中，可以通过勾选右上角的条码方式，查询某一款号的全国营业排行情况。

6. VIP 信息查询/VIP 升级剩余积分/VIP 龙虎榜

公司日后会增加此项功能。

7. 营业指标查询

营业指标查询如图 3.22 所示。选择好日期后，单击【查询】按钮，显示一个月的每一天的营业情况，在右上角会有说明。

8. 付款方式查询

查询某一天内的付款方式。同样也可以导出 Excel，打印。

9. 店仓营业日报表

店仓营业日报表指店仓某一日的营业情况。

10. 商品销售排行

查询某段时间内的商品销售排行，如图 3.23 所示。

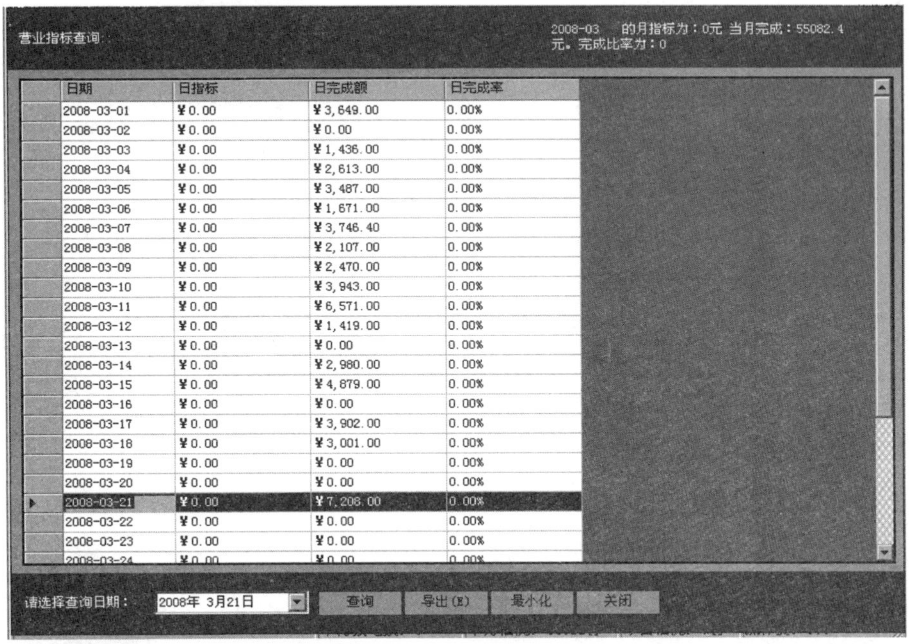

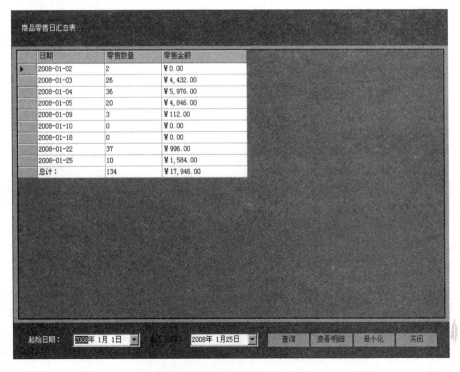

图 3.22　"营业指标查询"界面

图 3.23　"商品销售排行"界面

六、实训报告

实训名称：   课程名称：

学号：	姓名：	实训时间：
专业：	班级：	实训地点：

一、实训目的与要求

二、实训环境

三、实训内容

四、实训步骤

五、结论、问题与解决方法

（此部分为实训总结，是体现实训过程的重要内容，应鼓励学生将遇到的重要问题及解决方法总结出来，以体现实训对学生技能的提升作用。）

批语：

思考题

1. POS 系统的概念是什么？
2. POS 系统的组成有哪些？
3. POS 系统在物流中的应用有哪些方面？

无线射频技术

项目简介

RFID（射频识别，又称无线射频）技术是20世纪90年代开始兴起的一种识别技术，即利用射频信号通过空间耦合实现无接触信息传递，并通过所传递的信息达到识别的目的。它是一种非接触式的自动识别技术，通过射频信号自动识别目标对象并获取相关数据，无须人工干预，可工作于各种恶劣环境中。RFID技术可识别高速运动物体并可同时识别多个标签，操作方便。RFID技术在物流行业特别是仓储管理中发挥了重要的作用，除此之外，RFID技术在国内外很多方面被普遍使用。例如，北京已在其所有的公交、地铁、城铁系统采用IC卡的计票方式；2005年开始实行的中国居民二代身份证中也采用了射频识别技术。以下主要介绍射频识别技术的概念、特点、构成、工作流程以及在物流仓储中的应用。

工作流程

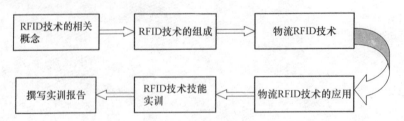

学习目标

（1）了解射频识别技术的基本概念、组成。

（2）掌握射频识别技术的工作原理。

（3）学会使用射频识别技术完成出、入库作业。

★案例导入　　　射频识别技术在物流仓储中的应用

一、背景

射频识别（RFID）技术以其数据存储量大、读写速度快、数据安全性高、使用方便、读写距离远等显著的特点正得到快速的认可，并广泛应用于身份识别、物流管理、物品追踪、防伪、交通、动物管理等领域。本案例就射频识别技术的发展、应用和技术优势进行详尽的介绍，并对该技术在物流行业中的应用可行性及前景进行分析。

二、需求分析

RFID的特点是利用无线电波来传送识别信息，不受空间限制，可快速地进行物品追踪和数据交换。工作时，RFID标签与"识读器"的作用距离可达数十米甚至上百米。通过对多种状态下（高速移动或静止）的远距离目标（物体、设备、车辆和人员）进行非接触式的信息采集，可对其自动识别和自动化管理。由于RFID技术免除了跟踪过程中的人工干预，在节省大量人力的同时可极大地提高工作效率，所以对物流和供应链管理具有巨大的吸引力。这种系统可以大大简化物品的库存管理，满足信息流量不断增大和信息处理速度不断提高的需求。但我国在货物入库、分拣、盘点等环节中货物的识别清点还存在很多问题。

（1）存货统计缺乏准确性。由于某些条码不可读或者一些人为错误，使得存货统计常常不是十分精确，从而影响到相关操作人员做出正确的决定。

（2）订单填写不规范。由于很多订单没有正确填写，因此很难保证操作人员每次都可以将正确数量的所需货物发送到正确的地点。

（3）货物损耗。在运输过程中的货物损耗始终是困扰配送中心的问题，损耗的原因有货物存放错位置引起的，也有货物被偷盗而损失的，还有包装或者发运时出错的。根据美国的一项调查表明，零售业的货物损耗可以达销售量的1.71%。

（4）清点货物。传统方法在清理货物时效率很低，但为了及时了解货物的库存状况又需要随时清点，为此需花费大量的人力、物力。

（5）劳动力成本。劳动力成本已经成为一个比较严重的问题，统计表明，在整个供应链成本中，劳动力成本所占的比例已经上升到30%左右。

RFID的设计就是要让商品的登记自动化，盘点时不需要人工的检查或扫描条码，更加快速准确，并减少了损耗。RFID解决方案提供有关库存情况的准确信息，管理人员可由此快速地识别并纠正低效率的运作情况，从而实现快速供货，并最大限度地减少储存成本。

三、系统构成

RFID主要由芯片设计、标签封装、读写设备的设计和制造、系统集成、中间件、应用软件等环节组成。目前我国的RFID技术还不成熟，产品的核心技术基本还掌握在国外公司的手里，尤其是芯片、中间件等方面。虽然中低、高频标签封装技术在国内已经基本成熟，但也只是极少数企业具备了超高频读写器的设计制造能力。

（一）芯片设计

RFID芯片在RFID的产品链中占据着举足轻重的位置，其成本占到整个标签的三分之一左右。对于广泛用于各种智能卡的低频和高频段的芯片而言，以复旦微电子、上海华虹、大唐微电子、清华同方等为代表的中国集成电路厂商已经攻克了相关技术，打破了国外厂商的统治地位。但在 UHF 频段，RFID 芯片的设计面临巨大的困难，如：

（1）苛刻的功耗限制。

（2）片上的天线技术。

（3）后续封装问题。

（4）与天线的适配技术。

目前，国内 UHF 频段的 RFID 芯片市场几乎被国外企业垄断。

（二）标签封装

目前，由于国内企业已经熟练掌握了低频标签的封装技术，高频标签的封装技术也在不断地完善，因此出现了一些封装能力很强，尤其是各种智能卡封装能力强的企业，如深圳华阳、中山达华、上海申博等。但是国内欠缺封装超高频、微波标签的能力，主要是这部分产品在我国的应用还很少，相关的最终标准也没有出台。我国的标签封装企业大多是做标签的纯封装，没有制作 Inlay 的能力。提高生产工艺，提供防水、抗金属的柔性标签是我国 RFID 标签封装企业面临的问题。

（三）读写设备的设计和制造

国内低频读写器的生产加工技术非常完善，生产经营的企业很多且实力相当。国内高频读写器的生产加工技术基本成熟，但还没有形成强势品牌，企业实力差不多，只是注重的应用方向不同。例如，面对消费领域（如校园一卡通等）的企业中哈尔滨新中新、沈阳宝石、北京迪科创新等有一定的影响力。国内只有如深圳远望谷、江苏瑞福等少数几家企业具有设计、制造超高频读写器的能力。

（四）系统集成

目前，RFID 市场还是处于前期宣传预热阶段，项目机会在逐步增加，但是大部分还是处于前期的洽谈阶段，真正实施的项目并不多，还未出现真正的大规模有影响力的应用项目。因此中国市场的 RFID 系统集成商还是处于前期的市场宣传和投入阶段，真正能够借助RFID 盈利的集成商很少。国内市场上集成商可以分为两类：国外大厂商（如 IBM、HP等），他们通过与国内集成商和硬件厂商合作，专攻大型的集成项目；国内较有影响力的集成商有维深、励格、富天达、实华开、倍思得等。后者做的大规模且有影响力的集成项目不是很多，基本都是中小型的闭环应用。

（五）RFID 中间件

RFID 中间件又称 RFID 管理软件，它屏蔽了 RFID 设备的多样性和复杂性，能够为后台业务系统提供强大的支撑，从而驱动更广泛、更丰富的 RFID 应用。当前我国的 RFID 中间件市场还不成熟，应用较少而且缺乏深层次上的功能。市场上比较有影响力的中间件企业有SAP、Manhattan Associates、Oracle、OAT Systems 等。

（六）标准发展

中国在 RFID 技术与应用的标准化研究工作上已有一定的基础，目前已经从多个方面开展了相关标准的研究制定工作。制定了《中国射频识别技术政策白皮书》《建设事业 IC 卡应用技术》等应用标准，并且得到了广泛的应用；在频率规划方面，已经做了大量的试验；在技术标准方面，依据 ISO/IEC 15693 系列标准已经基本完成国家标准的起草工作，参照 ISO/IEC 18000 系列标准制定国家标准的工作已列入国家标准制订计划。此外，中国 RFID 标准体系框架的研究工作也基本完成。

四、系统特点

当前 RFID 技术的工作频段主要是 900 MHz，它与低频自动识别系统（125 kHz、13.56 MHz）以及条形码技术相比有以下突出优点：

（1）非接触，阅读距离远（可达 10 m）。

（2）读写速度快（毫秒级），可对高速物体（如行进中的汽车）进行识别。

（3）可穿过玻璃、布料、木材、塑料等非金属物体进行识别。

（4）可在油污、粉尘等恶劣环境下工作。

（5）可全天候工作，不受风、雨、雪、雾等天气的影响。

五、应用效果

RFID 技术仍将持续目前的发展方向，成功实现在有限的应用中与一些紧密的合作关系、资讯交流中的良好控制。

RFID 技术将彻底解决物流管理中信息采集的自动化问题。贴在单个商品、包装箱或托盘上的 RFID 标签，可以提供供应链管理中产品流和信息流的双向通信，并通过互联网传输从标签采集到的数据。同条形码技术相比，RFID 技术可以大大削减用来获取产品信息的人工成本，使供应链许多环节操作自动化。德国莱茵堡麦德龙商店（Metro）的实验表明，RFID 标签不论对托盘级别的识别还是对货架上单个商品的识别都非常成功。它能加速存货周转，不必再使用人工清点装箱单或货物，也省去了各个环节中人工获取数据的工作。

现代物流涉及大量纷繁复杂的产品，其供应链结构极其复杂，经常有较大的地域跨度，因此对信息的准确性和及时性要求非常高。MIT Auto – ID Center 对一个消费品公司的调查显示，一个配送中心每年花在人工清点货物和扫描条形码上的时间达 11 000 小时。RFID 技术克服了条形码的这些缺陷，将该过程自动化，为供应链提供即时数据。Forrester Research 零售业分析师认为，若采用 RFID，沃尔玛每年可以节省 83.5 亿美元，其中大部分是扫描条码的人力成本。此外，RFID 可解决零售业物品脱销、盗窃及供应链被搅乱带来的损耗，沃尔玛每年因盗窃带来的损失达 20 亿美元。

在物流配送领域，RFID 技术在供应链管理上得到了非常广泛的应用。供应链是从原材料到最终用户的所有实物移动过程，包括供货商选择、采购、产品计划、材料加工、订单处理、存货管理、包装、运输、仓储与客户服务。成功的供应链管理能无缝整合所有供应活动，将所有合作者整合到供应链中。根据机构功能的不同，这些合作者包括供应商、配送商、运输商、第三方物流公司和信息提供商。RFID 技术在供应链的应用中，主要的应用模式是物流的跟踪应用。技术实现模式是将 RFID 标签贴在托盘、包装箱或元器件上，进行元器件规格、序列号等信息的自动存储和传递，此举可以大幅削减成本和清理供应链中的障碍。目前，世界头号零售商沃尔玛已经宣布要大范围使用 RFID 技术，美国军方也宣布军需物品均要使用 RFID 来进行跟踪。国际业界普遍认为，RFID 技术是当今 IT 领域的革命性技术，其在物流领域的应用将有着非常良好的前景。

RFID 技术也应用在其他领域，如医药、零售、后勤、加工、电子、政府与运输等，该中心还将向一些特殊行业的潜在客户提供技术原型。

任务一　RFID 技术概述

目前，RFID 技术在中国的应用主要集中在交通运输行业，比较成熟的应用有全国铁路车号识别系统、上海城铁明珠线控制系统、大连港集装箱管理。此外，在门禁、车场管理及高速公路收费管理等方面的应用也初具规模。中国标准化协会的 EPC 和"物联网"应用标准化工作组此前对中国的 RFID 应用市场做了相关调查和分析，调查的主要对象是 2003 年中国的 500 强企业。工作组首席科学家陈十一说："调查后工作组预计未来在 RFID 标签的使用上，中国（每年）需要 30 亿个以上的 RFID 标签。其中，电子消费品将需要 8 300 万个标签；香烟产品将需要 8 亿个标签；酒类产品将需要 1.3 亿个标签；IT 产品需要 13 亿～14 亿个标签。"

一、RFID 技术的概念、组成

（一）RFID 技术的概念

RFID 技术也称为电子标签，是一种非接触的自动识别技术，它通过射频信号自动识别目标对象并获取相关数据信息，识别工作无须人工干扰，可工作于各种恶劣的环境中。RFID 技术可识别高速运动的物体并可同时识别多个标签，操作快捷方便。其工作原理基于电磁原理，利用无线电波对记录媒体进行读写。

（二）RFID 技术系统的基本组成

RFID 根据不同的应用目的和应用环境，RFID 技术系统的组成会有所不同，但从其工作原理来看，系统一般包括以下几部分，如图 4.1 所示。

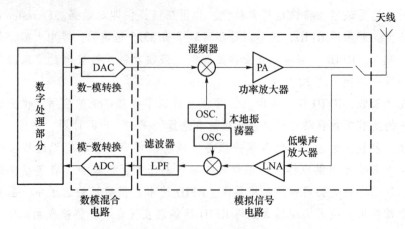

图 4.1　典型 RFID 技术系统的基本组成

这是一个无线通信收发机的系统模型，它包含了发射机电路、接收机电路以及通信天线。这个收发机可以应用于个人通信和无线局域网络中。在这个系统中，数字处理部分主要是对数字信号进行处理，包括采样、压缩、编码等；然后通过 A/D 转换器变成模拟形式进入模拟信号电路单元。

二、RFID 技术的特点和作用

（一）RFID 技术的特点

RFID 在本质上是物品标识的手段，它被认为将最终取代现今应用非常广泛的传统条码，成为物品标识的最有效方式。

（1）读取方便快捷。无须光源，可以透过外包装进行。有效识别距离大，在自带电池的主动标签时，有效识别距离达到 30 m 以上。

（2）识别速度快。标签一进入磁场，解读器就可以即时读取其中的信息，并能够同时处理多个标签，实现批量识别。

（3）数据容量大。

（4）标签数据可动态更改。

（5）更好的安全性。

（6）动态实时通信。

标签以每秒 50～100 次的频率与解读器进行通信，所以只要 RFID 标签所附着的物体出现在解读器的有效识别范围内，就可以对其位置进行动态的追踪和监控。

（二）RFID 技术的作用

（1）减少统计差错、即时获得准确的信息流，进一步降低在供应链各个环节上的安全存货量和运营资本。

（2）提高物流的自动化程度与处理效率，减少雇佣员工，降低劳动成本。

（3）加大商品的监控与管理力度，有效防止盗窃现象和因遗忘等原因造成的商品损耗；强化设备管理，优化配置设备与提高设备的使用率。

（4）更加透明和快速地了解各种商品在门店的销售情况，并进一步减少因为货架上缺货而增加的营业额损失，从而对顾客的需求变化做出更加敏捷的反应。

（5）加速购物的统计与结算过程，减少排队付款的时间，改善顾客的购物体验，进而获得更高的顾客满意度和忠诚度。

（6）获取更大的渠道权利，从而成为整个供应链上无可争议的领导者。

从概念上来说，与条形码很相似，它们的目的都是快速准确地确认追踪目标物体。主要区别是：有无写入信息或更新内存的能力。条形码的内存不能更改，而射频标签具有写入信息和更新内存的能力。

条形码由于成本较低，有完善的标准体系，已在全球传播，所以被普遍接受。从总体来看，RFID 技术只被局限在有限的市场份额之内。

目前，多种条形码控制模版已经在使用，在获取信息渠道方面，RFID 技术也有不同的标准。

三、RFID 技术的分类

RFID 技术在物料跟踪、运载工具和货架等要求非接触识别数据采集和交换的场合，以及要求频繁改变数据内容的场合尤为适用。

根据 RFID 技术系统完成的功能不同可分为：

(1) EAS 系统（电子物品监视系统）。

(2) 便携式数据采集系统。

(3) RFID 网络控制系统（物流控制系统）。

(4) RFID 定位系统。

四、RFID 技术的标准和制定原则

为了推进我国 RFID 技术的发展使用，我国有关部门制定相应的标准，同时 RFID 标准的制定要遵循一定的原则。

（一）制定中国 RFID 标准的基本原则

(1) 坚持自主创新与开放兼容相结合的原则，制定符合中国国情的 RFID 标准，积极参与相关国际标准的制定。

(2) 坚持开放，广泛开展国际合作，借鉴国外成熟标准，实现互连互通和资源共享。

(3) 建立中国 RFID 自主标准体系，逐步形成核心技术标准和行业应用标准。

(4) 建立中国自主的物品编码体系，以形成跨行业、全国统一的信息交换和资源共享体系。

(5) 坚持对外开放，加强国际合作，努力争取将我国自主标准上升为国际标准。

(6) 将我国自主知识产权的技术纳入国际相关标准中。

(7) 允许国际通用行业标准与特定领域自主标准共生共荣。

（二）中国 RFID 标准包含的内容

(1) 形成能够支撑产业及应用发展的标准体系。

(2) 研究及制定符合中国无线电频率管理政策和规定的空中接口标准。

(3) 研究及制定编码和编码应用规则、产品和应用标准。

(4) 制定相关的测试规范。

(5) 制定手机近场通信的标准、移动支付的标准等。

(6) 研究标准之间的互联互通与设备间的互操作。

(7) 建立具有自主知识产权的公共服务体系标准。

(8) 建立科学、公正的相关测试及安全检测标准体系。

任务二　物流 RFID 技术

RFID 技术使合理的产品库存控制和智能物流技术成为可能。借助电子标签，可以实现对商品原料、半成品、成品在运输、仓储、配送、上架、最终销售，甚至退货处理等环节进行实时监控。

RFID 技术需要小型高效的天线设计技术。RFID 模块是先进的射频识别技术和 IC 卡技术相结合的产物。首先，对射频识别卡的设计需解决无源设计，需由读写器向射频识别卡发一组固定频率的电磁波，通过卡内电器产生芯片工作所需的直流电压；其次，卡内需有经特殊设计的天线，并埋装在卡内或相应的设备上，而且必须保证有良好的抗干扰性能和设有"防冲突"电路。

一、物流 RFID 技术的工作原理

标签进入磁场后，接收阅读器发出的射频信号，凭借感应电流所获得的能量发送出存储在芯片中的产品信息（Passive Tag，无源标签或被动标签），或者主动发送某一频率的信号（Active Tag，有源标签或主动标签），阅读器读取信息并解码后，送至中央信息系统进行有关的数据处理，如图 4.2 所示。

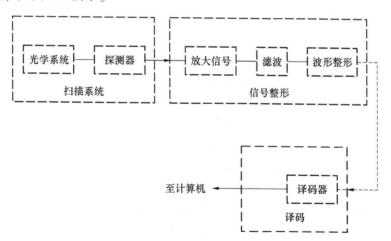

图 4.2　物流 RFID 技术的工作原理

二、物流 RFID 技术的工作流程

物流系统的工作流程包括入库、出库、移库、盘点、拣选与分发等环节，系统采用国际上最先进的无线射频身份识别（RFID）技术，为每件物品提供一个唯一的标志码（EPC 代码），并在服务器中存储货物的相关属性信息，从而使系统能够自动识别物品，可以对物品进行跟踪和监控。另外，由于仓储车间还安装多个摄像头或视频传感器以及温度传感器、湿度传感器、烟雾传感器等构成无线传感器网络，并使其基本覆盖所有盲区，因此工作人员可以在监控中心随时了解仓储车间的情况，并及时处理。这样就在高效、准确、快捷的基础上，进一步提高了仓储管理的安全性。物流 RFID 技术的工作流程具体概括如图 4.3 所示。

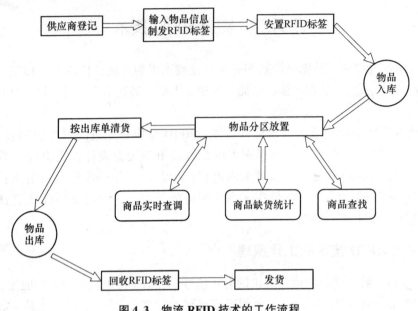

图 4.3　物流 **RFID** 技术的工作流程

任务三　RFID 技术在物流行业中的应用

RFID 技术是一项利用射频信号通过空间耦合（交变磁场或电磁场）实现无接触信息传递并通过所传递的信息达到识别目的的技术。目前，应用最广泛的自动识别技术大致可以分为光学技术和无线电技术两个方面。

现代的物流是以物流企业为主体，以第三方物流配送服务为主要形式，由物流和信息流相结合、涉及供应链全过程的现代物流系统。在信息化时代里面，随着网络技术、电子商务、交通运输和管理的现代化，现代物流配送也将在运输网络合理化和销售网络系统化的基础上，实现整个物流系统管理的电子化及信息化，配送各环节作业的自动化和智能化，从而进入以网络技术和电子商务为代表的物流配送的新时期。

从采购、存储、生产制造、包装、装卸、运输、流通加工、配送、销售到服务，是供应链上环环相扣的业务环节和流程。在供应链运作时，企业必须实时地、精确地掌握整个供应链上的商流、物流、信息流和资金流的流向和变化，使这四种流以及各个环节、各个流程都协调一致、相互配合，才能发挥其最大的经济效益和社会效益。然而，由于实际物体在移动过程中各个环节都是处于运动和松散的状态，信息和方向常常随实际活动在空间和时间上变化，影响了信息的可获性和共享性。而 RFID 技术正是有效解决供应链上各项业务运作数据的输入与输出、业务过程的控制与跟踪，以及减少出错率等难题的一种新技术。

由于 RFID 标签具有可读写能力，对于需要频繁改变数据内容的场合尤为适用，它发挥的作用是数据采集和系统指令的传达。

（一）典型物流业务模板对 RFID 技术的应用

RFID 物流行业的典型应用大概有快运业务、第三方综合物流业务和防伪产品物流业务等三种模式。

1. 快运业务模式

与传统快运业务不同的是，RFID 技术可以主动向主人汇报快递的运送情况，在很大程度上增加了快递业务的透明度。在快运业务模式中，由于 RFID 电子标签会加贴在单件货物、包装箱、托盘、集装箱、运输车辆等不同的包装层次上，所以对于无论是批量还是单个管理物流产品在运送过程中的路线等信息都是非常方便的。在快运业务模式中应该充分发挥RFID 技术的非可视传输、批量读写、信息储存容量大等技术优势。

2. 第三方综合物流业务模式

第三方综合物流是指商品交易双方之外的第三方为商品交易双方提供部分或全部物流服务的物流运作模式。第三方综合物流模式将为物流客户提供应用 RFID 技术的完整成熟解决方案，其中应用环节包括原材料、零配件的管理、产成品的分拨配送、回收物流、VMI 服务等。第三方综合物流业务需要对企业自身的管理信息系统进行改造，涉及系统包括运输管理系统、仓库管理系统、采购管理系统、配送管理系统等。

3. 防伪产品物流业模式

RFID 技术防伪，与其他防伪技术如激光防伪、数字防伪等技术相比，有着其他防伪技术无法比拟的优点，RFID 的每个标签都有一个全球唯一的 ID 号码，这个号码是在制作芯片时放在 ROM 中的，无法修改、无法仿造，而且具有防机械磨损、防污损的特点，数据安全方面除标签的密码保护外，数据部分可用一些算法实现安全管理。

（二）仓储对 RFID 技术的应用

RFID 技术是现代物流业发展比较热门的话题，世界各国都在发展属于自己的 RFID技术。RFID 技术基于现代科技，利用无线射频识别技术来识别、收集、记录、分配、管理货物的情况，它可以更精确、更简便、更先进地管理现代物流的各环节，如生产、配送、零售等。图 4.4 所示为 RFID 技术在货物入库中的使用。

（三）配送中心对 RFID 技术的应用

1. 入库和检验

当贴有射频标签的货物运抵配给中心时，入口处的扫描器将自动识读标签，根据得到的信息，管理系统会自动更新存货清单。同时，根据订单的需要，将相应货品发往正确的地点。这一过程将传统的货物验收入库程序大大简化，省去了烦琐的检验、记录、清点等大量需要人力的工作。入库和检验流程如图 4.5 所示。

2. 整理和补充货物

装有移动阅读器的运送车自动对货物进行整理，根据计算机管理中心的指示自动将货物运送到正确的位置，同时将计算机管理中心的存货清单更新，记录下最新的货品位置。存货补充系统将在存货不足指定数量时自动向管理中心发出申请，根据管理中心的命令，在适当的时间补充相应数量的货物。在整理货物和补充存货时，如果发现有货物被堆放到错误的位置，阅读器将随时向管理中心报警，根据指示，运送车将这些货物重新堆放到指定的正确位置。

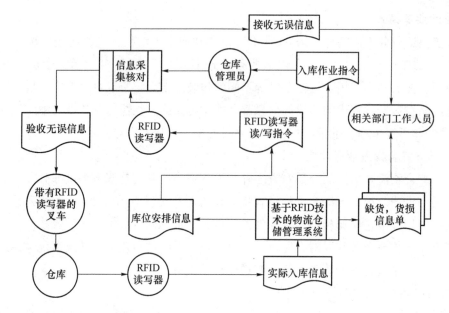

图 4.4　入库流程图

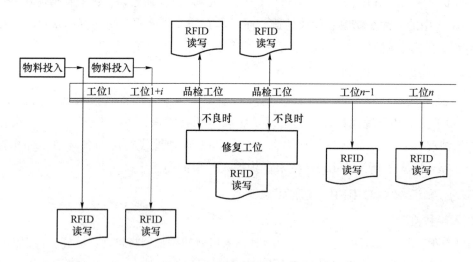

图 4.5　入库和检验流程图

3. 订单填写

通过 RFID 系统，存货和管理中心被紧密联系在一起，而在管理中心的订单填写将发货、出库、验货、更新存货目录整合成一个整体，最大限度地减少了错误的发生，同时也大大节省了人力。

4. 货物出库运输

应用 RFID 技术后，货物运输将实现高度自动化。当货品在配送中心出库，经过仓库出口处阅读器的有效阅读范围时，阅读器自动读取货品标签上的信息，不需要扫描，可以直接将出库的货物运输到零售商手中，而且由于前述的自动操作，整个运输过程速度大为提高，同时所有货物都避免了条码不可读和存放到错误位置等情况的出现，准确率大大提高。

任务四　RFID 技术系统技能实训

一、情景设置

RFID 随着人们对物流服务水平要求的不断提高，企业发现 RFID 技术在物流活动中的应用可以大大提高物流效率，满足企业、顾客的需要。本次实训的目的是使学生了解 RFID 技术的工作原理，体会 RFID 技术在物流业发挥的强大优势，掌握在货物入库、出库及盘库过程中 RFID 技术的使用流程，培养学生在企业中的实际操作能力。

二、实训目的

（1）掌握 RFID 技术的工作原理。
（2）掌握 RFID 技术的系统操作。
（3）掌握 RFID 技术在物流活动中的具体应用。

三、实训准备

（1）学生在进行任务之前，学习和查阅与信息相关的理论知识点。
（2）学生到合作的物流企业进行业务流程调研。

四、实训方法

整班学生集中听讲座：教师讲解某公司的具体业务流程。
将学生分为若干组，每组 3～5 个人。学生在指导老师的带领下进行具体操作，到合作企业进行跟踪学习，并实地考察 RFID 在物流活动中的应用。

五、实训步骤

（一）数据初始化

在 PC 机上打开 IE 浏览器，输入网址 http://服务器 IP：8060/plats/index_plat. jsp。
单击【教师管理系统】按钮，输入用户名：admin；密码：dev。
单击【确认】按钮，进入系统。
单击【硬件数据生成】按钮，初始化货位、收货人、货品和库存等基本信息。

1. 货位信息

录入当前库房内的货架数、层数和截面数，单击【保存】按钮。

2. 收货人信息

录入收货人的信息。

3. 货品信息

录入货品名称、货品条码、包装单位及换算关系。存储区间：该货品存放到某区的某货位之间；储位/电子货位：该货品存放在货架的哪个储位上；补货点：用于电子拣选货架的补货设置。当电子拣选货架的库存数量低于补货点，并且托盘货架区有库存时，可以录入补货订单，进行补货操作，单击【保存】按钮。

4. 初始化库存信息

选择哪个区、哪个储位、什么货品、数量是多少及包装单位。如果在托盘货架要指定当前在库的托盘标签号，单击【保存】按钮，完成后单击下面的【提交】按钮。

（二）训练用户初始化

1. 单击【硬件数据导入】按钮进入用户信息维护界面

分别单击【新增分组】、【批量新增】、【批量导入】按钮，通过录入、批量录入或批量导入建立实训用户分组信息。【新增分组】操作：录入后单击【保存】按钮，回到列表界面。

2. 选中实训用户分组信息，单击【授予权限】按钮

勾选当前岗位（至少要选择订单管理岗、仓储设置岗和仓储作业岗），单击【提交】按钮完成授权。

3. 选中实训用户分组信息，单击【数据导入】按钮

勾选当前所有，单击【提交】按钮完成对选中用户的数据初始化操作。

到这里数据的初始化操作已经完成。

（三）入库操作流程

（1）信息员在系统中录入订单（地址：http://服务器 IP：8060/plats）。

（2）输入分配的账号（如 1 密码：1）登录。

（3）单击【查看最新】按钮即可显示进入模块的快捷方式，然后单击相应的按钮，进入对应的模块；再单击【入库订单】按钮，则跳转到入库订单页面。

（4）单击【新增】按钮，进入入库订单维护页面，录入相应的订单信息。录入完成后，单击【保存订单】按钮，完成订单录入。

（5）返回到列表界面单击【生成作业计划】按钮，再单击【确认生成】按钮，订单已经提交到作业环节。

（6）入库理货（以下操作在手持上完成）：

①在图 4.6 中使用与信息员相同的账号、密码登录。

②在图 4.7 中单击【入库作业】按钮，进入入库作业功能界面。在入库作业功能界面中单击【入库理货】按钮，进入理货界面，如图 4.8 所示。

图4.6 "用户登录"界面

图4.7 "仓储作业系统"界面

图4.8 "入库理货"界面

③扫描要理的货品条码，系统提示此货品应该存放到相应的存储功能区。

④扫描托盘标签号。

⑤输入实收数量。

⑥单击【保存结果】按钮；循环步骤③到⑦，直到把所有的货品理完。（注：如果操作时误将托盘扫描成货品条码，单击文字"货品条码"或"托盘标签"即可清除录入域。）

⑦返回，单击【仓储管理】→【入库作业】-▸【入库预处理】→【理货】按钮，转到理货操作页面。

选择 RFID 监控设备（此处以 XC806 为例，选择 XC800 系列），开启 RFID 监控。

单击【RFID 扫描】按钮，显示 RFID 扫描结果。

待扫描完成后，单击【RFID 结束】按钮，结束 RFID 扫描。返回手持操作，进行入库搬运。

六、实训报告

实训名称：   课程名称：

学号：		姓名：		实训时间：
专业：		班级：		实训地点：

一、实训目的与要求

二、实训环境

三、实训内容

四、实训步骤

五、结论、问题与解决方法

　　（此部分为实训总结，是体现实训过程的重要内容，应鼓励学生将遇到的重要问题及解决方法总结出来，以体现实训对学生技能的提升作用。）

批语：

一种基于 RFID 的物流配送中心管理方案

连锁经营进入中国市场以来，由于具有批量进货、集中配送、统一管理、统一价格的优点，表现出良好的发展势头。而发展连锁业，配送中心的建设是关键。有效的配送管理，可降低运营成本，进而提高商品周转率，这样才能减少因风险造成的损失，达到提高利润的目的。引入 RFID 系统是提高管理效率较佳的解决方案。

国内一部分大型零售连锁企业近年来建立了比较完善的营销网络体系，而且部分实施了 ERP 企业资源管理系统。但在建设现代化的物流管理体系方面还存在许多不足，尤其在配送中心管理模式方面，仍停留在人工操作管理阶段。落后的配送中心管理模式和设施，对于企业日益增长的货物配送需求愈发难以适应。因此，应用先进的 RFID 技术和计算机网络通信技术改变配送中心管理模式，实现配送管理的自动化已成为一种趋势。

目前，RFID 模式的应用服务平台还处于探索阶段，提供适合国内企业 RFID 模式的应用服务平台成为急需解决的问题。本文开展了基于 RFID 模式的配送管理体系结构的研究，可以指导 RFID 物流应用服务平台的建立，不断完善相关技术进而推动 RFID 应用服务的研究与应用，为企业的信息化发展提供有力的服务和支持。

一、构建 RFID 模式配送中心物流管理的原则

1. 收益分析

采用 RFID 技术不仅可以降低劳动力成本，还可以解决商品断货和损耗这两大零售业难题。通过使用 RFID 技术，沃尔玛每年可以节省劳动力成本 83.5 亿美元，同时可挽回因盗窃而损失的 20 多亿美元。

2. 效益分析

由于 RFID 标签可以唯一地标识商品，通过同计算机技术、网络技术、数据库技术等的结合，可以在物流的各个环节上跟踪货物，实时掌握商品的动态资讯。应用该技术，可以获得预期的效益，缩短作业时间，改善盘点作业品质，增大配送中心的吞吐量，降低运转费用，实现可视化管理，资讯的传送更加迅速、准确。

3. 先进性分析

RFID 技术的先进性，在于利用无线电波，非接触式、远距离、动态多目标、大批量地同时传送识别资讯，实现真正的"一物一码"，可快速地进行物品追踪和数据交换。由于 RFID 技术免除了跟踪过程中的人工干预，在节省大量人力的同时可极大地提高工作效率，所以对物流和供应链管理具有巨大的吸引力。

4. 安全性分析

RFID 标签与阅读器之间的通信事实上可以用各种现存的先进技术来确保其安全性，并且 RFID 的应用通常是基于多业务系统，在这样的系统中安全性是通过多个层次实现的。从芯片开始，不同层次的安全性就包括在基于非接触式射频（RF）系统中；现存的数据保护和反篡改技术，可以抵抗单通道和其他入侵攻击，能保护射频芯片上的数据安全；加密技术，也被用于射频芯片中解决目前所有安全性的问题。

二、基于 RFID 配送中心物流管理的体系结构

配送中心的基本流程：供应商将商品送到配送中心后，经过核对采购计划、进行商品检

验等程序，分别送到货架的不同位置存放；提出要货计划后，计算机系统将所需商品的存放位置查出，并打印有商店代号的标签；整包装的商品直接由货架上送往传送带，零散的商品由工作台人员取出后也送到传送带上。一般情况下，商店要货的当天就可以将商品送出。配送中心的作业流程：入库—检验—保管—拣选—出库—捆包—配送—送货。

供货商送来的货物在配送中心中有两种处理：一种是需求不是特别明确、随时根据销售进行调整的商品，比如一些快速消费品，这就需要根据需求进行分拣然后送到商店；另一种是销售情况比较固定的商品，商店的需求一般都很明确，供应商送来货物之后，配送中心就会根据预分配订单的情况由配送管理系统自动生成调拨单，将货物发往各商店。

三、处理方案

1. 收货

货物在供应商发货时就配置了容器电子标签，该电子标签中记录了零配件的名称、数量、特征、发送地、到货地、送货单号、订单明细等。当送货车辆驶入天线场域时，固定读写器批量读取容器的标签，取得容器中的全部货物信息，并传入管理系统，同时打印出实际到货单。

司机将送货单交至工作人员处，工作人员核对送货单与收货通知单（根据系统提前已导入的预入库货物基本信息打印，包括货物名称、数量、尺码、预计入库时间、货物 RFID 信息、送货卡车的信息等）。在核对之后将收货通知单交给仓管员，仓管员安排卸货和验收，同时在仓库卸货平台上粘贴电子标签。仓管员根据系统提供的实际到货单进行货物验收。验收完毕后，在待检区货位标签上写入货物品种及相应的实际数量，并将其传入管理系统，系统将待检区电子标签 EPC 码与其货物实际到货单相关联。

2. 存储

货物在入库时被放置在托盘上运送，叉车将装有货物的托盘运至库门附近时，阅读器可以批量读出托盘及其上货物的 RFID 信息。在货物进入理货区之后，仓管员扫描货物条码，并判断产品是进入平仓还是上货架。如果进入货架，货物通过传送带送到具体的货位上（货物传输带上方已安装阅读器，当货物通过传输带时，系统通过阅读器快速获取货物的信息，即时传入传输到 WMS 系统，由系统根据货位信息安排入库位置。在每个库位上设置有专门的升降设备自动帮助存放货物）。如进入平仓，由叉车直接送入具体库位，此时在库位标签上记录货物的名称、数量、规格、计量单位等。在同一批次的货物扫描完之后，仓管员将扫描器所扫描的信息以文本的形式上传到 RFID 系统中。RFID 系统根据扫描器所扫描的信息、获得的 EPC 码以及从企业系统中导入的信息，建立入库单号、EPC 码、订单号以及入库时间的关联。

3. 拣选

拣选系统能够到配送中心管理系统的服务器上下载配送单并将之转换为拣货单，再以电子方式传到各组件上。工作人员通过手持阅读器读取库区货位标签，取得当前货物名称和实际数量等信息。根据拣货单的信息核对后，拣选出所需货物并移出存储区，而后利用读写器实时更新库位电子标签信息。最后将现场数据的实时收集传入配送中心管理系统，并立即更新拣货信息，管理人员便可以根据计算机显示掌握拣货现场的各种状况。

4. 分选

配送中心分拣区安装识别系统，在进行货物分流的同时，实现自动复核出库。

5. 配送

进入配装区后，工作人员根据各分销点的配装作业单进行配装。每种货物分别用容器进行封装，此时在容器上粘贴电子标签。货物配装完毕后，在容器标签上写入货物名称、数量、配装时间等相关信息，在车辆标签上写入所储货物的名称和数量。车辆电子标签 EPC 与货物 EPC 相关联。当货物离开配货中心时，通道口的阅读器在读取标签上的信息后，将其传送到处理系统自动生成发货清单。

在运输管理中，运输线的一些检查点上安装了 RFID 接收转发装置，当贴有 RFID 标签的车辆经过时，接收装置便可接收到 RFID 标签信息，并连同接收地的位置信息上传至通信卫星，再由通信卫星传送给运输调度中心，送入数据库中，从而可以准确预知货物到达时间，实现对货物配送运输的实时监控，确保货物能够准时、完好地送到客户手中。

还有一种情况处理方案：配送中心将预分配信息与收货信息输入配送管理系统中，配送管理系统会自动生成调拨信息发送给各个商店。首先配送中心根据各个商店的销售情况制定的预分配订单，主要针对一些销售情况比较固定的商品，建立预分配订单；其次再对供货商送来的货物进行收货，包括验收货物数量、种类与订单的内容是否一致，将实收货物情况记录到配送中心的库存记录中；然后根据预分配订单的情况，再根据实收货物的情况生成调拨单，配送中心就会根据调拨单为每个商店发送货物。

思考题

1. RFID 与条码的区别？
2. RFID 在物流系统中的作用？
3. 完成手持出库操作的步骤有哪些？
4. RFID 的工作原理是什么？

项目五

地理信息系统

项目简介

　　地理信息系统（GIS）是能提供存储、显示、分析地理数据功能的软件，主要包括数据输入与编辑、数据管理、数据操作以及数据显示和输出等。它作为获取、处理、管理和分析地理空间数据的重要工具、技术和学科，得到了广泛的关注和迅猛发展。

　　GIS在最近的30多年内取得了惊人的发展，广泛应用于资源调查、环境评估、灾害预测、国土管理、城市规划、邮电通信、交通运输、军事公安、水利电力、公共设施管理、农林牧业、统计、商业金融等几乎所有领域。

　　物资的分配、全国范围内能源保障、粮食供应等机构在各地的配置都存在资源配置问题。GIS在这类应用中的目标是保证资源的最合理配置和发挥最大效益。

工作流程

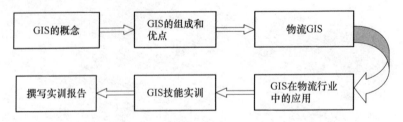

学习目标

　　（1）掌握GIS的组成、工作原理。

　　（2）掌握GIS的基本应用。

　　（3）学会GIS的操作。

★**案例导入**

GIS 在物流中的应用

一、背景

物流管理和信息系统全过程控制是物流管理的核心问题。供应商必须全面准确、动态地把握散布到全球各个中转仓库、经销商、零售商以及汽车、火车、飞机、轮船等各种运输环节之中的产品流动状况，并以此为根据随时发出调度指令，调整市场策略。如何将 GIS 整合到物流信息管理系统中，将成为现代物流管理的一个重要课题。

二、需求分析

（1）客户对于物流市场服务的要求越来越高。为了更好地提供准确、及时的物流服务，供应商需要随时掌握产品流动状况，并以此为依据随时调整，以满足客户的需求。

（2）在城市之间选择合理的物流中心地址，既能发挥物流中心的作用又能符合城市规划。使用 GIS 确定物流中心的位置更加准确，根据实时动态交通条件进行路线选择，将智能运输系统（ITS）应用于动态路线选择，从而使整个物流系统效率最大化，费用最小化。

（3）在物流运输过程中，最佳运输路径的选择意义重大，不仅涉及物流配送的成本效益，而且关系物流能否及时送达等环节。GIS 按照最短的距离，或最短的时间，或最低运营成本等原则，为物流管理提供满足不同要求的最佳路径方案。

三、系统构成

GIS 是一门综合性学科，是用于输入、存储、查询、分析和显示地理数据的计算机系统。它结合了地理学、地图学以及遥感和计算机科学，已经广泛应用在不同的领域，GIS 被称为"地理信息科学"（Geographic Information Science），也被称为"地理信息服务"。GIS 是一种基于计算机的工具，它可以对空间信息进行分析和处理（简而言之，是对地球上存在的现象和发生的事件进行成图和分析）。GIS 技术把地图这种独特的视觉化效果和地理分析功能与一般的数据库操作（如查询和统计分析等）集成在一起。

国内已有城市测绘地理信息系统或测绘数据库正在运行或建设中。一批地理信息系统软件已研制开发成功，一批高等院校已设立了一些与 GIS 有关的专业或学科，一批专门从事 GIS 产业活动的高新技术产业相继成立。此外，还成立了"中国 GIS 协会"和"中国 GIS 技术应用协会"等。

GIS 由计算机硬件、计算机软件、地理空间数据和 GIS 用户组成。

（一）计算机硬件

计算机硬件是计算机系统中实际物理装置的总称，可以是电子的、电的、磁的、机械的、光的元件或装置，是 GIS 的物理外壳。GIS 的规模、精度、速度、功能、形式、使用方法甚至软件，都和硬件有极大的关系，受硬件指标的支持和制约。计算机硬件包括各类计算机、外接存储设备、输入设备、输出设备和网络设备等。

（二）计算机软件

计算机软件是指 GIS 运行所必需的各种程序，通常包括计算机系统软件、地理信息系统软件和其他支撑软件。计算机软件包括各类计算机操作系统、支持信息处理的计算机应用程序系统。

（三）地理空间数据

地理空间数据是以地球表面空间位置为参照的自然、社会和人文景观数据，可以是图形、图像、文字、表格和数字等，由系统建立者通过数字化仪、扫描仪、键盘、磁带机或其他通信系统输入 GIS，是系统程序作用的对象，是 GIS 所表达的现实世界经过模型抽象的实质性内容。地理空间数据包括空间坐标数据、属性数据和空间关系数据。

（四）GIS 用户组成

人是 GIS 中的重要构成因素。地理信息系统从其设计、建立、运行到维护的整个生命周期，都离不开人的作用。GIS 用户包括从事 GIS 建设、维护、管理更新的高级人员。

四、应用效果

（1）提供模型参考数据。在 GIS 辅助下，结合各种选址模型，为物流配送中心、连锁企业和仓库位置选址、中心辐射区范围的确定提供参考数据。

（2）车辆监控和实时调度。GIS 和 GPS 集成并应用于物流车辆管理，为物流监控中心及汽车驾驶人员提供各车辆的所在位置、行驶方向、速度等信息，实现车辆监控和实时调度，减少物流实体存储与运送的成本，降低物流车辆的空载率，从而提高整个物流系统的效率。

（3）监控运输车辆的位置及工作状态。物流监控中心在数字化地图上监控运货车辆的位置和工作状态，并将最新的市场信息、路况信息及时反馈给运输车辆，实现异地配载，从而使销售商更好地为客户管理库存，加快物资和资金的运转，降低各个环节的成本。对特种车辆进行安全监控，可为安全运输提供保障。

（4）车辆导航利用"3S"与移动通信集成技术，可以进行物流监控和重新实时提供被监控运输车辆的当前位置信息以及目的地的相关信息，以指导运输车辆迅速到达目的地，节约成本。

（5）实现仓库立体式管理。三维 GIS 与条形码技术、POS（销售时点信息）技术、射频技术以及闭路电视等多种自动识别技术相结合，为仓库入库、存储、移动及出库等操作提供三维空间位置信息，以更直观的方式体现仓库货物的立体式管理。

任务一 GIS 概述

我国 GIS 发展较晚，经历了四个阶段，即起步（1970—1980 年）、准备（1980—1985 年）、发展（1985—1995 年）、产业化（1996 年以后）阶段。GIS 已在许多部门和领域得到应用，并引起了政府部门的高度重视。从应用方面看，地理信息系统已在资源开发、环境保护、城市规划建设、土地管理、农作物调查与结产、交通、能源、通信、地图测绘、林业、房地产开发、自然灾害的监测与评估、金融、保险、石油与天然气、军事、犯罪分析、运输与导航、110 报警系统、公共汽车调度等方面得到了具体的应用。

一、GIS 的构成

GIS 主要由软件和硬件构成。GIS 软件的组成如图 5.1 所示；GIS 硬件的组成如图 5.2 所示。

从技术和应用的角度，GIS 是解决空间问题的工具、方法和技术；从学科的角度，GIS 是在地理学、地图学、测量学和计算机学等学科的基础上发展起来的一门学科，具有独立的学科体系；从功能上看，GIS 具有空间数据的获取、存储、显示、编辑、处理、分析、输出和应用等功能；从系统学的角度看，GIS 具有一定的结构和功能，是一个完整的系统。

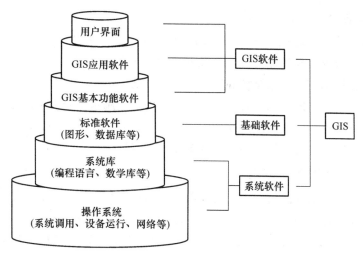

图5.1　GIS软件的组成

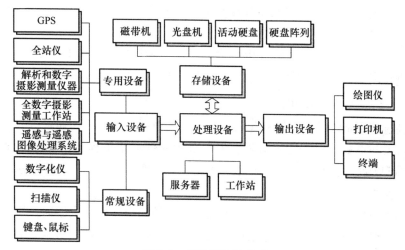

图5.2　GIS硬件的组成

简而言之，GIS是一个基于数据库管理系统（DBMS）的管理空间对象的信息系统。以地理数据为操作对象的空间分析功能是地理信息系统与其他信息系统的根本区别。

二、GIS 的功能

（一）数据编辑与处理功能

数据编辑主要包括属性编辑和图形编辑。属性编辑主要与数据库管理结合在一起完成；图形编辑主要包括拓扑关系建立、图形整饰、图幅拼接、图形变换、投影变换、误差校正等功能。

（二）数据采集和输入功能

数据采集主要包含空间数据和属性数据。GIS 需要提供这两类数据的输入功能。空间数据的表达可以采用栅格和矢量两种形式。空间数据表现了地理空间实体的位置、大小、形状、方向以及几何拓扑关系。其输入方式有数字扫描仪、键盘、数字拷贝等。属性数据输入方式主要有键盘输入、数据库获取、存储介质获取等方式。

（三）数据存储与管理功能

数据的有效组织与管理是 GIS 应用成功与否的关键，主要提供空间与非空间数据的存储、查询检索、修改和更新的能力。矢量数据结构、光栅数据结构、矢栅一体化数据结构是存储 GIS 的主要数据结构。数据结构的选择在一定程度上决定了系统所能执行的功能。数据结构确定后，在空间数据的存储与管理中，关键是确定应用系统空间与属性数据库的结构以及空间与属性数据的连接。目前广泛使用的 GIS 软件大多数采用空间分区、专题分层的数据组织方法，用 GIS 管理空间数据、用关系数据库管理属性数据。

（四）空间查询与分析功能

空间查询与分析是 GIS 的核心，是 GIS 最重要的和最具魅力的功能，也是 GIS 有别于其他信息系统的本质特征。GIS 的空间分析可分为以下三个层次的内容。

（1）空间检索。空间检索是指从空间位置检索空间物体及其属性、从属性条件检索空间物体。

（2）空间拓扑叠加分析。空间拓扑叠加分析是指空间特征（点、线、面或图像）的相交、相减、合并等，以及特征属性在空间上的连接。

（3）空间模型分析。空间模型分析是指数字地形高程分析、BUFFER 分析、网络分析、三维模型分析、多要素综合分析及面向专业应用的各种特殊模型分析等。

（五）可视化表达与输出

中间处理过程和最终结果的可视化表达是 GIS 的重要功能之一。通常以人机交互方式来选择显示的对象与形式。对于图形数据，根据要素的信息密集程度，可选择放大或缩小显示。GIS 不仅可以输出全要素地图，还可以根据用户需要，分层输出各种专题图、各类统计图、图标及数据等。

除上述五大功能外，用户接口模块用于接收用户的指令、程序或数据，是用户和系统交互的工具，主要包括用户界面、程序接口与数据接口。地理信息系统功能复杂，且用户又往往为非计算机专业人员，由于用户界面是地理信息系统应用的主要组成部分，所以地理信息系统成为人机交互的开放式系统。

三、GIS 的特点

（一）开放性

GIS 具有开放式环境及很强的可扩充性和可连接性。GIS 技术支持多种数据库管理系统，如 ORACLE、SYBASE、SQLSERVER 等大型数据库；运行多种编程语言和开发工具；支持各类操作系统平台；为各应用系统如 SCADA、EMS、CRM、ERP、MIS、OA 等提供标准化接口；可嵌入非专用编程环境。

（二）先进性

GIS 平台采用与世界同步的计算机图形技术、数据库技术、网络技术以及地理信息处理技术。系统设计采用目前最新技术，支持远程数据和图纸查询，利用系统提供的强大图表输出功能，可以直接打印地图、统计报表、各类数据等。具有分层控制图纸、无级缩放、支持漫游、直接选择定位等功能。系统具备完善的测量工具，对现场勘查数据、线路杆塔等设备的初步设计，可直接进行线路设备迁移与相关计算等，实现线路辅助设计与设备档案修改。具有线路的方位或区域分析判断功能，为用户提供可靠的辅助决策，可以综合统计分析，为管理决策人员提供依据，特别是可以把可视化技术和移动办公技术纳入 GIS 系统的总体设计范围。地图精度高，省级地图的比例尺达到 1∶10 000 或 1∶5 000，市级地图比例尺达到 1∶1 000 或 1∶500。地图还能分层显示山川、水系、道路、建筑物、行政区域等。

（三）发展性

GIS 在应用开发过程中，考虑系统成功后的进一步发展，包括维护性扩展功能和与其他应用系统的衔接与整合的方便，开发工具一般采用 J2EE、XML 等。

任务二　物流 GIS

GIS 作为获取、整理、分析和管理地理空间数据的重要工具，近年来得到广泛关注和迅猛发展。它作为一个基于数据库的分析和管理空间对象的工具，很好地弥补了物流系统空间和时间具有离散性的不足。把 GIS 融入物流配送过程中能够更好地处理在配送过程中运输、仓储、装卸、送递等各个环节所遇到的问题，并对其中涉及的问题如运输路线的选择、仓库位置的选择、仓库容量的设置、合理的装卸策略、运输车辆的调度和投递线路进行有效的管理决策与分析，有助于物流配送企业有效利用资源，降低消耗，提高效率。随着电子商务、物流和 GIS 本身的发展，GIS 系统将成为全程物流管理中不可缺少的组成部分。

一、物流 GIS 概述

GIS 在物流系统中的作用主要体现在以下三个方面：

一是借助 GIS 的空间分析功能解决了现代物流仅依赖传统的运筹学方法无法得出满意解的问题。

二是利用 GIS 强大的空间数据处理能力，可以统一资源管理平台，管理和维护好多源信息。

三是提供了决策的直观和可视的结果，提高了决策效率。本任务从物流配送、选址以及集成优化方面阐述其应用，并对物流 GIS 进一步发展提出展望。GIS 应用的基本原理如图 5.3 所示。

二、物流 GIS 在物流方面的应用

（1）车辆定位、实时监督、车辆跟踪。GPS 技术的应用能够实现实时、快速的定位，这对于现代物流的高效率管理来说是非常核心和关键的，将能够方便地实现总部对于车辆运输情况的实时监控，随时了解最新的情况；结合 GIS 技术，可以利用网络分析和路径分析等功能，科学快速地预先设定运输地的最佳路径，当 GPS 信号反馈回来的汽车运行路径偏离原定路线时就发出系统警告，以便决策层针对实际情况做出快速反应。

（2）GPS 导航。GPS 在车辆导航方面的技术已经逐渐成熟，主要是结合 GIS 技术，利用车载 GPS 接收机获取车辆位置信息，使用车载电子地图进行图上定位等。在现代物流信息

系统中的城市配送子系统中，这种技术有非常高的实用价值，将能很好地解决物流配送效率不高这一瓶颈。

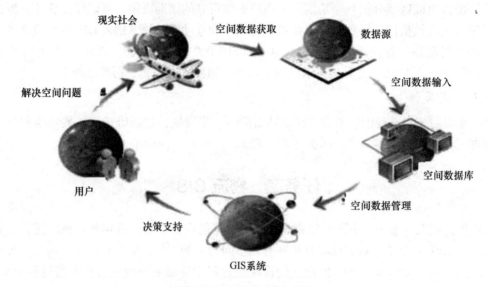

图 5.3 GIS 应用基本原理

（3）轨迹回放功能。这是 GIS 和 GPS 相结合的产物，也可以作为车辆跟踪功能的一个重要补充。

（4）打造数字物流企业，规范企业日常运作，提升企业形象。GIS 的应用必将提升物流企业的信息化程度，使企业日常运作数字化，包括企业拥有的物流设备或者客户的任何一笔货物都能用精确的数字来描述，不仅提高企业运作效率，同时提升企业形象，使企业能够争取更多的客户。

（5）GIS 和 GPS 能够有效地监控司机的行为。在传统物流企业中，为了逃避过桥费而绕远路延误时间，私自拉货，途中私自停留等现象司空见惯，物流企业不能有效监控司机的行为，而通过 GIS 和 GPS 对车辆的监控就能起到规范司机行为的作用。

（6）通过对物流运作的协调，促进协同商务发展，让物流企业向第四方物流角色转换。由于物流企业能够实时地获取每部车辆的具体位置、载货信息，故物流企业能用系统的观念运作企业的业务，降低空载率。这一职能的转变，使物流企业在为某条供应链服务时，能够发挥第四方物流的作用。

三、GIS 在物流配送中的应用

（一）需求分析

如以某一城市中的物流配送过程为例，那么基于 GIS 的物流配送系统的需求主要集中在以下几个方面：

（1）需要通过客户提供详细的地址，确定客户的地理位置和车辆路线。

（2）通过基于 GIS 的查询、地图表现的辅助决策，实现对车辆路线的合理编辑（如创建、删除、修改）和客户配送排序。

（3）用特定的地图符号在地图上表示客户的地理位置，不同类型的客户（如普通客户和会员客户、单位客户和个人客户等）采用不同的符号表示。

（4）在地图上查询客户的位置以及客户周围的环境，以发现潜在客户。

（5）通过业务系统调用 GIS，以图形的方式显示业务系统各种相关操作结果的数值信息。

（6）基于综合评估模型和 GIS 的查询，实现对配送区域的拆分、合并。

（二）GIS 物流配送车辆路线规划的应用

基于 GIS 的物流车辆路径问题（Vehicle Routing Problem，VRP）能将 GIS 中路径信息有效地利用起来，不仅包括了路径距离和客户节点编号，而且包含了路径通行能力、单双行等地理属性特征，大大丰富了传统 VRP 的网络图，同时也使 VRP 模型更贴合实际。GIS 获取VRP 所需具体数据的流程如图 5.4 所示。

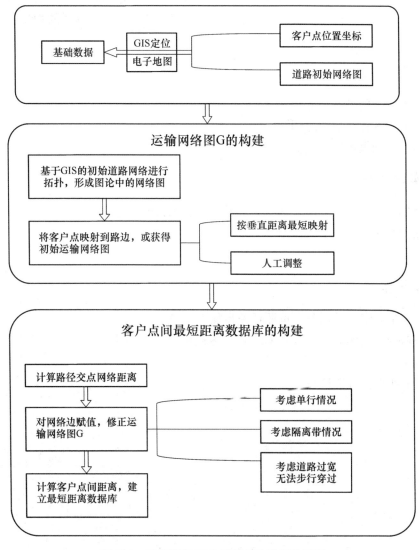

图 5.4　GIS 获取 VRP 所需具体数据的流程

基于 GIS 的物流配送 VRP 采用了聚类算法求解，将大规模 VRP 的求解过程划分为两个阶段进行：第一阶段是根据问题的规模将原来大规模的 VRP 运用聚类算法分解成一定数目的子问题，即将所有的客户分解成一定数目的客户群；第二阶段是将每个客户群看成一个相对小规模的 VRP，对各个客户群利用遗传算法进行求解。

任务三　物流企业 GIS 应用技能实训

一、情景设置

随着物流业的不断发展，客户对配送水平的要求也越来越高，如何向客户提供车辆在途信息、掌握车辆在途实时动态、及时处理突发事件、保证货物及时到达等，直接影响着物流市场的竞争能力。本次调研实训的目的在于通过调查物流企业 GIS 应用前后的区别以及客户对 GIS 应用的反应，分析 GIS 在物流行业的重要作用。请学生调研熟悉的物流公司和周边的客户群。

二、实训目的

（1）掌握 GIS 的基本功能和构成。
（2）了解 GIS 在企业的应用。
（3）学会实训报告的撰写。

三、实训准备

（1）学生在进行任务之前，学习和查阅与信息相关的理论知识点。
（2）熟悉 GIS 在物流中的作用。
（3）准备调研材料。

四、实训步骤

（1）给学生分组安排任务，按照任务步骤逐步展开。
（2）根据企业具体应用，调查 GIS 在运输路线选择、掌握车辆在途动态等方面的应用情况。
（3）完成实训报告的撰写。

五、实训报告

实训名称：　　　　　　　　　　　　　　　　　　课程名称：

学号：	姓名：	实训时间：
专业：	班级：	实训地点：

一、实训目的与要求

二、实训环境

三、实训内容

四、实训步骤

五、结论、问题与解决方法
　　（此部分为实训总结，是体现实训过程的重要内容，应鼓励学生将遇到的重要问题及解决方法总结出来，以体现实训对学生技能的提升作用。）

批语：

★知识拓展　　　　　　　　　**地理信息系统（GIS）的发展**

具体地说，GIS 是 20 世纪 60 年代中期开始发展起来的。它最初为解决地理问题而兴起，至今已成为一门涉及测绘学科、环境科学、计算机技术等多学科的交叉学科。1963 年，加拿大测量学家 R. F. Tomlinson 首先提出了地理信息系统的概念，并建成世界上第一个 GIS，即加拿大地理信息系统（Canada Geographic Information System，CGIS），并用于自然资源的管理和规划。不久，美国哈佛大学建立了较完整的系统软件 SYMAP，这可算是 GIS 的起步。进入 20 世纪 70 年代以后，由于计算机软、硬件水平的提高，促使 GIS 朝着实用方向迅速发展，一些经济发达的国家先后建立了许多专业性的 GIS，在自然资源管理和规划方面发挥了重大作用。如从 1970 年到 1976 年，美国国家地质调查局就建成 50 多个信息系统，其他国家如加拿大、德国、瑞典和日本等国相继发展了自己的 GIS。

20 世纪 80 年代后兴起的计算机网络技术使地理信息的传输时效得到了极大的提高，它的应用从基础信息管理与规划转向更复杂的实际应用，成为辅助决策的工具，并促进了地理信息产业的形成。到 1995 年，市场上有报价的软件已达上千种，并且涌现出了一些有代表性的 GIS 软件。

具体而言，GIS 的发展过程如下：

20 世纪 60 年代为地理信息系统开拓期，注重于空间数据的地学处理。例如，处理人口统计局数据（如美国人口调查局建立的 DIME）、资源普查数据（如加拿大统计局的 GRD-SR）等。许多大学研制了一些基于栅格系统的软件包，如哈佛的 SYMAP、马里兰大学的 MANS 等。综合来看，初期地理信息系统发展的动力来自诸多方面，如学术探讨、新技术的应用、大量空间数据处理的生产需求等。对于这个时期地理信息系统的发展来说，专家兴趣以及政府的推动起着积极的引导作用，并且大多地理信息系统工作限于政府及大学的范畴，国际交往甚少。

20 世纪 70 年代为地理信息系统的巩固发展期，注重于空间地理信息的管理。这种发展应归结于以下几方面的原因：一是资源开发、利用乃至环境保护问题成为政府首要解决之疑难，而这些都需要一种能有效地分析和处理空间信息的技术、方法与系统。二是计算机技术迅速发展，数据处理加快，内存容量增大，超小型、多用户系统的出现，尤其是计算机硬件价格下降，使政府部门、学校以及科研机构、私营公司也能够配置计算机系统；在软件方面，第一套利用关系数据库管理系统的软件问世，新型的地理信息系统软件不断出现，据调查，20 世纪 70 年代就有 80 多个地理信息系统软件。三是专业化人才不断增加，许多大学开始提供地理信息系统培训，一些商业性的咨询服务公司开始从事地理信息系统工作，如美国环境系统研究所（ESRI）成立于 1969 年。这个时期地理信息系统发展的总体特点是：地理信息系统在继承 60 年代技术的基础之上，充分利用了新的计算机技术，但系统的数据分析能力仍然很弱；在地理信息系统技术方面未有新的突破；系统的应用与开发多限于某个机构；专家个人的影响削弱，而政府影响增强。

20 世纪 80 年代为地理信息系统大发展时期，注重于空间决策支持分析。地理信息系统的应用领域迅速扩大，从资源管理、环境规划到应急反应，从商业服务区域划分到政治选举分区等，涉及了许多的学科与领域，如古人类学、景观生态规划、森林管理、土木工程以及计算机科学等。许多国家制订了本国的地理信息发展规划，启动了若干科研项目，建立了一些政府性、学术性机构，如中国于 1985 年成立了资源与环境信息系统国家重点实验室、美国 1987 年成立了国家地理信息与分析中心、英国于 1987 年成立了地理信息协会。同时，商业性的咨询公司、软件制造商大量涌现，并提供系列专业性的服务。这个时期地理信息系统发展最显著的特点是商业化实用系统进入市场。

20 世纪 90 年代为地理信息系统的用户时代。一方面，地理信息系统已成为许多机构必备的工作系统，尤其是政府决策部门在一定程度上由于受地理信息系统影响而改变了现有机构的运行方式、设置与工作计划等。另一方面，社会对地理信息系统认识普遍提高，需求大幅增加，从而导致地理信息系统应用的扩大与深化。国家级乃至全球性的地理信息系统已成为公众关注的问题，例如，地理信息系统已列入美国政府制定的"信息高速公路"计划；美国前副总统戈尔提出的"数字地球"战略、我国的"21 世纪议程"和"三金工程"也包括地理信息系统。毫无疑问，地理信息系统将发展成为现代社会最基本的服务系统。

思考题

1. GIS 的基本组成有哪些？
2. GIS 的功能有哪些？
3. GIS 在物流方面的应用有哪些？
4. 企业应用 GIS 有哪些益处？

项目六

全球定位系统

项目简介

通信技术、计算机技术、信息及航天与空间技术的迅猛发展，促使导航与定位技术、无线电导航系统日新月异。全球定位系统（Global Positioning System，GPS）提供了全球、全天候、高精度、快速响应的连续导航、定位和授时信息服务，是一种可供陆、海、空领域的军民用户共享的信息资源，越来越受到人们的青睐。目前，卫星定位导航技术已基本取代了无线电导航、天文测量、传统大地测量技术，成为人类活动中普遍采用的定位导航技术。

工作流程

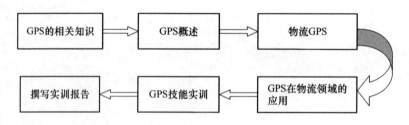

学习目标

（1）掌握 GPS 的概念、特点、系统构成。

（2）掌握 GPS 的工作原理。

（3）理解 GPS 在物流领域中的应用。

GPS 在道路运输中的应用与发展

随着技术水平的提高和美国解除干扰，全球定位系统用于民用目标测位、测速、测时，精度已经达到很高的水平，成本也大幅下降，在诸多领域内已经开始实用化。道路交通是关系国计民生的基础产业，随着汽车化进程的迅猛发展和交通问题的日益严重，如何利用智能交通相关技术解决道路运输的安全和效率问题，已经成为 21 世纪亟待解决的重要课题之一。

GPS 与 GPRS 的结合使物流企业全面提升运营管理水平，使实时保障运输安全成为可能。GPS 技术的信息管理系统为物流运输行业移动车辆和财产的管理提供了一个比较理想的解决方案，保证了整体运输链的最优化。最优化既意味着外部优化，如防止空载；也意味着内部优化，如人员和运输设备的合理投入，场地利用率的提高等，从而降低了运营成本、提高了工作效率，增加了企业的经济效益。

从价值工程角度分析，GPS 能否在运输企业得到广泛的应用，主要取决于 GPS 的建设成本和 GPS 所能产生的经济效益两个关键因素。随着无线通信技术水平的提高、GPS 产业规模的不断扩大，GPS 建设及运营成本迅速下降，运输企业对 GPS 实施的费用问题已不再敏感。如何整合利用现有技术，不断以 GPS 的技术应用创新促进运输企业管理创新，已成为 GPS 厂商和运输企业共同关注的焦点。

GPS 车辆卫星定位监控系统主要由车载终端、通信网络、监控中心三部分构成。车载终端负责接收、发送 GPS 定位信息，监控中心是整个信息系统的通信核心，负责与智能车载终端的信息交换，各种内容和控制信息的分类、记录和转发。通信网络则是实现车辆与监控中心信息交换的载体。

GPS 通信系统经历了从无线集群向数字移动通信网络的过渡。中国移动 GPRS 移动通信网络的开通，为 GPS 监控系统提供了更为可靠、廉价的网络传输方案，使得 GPS 监控系统的运营成本大大降低，并可以支持较大数据量的传输，从而实现从车辆定位简单监控到运输全程综合监控的飞跃。

虽然 GPS 车辆卫星定位监控系统技术本身已相当成熟，但就目前陆地车辆定位系统来说可能会受到高楼或隧道等障碍物的遮挡，现有导航定位系统要想实现连续不间断的定位是很困难的，甚至是不可能的。然而对于运输行业来说，由于运输车辆及监控中心对连续性的要求并不是很高，其信息采集点可以是间断的，采集频率是由用户自定的，一般可在 5 秒至 60 分钟，甚至更长，这样就可以在连续丢失 GPS 卫星信号的情况下，使车辆在一段时间内仍处于有效监控范围。因此，现阶段的 GPS 技术已具备了在道路运输监控中大规模应用的基础。

目前，我国 GPS 技术主要应用于运输企业车队的监控与调度管理，装车规模约 10 万辆，用于车辆导航的产品市场规模还不大。GPS 车辆监控调度系统的主要功能包括车辆跟踪、指挥调度、行驶监控、安全防护、车辆管理等。

任务一　GPS 概述

GPS 的前身是美国军方研制的一种子午仪卫星定位系统（Transit），1958 年研制，1964 年正式投入使用。该系统用 5 ~ 6 颗卫星组成的星网工作，每天最多绕地球 13 次，并且无法给出高度信息，在定位精度方面也不尽如人意。然而，子午仪系统使得研发部门对卫星定位取得了初步的经验，并验证了由卫星系统进行定位的可行性，为 GPS 的研制做了铺垫。由于卫星定位显示出在导航方面的巨大优越性及子午仪系统在潜艇和舰船导航方面的巨大缺陷。美国海陆空三军及民用部门都感到迫切需要一种新的卫星导航系统。

为此，美国海军研究实验室（NRL）提出了名为 Tinmation 的、由 12 ~ 18 颗卫星组成的 10 000 km 高度的全球定位网计划，并于 1967 年、1969 年和 1974 年各发射了一颗试验卫星，初步试验了原子钟计时系统，这是 GPS 精确定位的基础。而美国空军则提出了 621 - B 的以每星群 4 ~ 5 颗卫星组成 3 ~ 4 个星群的计划，这些卫星中除 1 颗采用同步轨道外其余的都使用周期为 24 h 的倾斜轨道，该计划以伪随机码（PRN）为基础传播卫星测距信号，其强大的功能，使当信号密度低于环境噪声的 1% 时也能将其检测出来。伪随机码的成功运用是 GPS 得以取得成功的一个重要基础。海军的计划主要是为舰船提供低动态的二维定位，而空军的计划则是提供高动态服务，然而系统过于复杂。由于同时研制两个系统会造成巨大的费用而且这两个计划都是为了提供全球定位而设计的，所以 1973 年美国国防部将两者合二为一，由国防部牵头的卫星导航定位联合计划局（JPO）领导，并将办事机构设立在洛杉矶的空军航天处。该机构成员众多，包括美国陆军、海军、海军陆战队、交通部、国防制图局以及北约和澳大利亚的代表。

最初的 GPS 计划在美国联合计划局的领导下诞生了，该方案将 24 颗卫星放置在互成 120°的三个轨道上。每个轨道上有 8 颗卫星，在地球上的任何一点均能观测到 6 ~ 9 颗卫星。这样，粗码精度可达 100 m，精码精度为 10 m。由于预算压缩，GPS 计划不得不减少卫星发射数量，改为将 18 颗卫星分布在互成 60°的 6 个轨道上，然而这一方案使得卫星可靠性得不到保障。1988 年又进行了最后一次修改：21 颗工作星和 3 颗备用星工作在互成 60°的 6 条轨道上。这也是 GPS 卫星所使用的工作方式。

GPS 导航系统是以全球 24 颗定位人造卫星为基础，向全球各地全天候地提供三维位置、三维速度等信息的一种无线电导航定位系统。它由三部分构成：一是地面控制部分，由主控站、地面天线、监测站及通信辅助系统组成；二是空间部分，由 24 颗卫星组成，分布在 6 个轨道平面；三是用户装置部分，由 GPS 接收机和卫星天线组成。民用的定位精度可达 10 m 内。

相关知识

一、GPS 的概念

GPS 又称全球卫星定位系统，是一个中距离圆形轨道卫星导航系统。它可以为地球表面绝大部分地区提供准确的定位、测速和高精度的时间标准。它是利用通信卫星、地面控制部分和信号接收机对对象进行动态定位的系统。它能对静态、动态对象进行动态空间信息的获取，快速、精度均匀、不受天气和时间的限制反馈空间信息。

GPS 起始于 1958 年美国军方的一个项目，1964 年投入使用。20 世纪 70 年代，美国陆海空三军联合研制了新一代 GPS，主要是为陆海空三大领域提供实时、全天候和全球性的导航服务，并用于情报搜集、核爆监测和应急通信等一些军事目的。经过 20 余年的研究实验，耗资 300 亿美元，到 1994 年，全球覆盖率高达 98% 的 24 颗 GPS 卫星星座已布设完成。

二、GPS 的特点

（一）全球全天候定位

GPS 卫星的数目较多，且分布均匀，保证了地球上任何地方、任何时间至少可以同时观测到 4 颗 GPS 卫星，确保实现全球全天候连续的导航定位服务（除打雷、闪电不宜观测外）。

（二）定位精度高

应用实践已经证明，GPS 相对定位精度在 50 km 以内可达 10 ~ 6 m，100 ~ 500 km 可达 10 ~ 7 m，1 000 km 可达 10 ~ 9 m。在 300 ~ 1 500 m 工程精密定位中，1 h 以上观测时其平面位置误差小于 1 mm，与 ME – 5000 电磁波测距仪测定的边长比较，其边长较差最大为 0.5 mm，校差中误差为 0.3 mm。

（三）观测时间短

随着 GPS 的不断完善、软件的不断更新，20 km 以内相对静态定位仅需 15 ~ 20 min；快速静态相对定位测量时，当每个流动站与基准站相距在 15 km 以内时，流动站的观测时间只需 1 ~ 2 min；采取实时动态定位模式时，每站观测仅需几秒钟。因而使用 GPS 技术建立控制网，可以大大提高作业效率。

（四）测站间无须通视

GPS 测量只要求测站上空开阔，不要求测站之间互相通视，因而不再需要建造觇标。这一优点既可大大减少测量工作的经费和时间（一般造标费用约占总经费的 30% ~ 50%），也使选点工作变得非常灵活，同时可省去经典测量中传算点、过渡点的测量工作。

（五）仪器操作简便

随着 GPS 接收机的不断改进，GPS 测量的自动化程度越来越高，有的已趋于"傻瓜化"。在观测中测量员只需安置仪器，连接电缆线，量取天线的高度，监视仪器的工作状态，而其他观测工作，如卫星的捕获、跟踪观测和记录等均由仪器自动完成。结束测量时，仅需关闭电源，收好接收机，便完成了野外数据的采集任务。

如果在一个测站上需做长时间的连续观测，还可以通过数据通信方式，将所采集的数据传送到数据处理中心，实现全自动化的数据采集与处理。另外，接收机体积也越来越小，相应的质量也越来越轻，极大地减轻了测量工作者的劳动强度。

（六）可提供全球统一的三维地心坐标

GPS 测量可同时精确测定测站平面位置和大地高程。GPS 水准可满足四等水准测量的精度，另外，GPS定位是在全球统一的WGS-84坐标系统中计算的，因此全球不同地点的测量成果是相互关联的。

（七）应用广泛

随着GPS定位技术的发展，其应用的领域在不断拓宽。目前，在导航方面，它不仅广泛地用于海上、空中和陆地运动目标的导航，而且在运动目标的监控与管理及运动目标的报警和救援等方面，也已获得成功的应用。在测量方面，用于大地测量、工程测量和海洋测绘等各个领域。GPS系统不仅用于测量、导航，还可用于测速、测时。

三、GPS的组成

一般来说，GPS主要由三个部分组成，即空间星座部分、地面监控部分和用户设备部分。如图6.1所示，空间星座部分包括GPS工作卫星和备用卫星；地面监控部分用于控制整个系统和时间，负责轨道检测和预报；用户设备部分主要是各种型号的接收机。

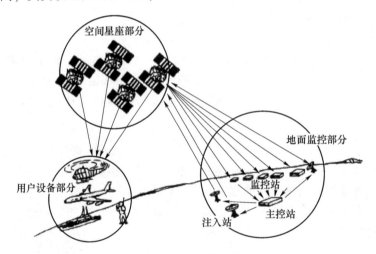

图6.1 GPS的组成

（一）空间星座部分

GPS卫星星座由24颗卫星组成，其中21颗为工作卫星，3颗为备用卫星。24颗卫星均匀分布在6个轨道平面上，即每个轨道面上有4颗卫星。卫星轨道面相对于地球赤道面的轨道倾角为55°，各轨道平面的升交点的赤经相差60°，一个轨道平面上的卫星比西边相邻轨道平面上的相应卫星升交角距超前30°。这种布局的目的是保证在全球任何地点、任何时刻至少可以观测到4颗卫星。

GPS卫星是由洛克菲尔国际公司空间部研制的，卫星的质量为774 kg，使用寿命为7年。卫星采用蜂窝结构，主体呈柱形，直径为1.5 m。卫星两侧装有两块双叶对日定向太阳能电池帆板，全长5.33 m，接受日光面积为7.2 m²。对日定向系统控制两翼电池帆板旋转，使板面始终对准太阳，为卫星不断提供电力，并给三组15 Ah的镍镉电池充电，以保证卫星在地球阴影部分能正常工作。在星体底部装有12个单元的多波束定向天线，能发射张角大约为30°的两个L波段（19 cm和24 cm波）的信号。在星体的两端面上装有全向遥测遥控天线，用于与地面监控网的通信。此外卫星还装有姿态控制系统和轨道控制系统，以使卫星保持在适当的高度和角度，准确对准卫星的可见地面。

（二）地面监控部分

地面监控部分主要由 1 个主控站（Master Control Station，MCS）、4 个地面天线（注入）站（Ground Antenna）和 6 个监测站（Monitor Station）组成。

主控站位于美国科罗拉多州的谢里佛尔空军基地，是整个地面监控系统的管理中心和技术中心。另外还有一个位于马里兰州盖茨堡的备用主控站，在发生紧急情况时启用。

注入站目前有 4 个，分别位于南太平洋马绍尔群岛的瓜加林环礁、大西洋上英国属地的阿森松岛、英属印度洋领地的迪戈加西亚岛和位于美国本土科罗拉多州的科罗拉多斯普林斯。注入站的作用是把主控站计算得到的卫星星历、导航电文等信息注入相应的卫星。

注入站同时也是监测站，另外还有位于夏威夷和卡纳维拉尔角的两处监测站，故监测站目前有 6 个。监测站的主要作用是采集 GPS 卫星数据和当地的环境数据，然后发送给主控站。

（三）用户设备部分

用户设备部分即 GPS 信号接收机。GPS 定位系统的用户部分由 GPS 接收机、数据处理软件及相应的用户设备如计算机气象仪器等组成。其主要功能是能够捕获到按一定卫星截止角所选择的待测卫星，并跟踪这些卫星的运行。当接收机捕获到跟踪的卫星信号后，就可测量出接收天线至卫星的伪距离和距离的变化率，解调出卫星轨道参数等数据。根据这些数据，接收机中的微处理计算机就可按定位解算方法进行定位计算，计算出用户所在地理位置的经纬度、高度、速度、时间等信息。

接收机硬件和机内软件以及 GPS 数据的后处理软件包构成完整的 GPS 用户设备。GPS 接收机的结构分为天线单元和接收单元两部分。接收机一般采用机内和机外两种直流电源。设置机内电源的目的在于更换外电源时不中断连续观测。在用机外电源时机内电池自动充电。关机后机内电池为 RAM 存储器供电，以防止数据丢失。各种类型接收机的体积越来越小，质量越来越轻，便于野外观测使用。另外还有使用者接收器，现有单频与双频两种，但由于价格因素，一般使用者所购买的多为单频接收器。

四、GPS 的工作原理

GPS 导航系统的基本原理是测量出已知位置的卫星到用户接收机之间的距离，然后综合多颗卫星的数据就可知道接收机的具体位置。要达到这一目的，卫星的位置可以根据星载时钟所记录的时间在卫星星历中查出。而用户到卫星的距离则通过记录卫星信号传播到用户所经历的时间，再将其乘以光速得到。由于大气层、电离层的干扰，这一距离并不是用户与卫星之间的真实距离，而是伪距（PR）。当 GPS 卫星正常工作时，会不断地用 1 和 0 二进制码元组成的伪随机码（简称伪码）发射导航电文。GPS 系统使用的伪码一共有两种，分别是民用的 C/A 码和军用的 P（或 Y）码。C/A 码的频率为 1.023 MHz，重复周期为 1 ms，码间距为 1 μs，相当于 300 m；P 码的频率为 10.23 MHz，重复周期为 266.4 天，码间距为 0.1 μs，相当于 30 m。而 Y 码是在 P 码的基础上形成的，保密性能更佳。导航电文包括卫星星历、工作状况、时钟改正、电离层时延修正、大气折射修正等信息。它是从卫星信号中调制出来，以50 B/s 调制在载频上发射的。导航电文每个主帧中包含 5 个子帧，每帧长 6 s。前三帧各 10 个字码；每三十秒重复一次，每小时更新一次。后两帧共 15 000 B。导航电文中的内容主要有遥测码，转换码，第 1、2、3 数据块，其中最重要的则为星历数据。当用户接收到导航电文时，提取出卫星时间并将其与自己的时钟做对比便可得知卫星与用户的距离，再利用导航电文中的卫星星历数据推算出卫星发射电文时所处的位置，用户在 WGS－84 大地坐标系中的位置、速度等信息便可得知。

可见 GPS 导航系统卫星部分的作用就是不断地发射导航电文。然而，由于用户接收机使用的时钟与卫星星载时钟不可能总是同步，所以除了用户的三维坐标 x、y、z 外，还要引进一个 Δt（即卫星与接收机之间的时间差）作为未知数，然后用 4 个方程将这 4 个未知数解出来。如果想知道接收机所处的位置，至少要能接收到 4 个卫星的信号。

GPS 接收机可接收到用于授时准确至纳秒级的时间信息，用于预报未来几个月内卫星所处概略位置的预报星历，用于计算定位时所需卫星坐标的广播星历，其精度为几米至几十米（各个卫星不同，随时变化），以及接收 GPS 系统的信息，如卫星状况等。

GPS 接收机对码的量测可得到卫星到接收机的距离，由于含有接收机卫星钟的误差及大气传播误差，故称为伪距。对 CA 码测得的伪距称为 CA 码伪距，精度约为 20 m，对 P 码测得的伪距称为 P 码伪距，精度约为 2 m。

GPS 接收机对收到的卫星信号进行解码或采用其他技术将调制在载波上的信息去掉后，可以恢复载波。严格而言，载波相位应被称为载波拍频相位，它是收到的受多普勒频移影响的卫星信号载波相位与接收机本机振荡产生的信号相位之差。一般在接收机钟确定的历元时刻量测，保持对卫星信号的跟踪，可记录下相位的变化值，但开始观测时的接收机和卫星振荡器的相位初值是未知的，起始历元的相位整数也是未知的，即整周模糊度，只能在数据处理中作为参数解算。相位观测值的精度高至毫米，但前提是解出整周模糊度，因此只有在相对定位、并有一段连续观测值时才能使用相位观测值，而要达到优于米级的定位精度也只能采用相位观测值。

按定位方式，GPS 定位分为单点定位和相对定位（差分定位）。单点定位是根据一台接收机的观测数据来确定接收机位置的方式，它只能采用伪距观测量，可用于车船等的概略导航定位。相对定位（差分定位）是根据两台以上接收机的观测数据来确定观测点之间相对位置的方法，它既可采用伪距观测量也可采用相位观测量，大地测量或工程测量均采用相位观测值进行相对定位。

在 GPS 观测量中包含了卫星和接收机的钟差、大气传播延迟、多路径效应等误差，在定位计算时还要受到卫星广播星历误差的影响，但在进行相对定位时大部分公共误差被抵消或削弱，因此定位精度将大大提高。双频接收机可以根据两个频率的观测量抵消大气中电离层误差的主要部分，在精度要求高、接收机间距离较远时（大气有明显差别），应选用双频接收机。

GPS 定位的基本原理是根据高速运动的卫星瞬间位置作为已知的起算数据，采用空间距离后方交会的方法，确定待测点的位置。假设 t 时刻在地面待测点上安置 GPS 接收机，可以测定 GPS 信号到达接收机的时间 Δt，再加上接收机所接收到的卫星星历等其他数据可以确定以下四个方程式，如图 6.2 所示。

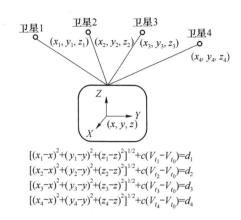

$$[(x_1-x)^2+(y_1-y)^2+(z_1-z)^2]^{1/2}+c(V_{t_1}-V_{t_0})=d_1$$
$$[(x_2-x)^2+(y_2-y)^2+(z_2-z)^2]^{1/2}+c(V_{t_2}-V_{t_0})=d_2$$
$$[(x_3-x)^2+(y_3-y)^2+(z_3-z)^2]^{1/2}+c(V_{t_3}-V_{t_0})=d_3$$
$$[(x_4-x)^2+(y_4-y)^2+(z_4-z)^2]^{1/2}+c(V_{t_4}-V_{t_0})=d_4$$

图 6.2 GPS 定位原理图

任务二 物流 GPS

一、物流系统的 GPS 技术需求分析

物流是物质实体从供给者向需求者的物理性移动。从系统的角度来分析研究，普遍认为物流起源于第二次世界大战美国对军需物资的配送物流，被广泛接受为降低产品成本和提高产品质量以外的第三个利润源泉。现代物流的核心目标是在物流全过程中以最小的综合成本来满足客户的要求，并做到高效率、实时化，达到规范化、科学化的管理。

近年来，由于物流行业中的配送和快递业务在总体业务中的地位日益提高，在物流生产和经营过程中，需要对运递车辆、人员进行监控和调度，一方面提高生产效率，另一方面能够实现货物的跟踪查询，提高服务质量；同时，物流行业存在人员流动性大、区域广等特点，工作人员之间的信息交互对移动性的要求很高，因此有必要建立一个信息化、图形化、网络化的移动作业服务平台，以满足车辆、人员的调度监控，以提高效益，有效地减少资源浪费、降低成本；还能使广大客户享受到更迅速、及时的服务，满足人员之间的移动数据交换等移动生产作业的需求。

物流系统的 GPS 技术需求体现在以下几个方面。

1. 运单信息化需求

配送和快递企业客户来自各行各业，运单的流量大、变动性强，且不同类型货物的运输时间、路线等的要求也不一样，加大了运单管理的难度。

2. 车辆调度监控需求

实现车辆的调度跟踪。发送调度指令、报告调度数据，通过电子地图实时跟踪车辆位置等。

3. 人员定位需求

发件和收件双方都能即时了解接件货物、配送人员的所在位置，有效地调度人员和车辆，提高服务的可靠性。

4. 调度、导航需求

目的地的变动性和任务的临时性要求路线和人员的最优化，使快递车辆及人员能在最短的时间内到达目的地，最大限度地节约资源、降低运营成本。

5. 开放性需求

物流信息化管理由于包括快递运输管理系统、EPR、财务管理系统等一系列的管理业务，所以必须具备很好的开放性，即具有开放的接口。

二、GPS 在物流中的三方应用

（一）车辆使用方（货运代理、生产厂家等用车单位）

运输公司将自己的车辆信息指定开放给合作客户，让客户自己能实时查看车辆与货物的相关信息，能较为直观地在网上看到车辆分布和运行情况，找到适合自己使用的车辆，从而省去不必要的交涉环节，加快车辆的使用频率，缩短运输配货的时间，减少相应的工作量。在货物发出之后，发货方可随时通过互联网或是手机来查询车辆在运输中的运行情况和所到达的位置，实时掌握货物在途的信息，确保货物运输时效。

（二）运输公司

运输公司通过互联网实现对车辆的动态监控式管理和货物的及时合理配载，以便加强对车辆的管理，减少资源浪费与费用开销。同时将有关车辆的信息开放给客户，既方便客户的使用，又减少不必要的环节，从而提高公司的经济效益与社会效益。

（三）接货方

接货方只需通过发货方所提供的相关资料与权限，就可在互联网实时查看该货物信息，掌握货物在途的情况和大概的运输时间，以此来提前安排货物的接收、停放以及销售等环节，使货物的销售链可提前完成。例如，沃尔玛采用 GPS 对车辆进行定位，在任何时候调度中心都可知道车辆的位置。

任务三　GPS 在物流领域的应用

一、GPS 在物流中的应用

（一）物流配送

GPS 对车辆的状态信息（包括位置、速度、车厢内温度等）以及客户的位置信息能够快速、准确地反映给物流系统，由特定区域的配送中心统一合理地对该区域内所有车辆做出快速的调度。这样便大幅提高物流车辆的利用率，减少空载车辆的数量和空载的时间，从而减少物流公司的运营成本，提高物流公司的效率和市场竞争能力，同时增强物流配送的适应能力和应变能力。

（二）动态调度

运输企业可进行车辆待命计划管理。操作人员通过在途信息的反馈，在车辆返回车队前做好待命计划，提前下达运输任务，减少等待时间，加快车辆周转，以提高重载率，减少空车时间和空车距离。充分利用运输工具的运能，提前预设车辆信息及精确的抵达时间。用户根据具体情况合理安排回程配货，为运输车辆排解后顾之忧。

（三）货物跟踪

通过 GPS 和电子地图系统，可以实时了解车辆位置和货物状况（车厢内温度、空载或重载），真正实现在线监控，避免以往在货物发出后难以知情的被动局面，提高货物的安全性。货主可以主动、随时了解到货物的运动状态信息以及货物运达目的地的整个过程，增强物流企业和货主之间的相互信任。

（四）车辆优选

查出在锁定范围内可供调用的车辆，根据系统预先设定的条件判断车辆中哪些是可调用的。在系统提供可调用车辆的同时将根据最优化原则，在可能被调用的车辆中选择一辆最合适的车辆。

（五）路线优选

地理分析功能可以快速地为驾驶人员选择合理的物流路线，以及这条路线的一些信息，所有可供调度的车辆不用区分本地或是异地都可以统一调度。配送货物目的地的位置和配送中心的地理数据结合后，产生的路线将是整体的最优路线。

（六）报警援救

在物流运输过程中有可能发生一些意外情况。当发生故障和一些意外的情况时，GPS 可以及时地反映发生事故的地点，调度中心会尽可能地采取相应的措施来挽回和降低损失，增加运输的安全和应变能力。GPS 的投入使用，使过去制约运输公司发展的一系列问题迎刃而解，为物流公司降低运输成本、加强车辆安全管理、推动货物运输有效运转发挥了重要作用。此外，GPS 的网络设备还能容纳上千辆车同时使用，跟踪区域遍及全国。物流企业导入 GPS，是物流行业以信息化带动产业化发展重要的一环，它不仅为运输企业提供信息支持，而且对整合货物运输资源、加强区域之间的合作具有重要意义。

二、GPS 在物流领域的具体应用

（一）用于汽车自定位、跟踪调度、陆地援救

据丰田汽车公司的统计和预测，日本车载导航系统的市场在 1995 年至 2000 年间将平均每年增长 35% 以上，全世界在车辆导航上的投资将平均每年增长 60.8%，GPS 在沃尔玛公司中的应用就是一个很好的例子。沃尔玛采用 GPS 对车辆进行定位，在任何时候，调度中心都可以知道这些车辆在什么地方，离商店还有多远；同时他们也可以了解到某个产品运输到了什么地方，还有多长时间才能到达商店，沃尔玛的配送可以精确到小时。

（二）用于铁路运输管理

我国铁路开发的基于 GPS 的计算机管理信息系统，可以通过 GPS 和计算机网络实时收集全路列车、机车、车辆、集装箱及所运货物的动态信息，可实现列车、货物追踪管理。只要知道货车的车种、车型、车号，就可以立即从近 10 万千米的铁路网上流动着的几十万辆货车中找到该货车，还能得知这辆货车现在在何处运行或停在何处，以及所有车载货物的发货信息。

（三）用于军事物流全球卫星定位系统

在军事物流中，如后勤装备的保障等方面 GPS 应用相当普遍。尤其是在美国，其在世界各地驻扎的大量军队无论是在战时还是在平时都对后勤补给提出很高的需求，在战争中如果不依赖 GPS，美军的后勤补给就会变得一团糟。目前，我国军事部门也在逐步开始运用 GPS。

（四）用于内河及远洋船队救援活动

在我国，GPS 最先被应用于远洋运输船舶导航，用于内河及远洋船队最佳航程和安全路线的测定、航向的适时调度、监测及水上救援。我国跨世纪的三峡工程也已规划利用 GPS 来改善航运条件，提高航运能力。

三、网络 GPS 对物流产业所起的作用

（一）实时监控功能

可在任意时刻通过发出指令查询运输工具所在的地理位置（经度、纬度、速度等信息）并在电子地图上直观地显示出来。

（二）双向通信功能

网络 GPS 的用户可使用 GSM 的语音功能与司机进行通话或使用本系统安装在运输工具上的移动设备的汉字液晶显示终端进行汉字消息收发对话。

驾驶员通过按下相应的服务、动作键，将该信息反馈到网络 GPS，质量监督员可在网络 GPS 工作站的显示屏上确认其工作的正确性，了解并控制整个运输作业的准确性，如发车时间、到货时间、卸货时间、返回时间等。

（三）动态调度功能

调度人员能在任意时刻通过调度中心发出文字调度指令，并得到确认信息。

运能管理：将运输工具的运能信息、在途信息、维修记录信息、车辆运行状况登记信息、司机人员信息等多种信息提供调度部门决策，以提高重车率，尽量减少空车时间和空车距离，充分利用运输工具的运能。

（四）数据存储、分析功能

（1）实现路线规划及路线优化。事先规划车辆的运行路线、运行区域，何时应该到达什么地方等，并将该信息记录在数据库中，以备以后查询、分析使用。

（2）可靠性分析。汇报运输工具的运行状态，了解运输工具是否需要较大的修理，预先做好修理计划，计算运输工具平均天差错时间，动态衡量该型号车辆的性能价格比。

（3）服务质量跟踪。在中心设立服务器，并将车辆的有关信息（如运行状况、在途信息、运能信息、位置信息等用户关心的信息）让有该权限的用户能异地方便地获取自己所需要的信息。同时还可对客户索取信息中的位置信息用相对应的地图传送过去，并将运输工具的历史轨迹印在上面，使该信息更加形象化。

（4）依据资料库储存的信息，可随时调阅每台运输工具以前的工作资料，并可根据各管理部门的不同要求制作不同形式的报表，使各管理部门能更快速、更准确地做出判断以及

提出新的指示。

　　网络 GPS 的出现无论是对 GPS 供应商还是对物流运输企业来讲都是一个好消息，因为其直接导致的是投资费用的降低与信息显现的无地域性限制，而最终的结果则是 GPS 门槛的降低及普及率的提高，从而使更多的物流企业从中受益。

任务四　GPS 技能实训

一、情景设置

GPS 的工作流程如图 6.3 所示。

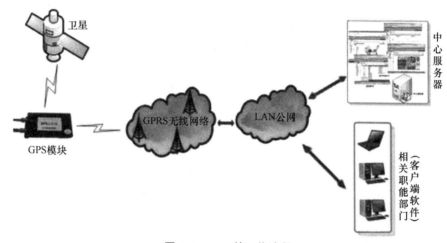

图 6.3　GPS 的工作流程

二、实训目的

（1）了解 GPS 在物流领域中的应用。
（2）掌握 GPS 的特点、组成和主要功能。
（3）学习利用 GPS – RTK 软件进行坐标测定。
（4）学会实训报告的撰写。

三、实训准备

（1）学生在进行任务之前，学习和查阅与信息相关的理论知识点。
（2）每位学生一台计算机，并安装 GPS – RTK 软件。

四、实训步骤

（1）将学生分组，每组 4 ~ 5 人。
（2）给学生安排任务，按照任务步骤逐步展开。
（3）学生根据具体的流程进行操作。
（4）完成实训报告的撰写。

五、实训报告

实训名称：　　　　　　　　　　　　　　　　　课程名称：

学号：		姓名：		实训时间：
专业：		班级：		实训地点：

一、实训目的与要求

二、实训环境

三、实训内容

四、实训步骤

五、结论、问题与解决方法

（此部分为实训总结，是体现实训过程的重要内容，应鼓励学生将遇到的重要问题及解决方法总结出来，以体现实训对学生技能的提升作用。）

批语：

★知识拓展

GPS 在危险品运输中的应用

一、需求分析

随着经济发展、社会进步，道路危险品运输业日渐增多，对城镇、人群、河流的威胁越来越大，危险品运输的安全问题得到了越来越高的重视。城市中每天都有多辆液化气运输车辆在街上行驶，行驶的安全监控问题一直令运输单位和消防部门头痛。以前车辆行驶在外，公司只能通过高频电话联系，十分不便。而且一旦发生事故，有关部门不能及时处理。因此建立一套能够对移动目标进行实时监控调度、统一治理的系统显得尤为重要。3G 技术（包括 GPS、GIS、GSM）的发展使建立这样的系统变成可能。利用高科技全面监控危险品车辆，就可以在电子地图上清楚、实时地了解车辆在市区的位置，显示车辆的瞬时速度，同时将每个驾驶员的超速记录、违规路线等信息存储在中心数据库中。

危险品运输车辆对 GPS 监控调度系统的需求特点是：安全运输保障要求高；对报警信息要求快速反应；对车辆运行路线和区域限制严格；对车辆运行速度控制严格。

危险品车辆监控调度系统是集 GPS、GIS 以及 GSM 技术于一体的软、硬件综合系统，主要由三部分组成，即车载终端、无线数据链路和监控中心系统，利用其可对车辆进行统一集中治理和实时监控调度。

二、应用特点

危险品运输车辆 GPS 监控调度系统具有全天候、全路线车辆实时动态监控的功能，主要应用于车辆的跟踪、调度、监视、历史记录查询、安全报警、车辆档案治理等多种用途。

（1）具有强大的车辆正确定位、实时监控、高效调度功能。

（2）具有快速的报警处理机制，将意外情况带来的损失降低到最小限度。

（3）可提供多种监控方式，可对特定区域和线路进行重点监控。

（4）可兼容多种车载终端，赋予用户在硬件选择上的高度灵活性。

（5）可同时支持多种通信方式，包括 GSM/CDMA 短消息、GPRS、集群。

（6）系统具有完整安全以及自动灾难恢复机制，保证系统安全稳定。

（7）具有精确的数字舆图及专业的舆图服务支持。

（8）具有业界领先的高速 2D GIS 及 3D GIS 引擎，特别适合实时监控系统。

三、系统功能

（一）车辆跟踪监控

系统建立起了车辆与监控中心之间迅速、正确、有效的信息传递通道。监控中心可以随时掌握车辆状态，迅速下达调度命令。还可以为车辆提供服务信息，有多种监控方式可供选择。

（二）超速/停车报警

危险品运输车辆一般都有限速行驶的规定，并且运输途中不能随意停车。监控中心可以预先设定限制速度，当车辆的行驶速度超过或者小于规定的阈值时，将自动发出报警信息，以便监控中心采取措施控制，提醒驾驶员留意速度或者要求驾驶员汇报情况。

（三）历史轨迹记录查询

危险品运输车辆在行驶过程中的轨迹信息将被记录保存，方便事后查询。用户可选定过往一时间段，查询该时间段内指定车辆的历史数据，进行历史回显。这是事故分析的得力助手。

（四）紧急报警

当车辆遇到紧急情况时，只需要按下报警按钮，车载终端会自动向监控中心发送报警数据，在监控终端显示出车辆位置，并声光提示。另外，当行驶过程中碰到险情或发生交通事故、车辆故障等情况下，可通过车载报警按钮向监控中心求救。监控中心还可对车内情况进行监听并录音。

（五）区域/偏航报警

为了加大治理力度，一般要求车辆行驶固定路线或者只能在特定区域活动。在系统中为任务车辆预先设置行车路线，任务开始时，车辆行走路线及状态开始被监控及记录，如车辆未按预设行车路线行车或者驶出设定区域，系统将会自动报警，中心可以根据实际情况采取措施。

（六）车辆统一信息治理

系统能够对车辆进行集中统一的信息化治理。治理的内容涵盖车辆车牌号码、车台号码、车型、颜色、发动机号、底盘号码、用途等。系统对车辆的信息进行采集、录入，而后向用户提供修改、删除以及查询功能。

四、系统效益

(1) 全程监控车辆的运行状况，使运输安全真正有保证。

(2) 辅助事故分析，使事故情况有备案。

(3) 统一车辆信息治理，提高治理信息化水平。

(4) 提高事故响应速度，将事故的损失减小到最低限度。

思考题 \\\\\

1. 什么是 GPS？

2. GPS 技术的特点有哪些？

3. GPS 的组成有哪些？

4. 简述 GPS 的工作原理。

5. GPS 在物流领域有哪些具体应用？

项目七

电子数据交换技术

项目简介

电子数据交换（EDI）技术是现代计算机技术与远程通信技术相结合的产物。为竞争国际贸易的主动权，各国的企业界和商业界都积极采用 EDI 技术来改善生产和流通领域的环境，以获得最佳的经济效益。

在物流企业中，货主、承运业主以及其他相关的单位之间，要想利用计算机的数据处理与通信功能，交易双方必须将彼此往来的文件转换成标准格式，并通过通信网络准确地传输给对方，包括货主、承运业主、实际运送货物的交通运输企业、协助单位和其他的物流相关单位。

工作流程

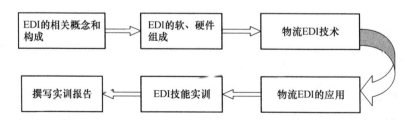

学习目标

（1）了解 EDI 系统的工作模型和工作原理。

（2）掌握物流 EDI 技术的应用。

（3）学会 EDI 的实训操作。

EDI 技术在物流企业中的应用

一、背景

"入世"后，大批的跨国生产企业、零售企业在我国建立生产基地或销售网点。虽然跨国公司在我国的投资进一步增加，但是跨国企业一般在建设之初不会规划太多的物流设施，而是将物流业务外包。同时，我国作为世界制造基地，原材料采购、成品销售会快速增长，我国的进出口贸易也会有较大增长，从而使物流量大大增加。这时就需要强大的第三方物流服务作为支撑。

二、需求分析

第三方物流在发展的过程中对信息的需求越来越明显。

（一）第三方物流是合同物流或契约物流

第三方物流是在物流渠道中由中间商提供的服务，中间商以合同的形式在一定期限内提供企业所需的全部或部分物流服务。

（二）第三方物流企业同货主企业及分供方的关系应该是密切的、长期的合作关系

第三方物流是客户的战略同盟者，而非一般的买卖对象。第三方物流企业在物流链中扮演的是客户战略同盟者的角色。在服务内容上，它为客户提供的不仅仅是一次性的运输或配送服务，而是一种具有长期契约性质的综合物流服务，最终职能是保证客户物流体系的高效运作和不断优化的供应链管理。

（三）第三方物流企业应向客户提供跨越时间、空间的优质服务

第三方物流系统必须使用在互联网环境下能为客户提供跨地域 7×24 h 的不间断服务，能提供运输委托、出/入库委托、配送委托及其他增值服务的功能，实现"以客户为中心"的服务体系。

（四）第三方物流系统应有先进的技术架构和扩展性

第三方物流系统应有先进的技术架构和扩展性，以保证第三方物流系统是一个先进、完整的系统而不是分别独立的系统，并且可与 ERP/CRM 等系统无缝连接；良好的扩展可以保证系统二次开发或增加新的模块和功能时高效，系统维护简单。

（五）第三方物流系统应有往来账目管理功能

第三方物流系统应有很强的账务统计功能，能管理各环节、每笔业务的费用及往来账目。

三、系统构成

广州启宏科技公司研发的第三方物流企业物流解决方案成功地解决了上述问题，并且在第三方物流企业实现"以客户服务为中心"、管理物流资源网络、实现供应链的节点连接方面做了深入的研究和实践，取得了理想的效果。它可以应用于所有第三方物流公司、货代公司（如海运、陆运、空运及多式联运）、制造业、零售业或供应商物流外包等。

系统分为三个子系统：客户端子系统、物流中心端子系统、联盟端子系统。通过这三个子系统，企业可以与联盟伙伴、客户间快速、准确地传递数据，实现企业物流流程优化和智

能化管理，提高企业物流的运营管理能力和工作效率。企业可以精确地计算出物流活动的成本，有效管理物流渠道中的商流和资金流。

（一）客户端子系统

客户端子系统可以网上下达运输指令、仓库作业指令、配送指令，可以查询运价、库存报告、账单统计，可以跟踪货物状态等。

（二）物流中心端子系统

物流中心端子系统可以审核客户的各种指令，对陆、海、空、多式联运委托进行任务分发和业务操作，下达指令给运输和仓储联盟企业，全程跟踪货物状态，统计管理每票货费用及物流公司与客户、联盟企业的往来账目，可以提供电子报关、网上商检/检验/检疫、网上保险等服务接口。

（三）联盟端子系统

联盟端子系统可以查询指令及与物流公司的往来账目等。

四、系统特点

（一）高开放性

基于 Internet 技术，无时间空间限制；客户端采用浏览器，无须分发，将系统维护工作量降到最低。

（二）高智能性

可通过 XML/EDI、WEB、E‑MAIL、FAX、手机等多种沟通渠道与第三方以及客户交换信息。

（三）高集成性

可与运输系统、ERP 系统、GPS 系统、仓储管理系统以及其他贸易网站连接，形成流畅的供应链管理。

（四）高适应性

适应于海运、陆运、空运、多式联运及仓储等。

五、应用效果

物流 EDI 的优点在于供应链组成各方基于标准化的信息格式和处理方法，通过 EDI 共同分享信息、提高流通效率、降低物流成本。

应用传统的 EDI 成本较高，一是因为通过 VAN 进行通信的成本高；二是因为制定和满足 EDI 标准较为困难。但近年来，由于互联网的迅速普及，为物流信息活动提供了快速、简便、廉价的通信方式，所以，互联网将为企业实施物流 EDI 提供坚实的基础。

（一）EDI 在生产企业的应用

相对于物流公司而言，生产企业与其交易伙伴间的商业行为大致可分为接单、出货、催款及收款作业，其间往来的单据包括采购进货单、出货单、催款对账单及付款凭证等。

（1）生产企业引入 EDI 是为数据传输时，可选择低成本的方式引入采购进货单，接收客户传来的 EDI 订购单报文，将其转换成企业内部的订单形式。

（2）如果生产企业应用 EDI 的目的是改善作业，可以同客户合作，依次引入采购进货单、出货单及催款对账单，并与企业内部的信息系统集成，逐渐改善接单、出货、对账及收款作业。

（二）EDI 在批发商中的应用

批发商因其交易特性，其相关业务包括向客户提供产品以及向厂商采购商品。

（1）批发商如果是为了数据传输而引入 EDI，可选择低成本方式。

（2）批发商若为改善作业流程而引入 EDI，可逐步引入各项单证，并与企业内部信息系统集成，改善接单、出货、催款的作业流程，或改善订购、验收、对账、付款的作业流程。

（三）EDI 在系统运输业务中的应用

运输企业以其强大的运输工具和遍布各地的营业点在流通业中扮演了重要的角色。

（1）运输企业若为数据传输而引入 EDI，可选择低成本方式。先引入托运单，接收托运人传来的 EDI 托运单报文，再将其转换成企业内部的托运单格式。

（2）运输企业若引入 EDI 是为改善作业流程，可逐步引入各项单证，且与企业内部信息系统集成，进一步改善托运、收货、送货、回报、对账、收款等作业流程。

（四）EDI 能解决什么问题

1. 节约时间和降低成本

单证由于在贸易伙伴之间的传递是完全自动的，所以不再需要输入、传真和电话通知等重复性的工作，从而可以极大地提高企业的工作效率，降低运作成本，使沟通更快捷。

2. 提高管理和服务质量的手段之一

将 EDI 技术与企业内部的仓储管理系统、自动补货系统、订单处理系统等企业 MIS 系统集成使用之后，可以实现商业单证快速交换和自动处理，简化采购程序、降低营运资金及存货量、改善现金流动情况等，也使企业可以更快地对客户的需求进行响应。

3. 业务发展的需要

目前，许多国际和国内的大型制造商、零售企业、大公司等对于贸易伙伴都有使用 EDI 技术的需求。当这些企业评价一个新的贸易伙伴时，其是否具有 EDI 的能力是一个重要指标。某些国际著名的企业甚至会减少和取消给那些没有 EDI 能力的供应商的订单。因此，采用 EDI 是企业提高竞争能力的重要手段之一。

（五）EDI 业务应用领域

1. 商业贸易领域

在商业贸易领域，通过采用 EDI 技术，可以将不同制造商、供应商、批发商和零售商等商业贸易之间各自的生产管理、物料需求、销售管理、仓库管理、商业 POS 系统有机地结合起来，从而使这些企业大幅提高其经营效率，并创造出更高的利润。商贸 EDI 业务特别适用于那些具有一定规模的、具有良好计算机管理基础的制造商，采用商业 POS 系统的批发商和零售商，为国际著名厂商提供产品的供应商。

2. 运输业领域

在运输行业，通过采用集装箱运输电子数据交换业务，可以将船运、空运、陆运、外轮代理公司、港口码头、仓库、保险公司等企业之间各自的应用系统联系在一起，解决传统单证传输过程中的处理时间长、效率低下等问题，可以有效提高货物运输能力，实现物流控制电子化，从而实现国际集装箱多式联运，进一步促进港口集装箱运输事业的发展。

3. 通关自动化

在外贸领域，通过采用 EDI 技术，可以将海关、商检、卫检等口岸监管部门与外贸公司、来料加工企业、报关公司等相关部门和企业紧密地联系起来，可以避免企业多次往返多个外贸管理部门进行申报、审批等，从而大大简化进出口贸易程序，提高货物通关的速度，最终达到改善经营投资环境，加强企业在国际贸易中的竞争力的目的。

4. 其他领域

税务、银行、保险等贸易链路等多个环节之中，EDI 技术同样也有着广泛的应用前景。通过 EDI 和电子商务技术（ECS），可以实现电子报税、电子资金划拨（EFT）等多种应用。

（六）EDI 的技术特点

EDI 最大的技术特点主要体现在：EDI 单证是通过专用的 EDI 增值网络进行交换的。由于 EDI 单证大多是具有一定商业价值的商业单证，通过有专门机构管理的 EDI 增值网络进行交换，具有较高的安全性和可靠性。这一点是目前 Internet 技术还不能解决的问题。随着现代科技的迅猛发展，EDI 技术也在与包括 Internet 技术在内的其他先进技术不断融合，为用户提供更灵活、多样、简便的使用方式，使其自身拥有更广阔的电子商务服务领域。不论用户内部 MIS 系统的应用程序和数据格式有何不同，在通过 EDI 增值网络进行交换之前，都采用一种叫作"翻译器"的软件将不同的数据格式翻译成符合国际标准的 EDI 格式。正是这种方法，使得不同用户的不同应用系统之间自动交换数据成为可能。

任务一　EDI 技术概述

在当今世界，信息技术正以其强大的渗透力深入到社会生活的各个领域。在商业、金融、物流等领域，电子数据交换技术作为一种新的商务手段，正在被广泛应用，以取代传统的商务交易方式。

在 20 世纪 60 年代以前，人们就已经用电报报文发送商务文件；20 世纪 70 年代又普遍采用方便、快捷的传真机来替代电报，但由于传真文件是通过纸面打印来传递和管理信息的，不能将信息直接转入到计算机信息管理系统中，数据的重复录入量较大。

20 世纪 70 年代末，应用于企业间的电子数据交换（EDI）技术和银行间的电子资金转账（Electronic Fund Transfer，EFT）技术作为电子商务应用系统的雏形出现了。

有关 EDI 的最初想法来自美国的运输业，原因是运输业流通量大，货物和单证的交接次数多，而单证的交接速度常常赶不上货物的运输速度。当时的贸易商们在使用计算机处理各类商务文件时还发现，由人工输入到一台计算机中的数据 70% 是来源于另一台计算机输出的文件，过多的人为因素也影响了数据的准确性和工作效率的提高。这就促成了 1977 年第一个 EDI 标准的发表。

应用 EDI 可以使交易双方将交易过程中产生的各种单据以规定的标准格式在双方的计算机系统上进行端对端的数据传送和自动处理，减少了文字工作并提高了自动化水平，从而使企业实现"无纸贸易"；简化业务流程，减少了由于人工操作失误带来的损失，能够大大地提高工作效率，降低交易成本，加强贸易伙伴之间的合作关系。因此，实用的 EDI 电子商务在 20 世纪 80 年代得到了较快的发展，在国际贸易、金融、海关业务、航空公司、连锁店及制造业等领域得到了大量的应用。

多年来，EDI 已经演进成多种不同的技术。在 20 世纪 90 年代之前，出于安全的考虑，EDI 和 EFT 是通过租用计算机传输线路在专用网络上实现的，使用成本非常高。同时，EDI 对技术、设备和人员都有较高的要求。受这些因素的制约，基于 EDI 的电子商务仅局限在先进国家和地区以及大型企业范围内应用。

一、EDI 的概念

（一）EDI 的概念、构成

1. EDI 的概念

EDI 是信息技术向商贸领域渗透并与国际商贸实务相结合的产物。相对于目前通用的电子商务，EDI 是一种大企业专有的"特权电子商务"，是由初期电子商务到现代电子商务承前启后的重要阶段，是由"商务电子化"向"电子化商务"演变过程中产生质变关键的一环。

EDI 的发展至少经历了 20 多年，人们将 EDI 称为"无纸贸易"，将电子转账称为"无纸付款"。EDI 最初是来自于 EBDI（Electronic Business Document Exchange，即电子商业单证交换）。其最基本的商业意义在于由计算机自动生成商业单据，如订单、发票等，然后通过电信网络传输给商业伙伴。

真正推进 EDI 发展的是那些独立的 EDI 网络增值服务商。EDI 实现了贸易"无纸化"，因而能节省时间、节省费用、减少错误、减少库存、改善现金流动。

美国国家标准局 EDI 标准委员会对 EDI 的解释是："EDI 指的是在相互独立的组织机构之间所进行的标准格式、非模糊的具有商业或战略意义的信息传输。"

联合国 EDIFACT 培训指南认为，"EDI 指的是在最少的人工干预下，在贸易伙伴的计算机应用系统之间标准格式数据的交换。"

可以将 EDI 的概念定义为：EDI 是参加商业运作的双方或多方按照协议，对具有一定结构的标准商业信息，通过数据通信网络在参与方计算机之间所进行的传输和自动处理过程。

EDI 电子传输的核心内容是商业信息和商业单证，如订单、发票、付款通知、付款凭证、交货凭证等。

EDI 使商业伙伴之间的关系更加密切，从而使企业销售人员的角色发生微妙变化。如网上在线订单系统和网上在线客户信息系统将会对拥有庞大对外销售的行业产生重要影响。

2. EDI 的构成

数据的标准化使各组织之间的不同文件格式，通过共同的标准，获得彼此之间文件交换的目的。EDI 的构成主要由软件、硬件和通信网络组成，如图 7.1 所示。

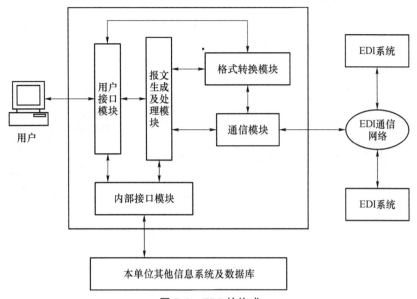

图 7.1　EDI 的构成

（1）EDI 软件。EDI 软件具有将用户数据库系统中的信息，译成 EDI 的标准格式，以供传输交换。构成 EDI 软件系统的软件按其所实现的功能可分为用户接口模块、内部接口模块、报文生成及处理模块、格式转换模块和通信模块共 5 个模块。

①用户接口模块。业务管理人员用此模块进行输入、查询、统计等，了解市场变化。

②内部接口模块。内部接口模块是 EDI 系统与本单位内部其他信息系统及数据库的接口。

③报文生成及处理模块。报文生成模块及处理模块是接收来自用户接口模块和内部接口模块的命令和信息，并生成报文，同时自动处理由其他 EDI 系统发来的报文。

④格式转换模块。格式转换模块是对所有 EDI 单证进行格式转换、语法检查。

⑤通信模块。通信模块是 EDI 系统与 EDI 通信网络的接口。

（2）EDI 硬件。EDI 硬件系统的构成包括计算机、调制解调器（Modem）及通信线路等。

有 4 种基本类型的计算机平台可以用来实行 EDI，即：只使用一台主机或中型机、只使用一台计算机、使用计算机作为主机的前端处理器、专用的 EDI 操作系统。

（3）通信网络。通信网络是实现 EDI 的途径。EDI 通信方式有多种，主要有直接连接和增值网络。

①直接连接。直接连接包括点对点、一点对多点、多点对多点，如图 7.2 所示。点对点方式即 EDI 按照约定的格式，通过通信网络进行信息的传递和终端处理，完成相互的业务交往。早期的 EDI 通信一般都采用此方式，但它有许多缺点，如当 EDI 用户的贸易伙伴不再是几个而是几十个甚至几百个时，这种方式很费时间，需要许多重复发送。同时这种通信方式是同步的，不适合跨国家、跨行业之间的应用。

②增值网络。增值网络是那些增值数据业务（VADS）公司利用已有的计算机与通信网络设备，除完成一般的通信任务外增加 EDI 的服务功能，如图 7.3 所示。VADS 公司提供给

EDI 用户的服务主要是租用信箱及协议转换，后者对用户是透明的。信箱的引入，实现了 EDI 通信的异步性，提高了效率，降低了通信费用。另外，EDI 报文在 VADS 公司自己的系统（即 VAN）中传递也是异步的，即存储转发的。

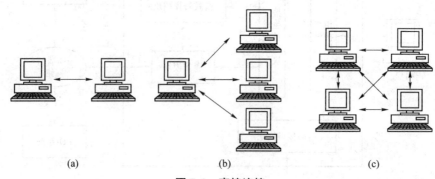

图 7.2　直接连接

（a）点对点；（b）一点对多点；（c）多点对多点

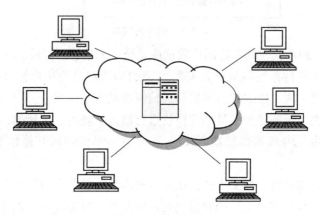

图 7.3　增值网络

（二）EDI 的特点和作用

1. EDI 的特点

EDI 是计算机系统之间所进行的电子信息传输。通过 EDI 传递的商业文件，具有标准化、规范化的文件格式，便于计算机自动识别与处理。采用电子化的方式传送，传输过程无须人工介入，无须纸张文件，可大大提高工作效率，消除许多无谓的重复工作，节省交易双方的支出。EDI 的使用改善了客户关系，拓展了用户群。EDI 具有以下特点：

（1）EDI 使用电子方法传递信息和处理数据。EDI 一方面用电子传输的方式取代了以往纸单证的邮寄和递送，从而提高了传输效率；另一方面通过计算机处理数据取代人工处理数据，从而减少了差错和延误。

（2）EDI 采用统一标准编制数据信息。这是 EDI 与电传、传真等其他传递方式的重要区别，电传、传真等并没有统一的格式标准，而 EDI 必须有统一的标准方能运作。

（3）EDI 是计算机应用程序之间的连接。一般的电子通信手段是人与人之间的信息传递，传输的内容即使不完整、格式即使不规范，也能被人所理解。这些通信手段仅仅是人与人之间的信息传递工具，不能处理和返回信息。EDI 实现的是计算机应用程序与计算机应用程序之间的信息传递与交换。由于计算机只能按照给定的程序识别和接收信息，所以电子单证必须符合标准的格式并且内容完整准确。在电子单证符合标准且内容完整的情况下，EDI系统不但能识别、接收、存储信息，还能对单证数据信息进行处理，自动制作新的电子单据并传输到有关部门。在有关部门就自己发出的电子单证进行查询时，计算机还可以反馈有关信息的处理结果和进展状况。在收到一些重要的电子邮件时，计算机还可以按程序自动产生电子收据并传回对方。

（4）EDI系统采用加密防伪手段。EDI系统有相应的保密措施，EDI传输信息的保密功能通常是采用密码系统，各用户掌握自己的密码，可打开自己的"邮箱"取出信息，外人却不能打开这个"邮箱"，有关部门和企业发给自己的电子信息均自动进入自己的"邮箱"。一些重要信息在传递时还要加密，即把信息转换成他人无法识别的代码，接收方的计算机按特定程序译码后还原成可识别的信息。为防止有些信息在传递过程中被篡改，或防止有人传递假信息，还可以使用证实手段，即将普通信息与转变成代码的信息同时传递给接收方，接收方把代码翻译成普通信息进行比较，如二者完全一致，可知信息未被篡改，也不是伪造的信息。

2. EDI与其他通信的区别

（1）EDI传输的是格式化的标准文件，并具有格式校验功能。而传真、用户电报和电子信箱等传送的是自由格式的文件。

（2）EDI实现计算机到计算机的自动传输和自动处理，其对象是计算机系统。而传真、用户电报和电子信箱等的用户是人，接收到的报文必须人为干预或人工处理。

（3）EDI对于传送的文件具有跟踪、确认、防篡改、防冒领、电子签名等一系列安全保密功能。而传真、用户电报没有这些功能。虽然电子信箱具有一些安全保密功能，但它比EDI的层次低。

（4）EDI文本具有法律效力，而传真和电子信箱则没有。

（5）传真是建立在电话上，用户电报是建立在电报网上，而EDI和电子信箱都是建立在分组数据通信网上。

（6）EDI和电子信箱都建立在计算机通信网开放式系统互连模型（OSI）的第七层上，而且都是建立在MHS（消息处理系统）通信平台之上，但EDI比电子信箱要求的层次更高。

（7）传真目前大多为实时通信，EDI和电子信箱都是非实时的，具有存储转发的功能。因此，不需用户双方联机操作，解决了计算机网络同步处理的困难和低效率。如果利用信箱系统，也可实现传真的存储转发。

例：在传统方式下，贸易单证的传递方式如图7.4所示。在EDI方式下，贸易单证的传递方式如图7.5所示。

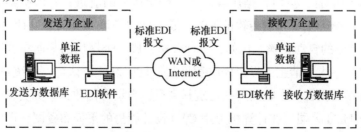

图7.4　贸易单证的传递方式（传统方式）

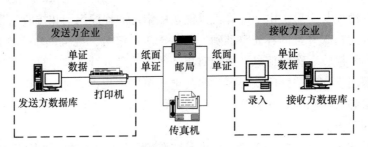

图 7.5　贸易单证的传递方式（EDI 方式）

3. 使用 EDI 的优点

（1）降低纸张的消费。

（2）减少许多重复劳动，提高了工作效率。

（3）EDI 使贸易双方能够以更迅速有效的方式进行贸易，简化了订货或存货的过程。

（4）通过 EDI 可以改善贸易双方的关系。

与传真或电子邮件的区别：

（1）传真或电子邮件，需要人工判断才能将资料重复输入计算机系统中，浪费人力资源，也容易发生错误。而 EDI 尽量避免人工的介入操作，由收发双方的计算机系统直接传送，交换资料。

（2）邮件没有标准化格式，而 EDI 采用了标准化格式。

二、EDI 的分类

根据功能，EDI 可分为以下四类：

第一类是前面所述的订货信息系统，又称为贸易数据互换系统（Trade Data Interchange，TDI），是最基本的，也是最知名的 EDI 系统，主要通过电子数据文件来传输订单、发货票和各类通知。

第二类是电子金融汇兑系统（Electronic Fund Transfer，EFT），即在银行和其他组织之间实行电子费用汇兑。EFT 已使用多年，但它仍在不断地改进。它最大的改进是同订货系统联系起来，形成一个自动化水平更高的系统。

第三类是交互式应答系统（Interactive Query Response）。它可应用在旅行社或航空公司的机票预订系统。这种 EDI 在应用时要询问到达某一目的地的航班，要求显示航班的时间、票价或其他信息，然后根据旅客的要求确定所要的航班，打印机票。

第四类是带有图形资料自动传输的 EDI。最常见的是计算机辅助设计（Computer Added Design，CAD）图形的自动传输。比如，设计公司完成一个厂房的平面布置图，将其平面布置图传输给厂房的主人，请主人提出修改意见。一旦该设计被认可，系统将自动输出订单，发出购买建筑材料的报告。在收到这些建筑材料后，自动开出收据。如美国一个厨房用品制造公司——Kraft Maid 公司，在计算机上用 CAD 设计厨房的平面布置图，再用 EDI 传输设计图纸、订货收据等。

三、EDI 的标准

EDI 是电子商业贸易的一种工具，能将商业文件（如日常咨询、计划、询价、进出口许可证、合同、订单、发票、货运单、报关单、收货通知单和提单等信息）按统一的标准编制成计算机能识别和处理的数据格式，在计算机之间进行传输。目前正在开发用于政府、广告、教育、司法、保险等领域的 EDI 标准。EDI 报文能被不同的贸易伙伴的计算机系统识别和处理，其关键就在于数据格式的标准化，即 EDI 标准。构成 EDI 系统的三个要素是 EDI 软硬件、通信网络以及 EDI 标准。EDI 标准是整个 EDI 系统最关键的部分，也正是 EDI 的成功之处。目前，国际上流行的两大 EDI 标准体系：一是由联合国欧洲经济委员会（UN/ECE）制定颁布的《行政、商业和运输用电子数据交换规则》（EDIFACT），另一个是流行于北美的美国标准 ANSI X.12。EDI 标准主要提供语法规则、数据结构定义、编辑规则和协定、已出版的公开文件。

1. EDI 标准的作用

（1）EDI 标准保证了计算机网络自动传送和计算机自动处理文件及数据得以实现。

（2）EDI 标准保证了网络传输全程实现审计跟踪，这样大大提高了商业文件传送的透明度和可靠性。

（3）标准化的 EDI 格式转换保证了不同国家、不同地区、不同企业的各种商业文件（如单证、回执、载货清单、验收通知、出口许可证、原产地证等）得以无障碍电子化交换。

2. EDI 标准的基本内容

（1）EDI 基础标准。EDI 标准的核心由 EDIFACT 基础标准和 EDI 其他基础标准两部分组成。

（2）EDI 单证标准。EDI 报文标准源于相关业务，而业务的过程则以单证体现。单证标准化的主要目标是统一单证中的数据元和纸面格式，内容相当广泛。主要单证标准有单证标准编制原则、贸易单证式样、进口许可证式样、出口许可证标准等。

（3）EDI 报文标准。EDI 报文标准是每一个具体应用数据的结构化体现，所有的数据都以报文的形式传输出去或接收。涉及商贸、运输、金融、海关、保险、税收等诸多领域，有近 200 种报文标准。

（4）EDI 代码标准。在 EDI 传输的数据中，除了公司名称、地址、人名和一些自由文本内容外，几乎大多数数据都以代码形式发出，便于交换各方理解收到信息的内容。代码标准是 EDI 实现过程中不可缺少的一个组成部分，分为通用代码标准和系统内部代码标准两大类。

（5）EDI 通信标准。计算机网络通信是 EDI 得以实现的必备条件。EDI 通信标准是顺利以 EDI 方式发送或接收数据的基本保证，主要分为 EDI 信息处理系统标准和 EDI 信息处理业务标准两大类。

（6）安全标准。由于经 EDI 传输的数据会涉及商业秘密、金额、订货数量等内容，为防止数据的篡改、遗失，必须通过一系列安全保密的规范予以保证。

（7）管理标准。EDI 管理标准体系主要涉及 EDI 标准维护的有关评审指南和规则。

（8）EDI 应用标准。EDI 应用标准体系主要指在应用过程中用到的字符集标准及其他相关标准。

任务二　物流 EDI

EDI 最初是由美国企业应用在企业间订货业务活动中的电子数据交换系统，其后 EDI 的应用范围从订货业务向其他业务扩展，如 POS 销售信息传送业务、库存管理业务、发货送货信息和支付信息的传送业务等。近年来 EDI 在物流中被广泛应用，称为物流 EDI。

一、物流 EDI 概述

物流 EDI 是指货主、承运业主以及其他相关的单位之间，通过 EDI 系统进行物流数据交换，并以此为基础实施物流作业活动的方法。

物流 EDI 参与的单位有发送货物业主（如生产厂家、贸易商、批发商、零售商等）、承运业主（如独立的物流承运企业等）、实际运送货物的交通运输企业（铁路企业、水运企业、航空企业、公路运输企业等）、协助单位（政府有关部门、金融企业等）和其他的物流相关单位（如仓库业者、专业报送者等）。

二、物流 EDI 的软件和硬件

实现 EDI，需要配备相应的 EDI 软件和硬件。

1. 物流 EDI 软件

EDI 软件将用户数据库系统中的信息译成 EDI 的标准格式，以供传输和交换使用。EDI 标准具有足够的灵活性，可以适应不同行业的众多需求，然而，每个公司有其自己规定的信息格式，因此，当需要发送 EDI 电文时，必须用某些方法从公司的专有数据库中提取信息，并把它翻译成 EDI 标准格式进行传输，这就需要 EDI 相关软件的帮助。

物流 EDI 软件可分为转换软件、翻译软件和通信软件三大类，其软件构成如图 7.6 所示。

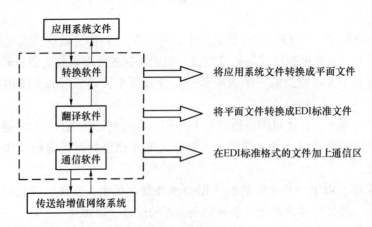

图 7.6　EDI 软件构成

（1）转换软件（Mapper）。转换软件可以帮助用户将原有计算机系统的文件或数据库中的数据转换成翻译软件能够理解的平面文件（Flat file），或是将从翻译软件接收来的平面文件转换成原计算机系统中的文件。

（2）翻译软件（Translator）。翻译软件将平面文件翻译成 EDI 标准格式，或将接收到的 EDI 标准格式翻译成平面文件。

（3）通信软件。通信软件将 EDI 标准格式的文件外层加上通信信封（Envelope），再送到 EDI 系统交换中心的邮箱（Mailbox），或从 EDI 系统交换中心内将接收到的文件取回。

2. 物流 EDI 的硬件

物流 EDI 的硬件设备大致有计算机、调制解调器（Modem）及通信线路。

通信线路一般最常用的是电话线路，如果传输时效及资料传输量上有较高的要求，可以考虑租用专线（Leased Line）。

三、物流 EDI 的工作过程

物流 EDI 的实现过程就是用户将相关数据从自己的计算机信息系统传送到有关交易方的计算机信息系统的过程，该过程因用户应用系统及外部通信环境的差异而不同。在由 EDI 增值服务的条件下，这个过程分为以下几个步骤。

1. 映射生成平面文件

发送方将要发送的数据从信息系统数据库中提取，转换成平面文件。

2. 翻译生成标准文件

EDI 翻译软件将平面文件翻译为 EDI 标准文件，并组成 EDI 信件。

3. 通信

由通信软件完成，用户通过通信网络，接入 EDI 信箱系统，将 EDI 电子单证投递到对方的信箱中。EDI 信箱系统自动完成投递和转接，并按通信协议检查信封、信头、信尾、投送地址、安全要求等。通信参数文件一般包含电话拨号、网络地址或其他的特殊地址符号，以及表示停顿、回答和反应的动作描述码。

4. EDI 文件的接收和处理

接收方从 EDI 信箱收取信件，将 EDI 信件拆分并译成平面文件，并送到接收方信息系统中进行处理。

对一个生产企业来说，其 EDI 系统的工作过程可以描述为：企业收到一份 EDI 订单，系统自动处理该订单，检查订单是否符合要求；然后通知企业内部管理系统安排生产；向零配件供应商订购零配件；向交通运输部门预订货运集装箱；向海关、商检等部门报关、报检；通知银行并给订货方开发票；向保险公司申请保险单等。从而使整个商贸活动在最短的时间内准确完成，如图 7.7 所示。

具体流程如下：

（1）贸易文件通过企业计算机编制或从数据库中调出。

（2）EDI 转换软件自动将贸易文件转换为平面文件。

（3）EDI 翻译软件将生成的平面文件翻译成 EDI 标准格式的文件。

（4）通信软件将 EDI 标准格式文件外层加上通信信封后，通过通信网络发送给对方。

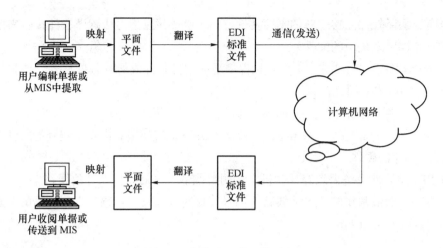

图 7.7　物流 EDI 的工作过程

（5）对方贸易伙伴在收到信息后，按相反的操作将 EDI 标准格式文件转化为企业的贸易文件。

四、物流 EDI 的工作流程

物流 EDI 的工作流程如图 7.8 所示。

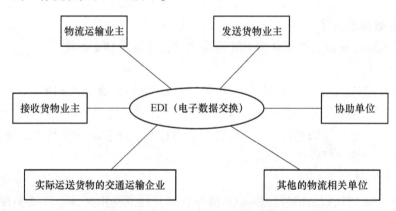

图 7.8　物流 EDI 的工作流程

（1）发送货物业主（如生产厂家）在接到订货后制订货物运送计划，并把运送货物的清单及运送时间安排等信息通过 EDI 发送给物流运输业主和接收货物业主（如零售商），以便物流运输业主预先制订车辆调配计划和接收货物业主制订货物接收计划。

（2）发送货物业主依据顾客订货的要求和货物运送计划下达发货指令、分拣配货、打印出物流条形码的货物标签（即 SCM 标签，Shipping Carton Marking）并贴在货物包装箱上，同时把运送货物的品种、数量、包装等信息通过 EDI 发送给物流运输业主和接收货物业主，并依据请示下达车辆调配指令。

（3）物流运输业主在向发送货物业主取运货物时，利用车载扫描读数仪读取货物标签的物流条形码，并与先前收到的货物运输数据进行核对，确认运送货物。

（4）物流运输业主在物流中心对货物进行整理、集装，做成送货清单并通过 EDI 向接收货物业主发送发货信息，在货物运送的同时进行货物跟踪管理，并在货物交给接收货物业主之后，通过 EDI 向发送货物业主发送完成运送业务信息和运费请示信息。

（5）接收货物业主在货物到达时，利用条码扫描仪读取货物标签的物品条形码，并与先前收到的货物运输数据进行核对确认，开出收货发票，将货物入库。同时通过 EDI 向物流运输业主和发送货物业主发送收货确认信息。

EDI 的好处已日益明显，运费和海关单据使用 EDI，使承运人、货运代理和跨国的产品流大大受益。在零库存的作业中使用 EDI，使运作效率有了很大的提高，在销售环节中使用 EDI 能减少交易费用并降低存货，这在欧美等一些发达国家尤为明显。目前，EDI 对采购业务有着很重要的影响，它不仅是一种通信用的业务交易工具，也是一种通过联合设计、计划、交换预测数据等与其他组织协调的方式。

EDI 的竞争优势不仅在于作为通信工具的运用，而且在于它使组织内部和组织之间的竞争结构发生变化。EDI 的交互效用可以分成与供应商有关的、内部的和与客户有关的三个方面。在买方为主导的市场上，EDI 迫使它们整合成较少的客户；而在卖方为主导的市场上，EDI 可以为市场设计一些附加超值服务，如通过监控客户存货而自动地追加订货，收集即时市场信息为生产计划增加灵活性和反应能力等。

EDI 对于组织供应链的意义表现为：在不必连续接触的情况下，EDI 能加强组织内部的协调。

任务三 EDI 在物流行业中的应用

一、物流 EDI 系统

物流 EDI 系统的构成要素包括标准、系统和通信。物流 EDI 系统的主要功能是提供报文转换。企业应用 EDI 一般有三种不同的目的：数据传输、改善作业、企业再造。对于不同的目的，EDI 的功能、所需的人力、时间与成本等是不一致的，具体如表 7.1 所示。

表 7.1 EDI 的功能比较

目的	数据传输	改善作业	企业再造
功能	维持订单、减少人工输入、降低错误	与业务系统集成、缩短作业时间、发现错误、提高传输可靠性	提高企业竞争力
参与人员	作业人员	业务主管	决策主管
初期成本	小	较小	——
引入时间	1 个月	2~4 个月	1 年
条件	计算机	管理信息系统	管理信息系统
实现方式	多引入频繁发生且各不相同的业务单据	引入相关业务单据，并与自身系统集成	借 EDI 的引入完成企业流程再造

二、EDI 在物流业中的应用

将 EDI 技术与企业内部的仓储管理系统、自动补货系统、订单处理系统等企业 MIS 系统集成使用之后，可以实现商业单证快速交换和自动处理，简化采购程序、减低营运资金及存货量、改善现金流动情况等，也使企业可以更快地对客户的需求进行响应。目前，许多国际和国内的大型制造商、零售企业、大公司等对于贸易伙伴都有使用 EDI 技术的需求。因此，采用 EDI 是企业提高竞争能力的重要手段之一。

（一）物流公司的 EDI 应用

物流公司是供应商与客户之间的桥梁，它对调节产品供需、缩短流通渠道、解决不经济的流通规模及降低流通成本有极大的作用。

相对于物流公司而言，生产企业与其交易伙伴间的商业行为大致可分为接单、出货、催款及收款作业，其间往来的单据包括采购进货单、出货单、催款对账单及付款凭证等。

（1）生产企业引入 EDI 是为数据传输时可选择低成本的方式引入采购进货单，接收客户传来的 EDI 订购单报文，将其转换成企业内部的订单形式。

（2）如果生产企业应用 EDI 的目的是改善作业，可以同客户合作，依次引入采购进货单、出货单及催款对账单，并与企业内部的信息系统集成，逐渐改善接单、出货、对账及收款作业。

（二）配送中心的 EDI 应用

配送中心扮演了连接供应商与客户的角色，它对调节产品供需、缩短流通渠道、解决不经济的流通规模及降低流通成本起到极大的作用，如图 7.9 所示。

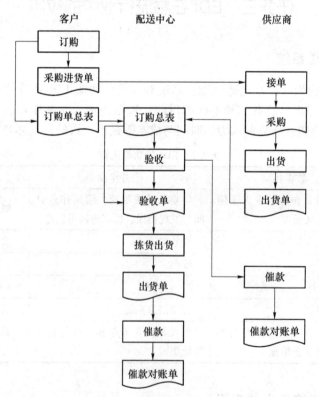

图 7.9　EDI 在配送中的应用

配送中心引入 EDI 可改善作业流程。如引入 EDI 出货单后可与自己的拣货系统集成，生成拣货单，这样就可以加快内部作业速度，缩短配货时间；在出货完成后，可将出货结果用 EDI 通知客户，使客户及时知道出货情况，也可尽快处理缺货情况。

对于每月的出货配送业务，可引入 EDI 催款对账单，同时开发对账系统，并与出货配送系统集成而生成对账单，这样可以减轻财务部门每月的对账工作量，降低对账的错误率，减少业务部门的催款人力。

（三）制造商的 EDI 应用

制造商与其交易伙伴间的商业行为大致可分为接单、出货、催款及收款作业，其间往来的单据包括采购进货单、出货单、催款对账单及付款凭证等。

制造商应用 EDI 的优点是：

（1）不需要为配合不同供应商而使用不同的电子订货系统。

（2）不需要重新输入订单数据，从而节省人力和时间，同时减少人为错误。

（四）批发商的 EDI 应用

批发商如果是为了数据传输而引入 EDI，可选择低成本方式。批发商若为改善作业流程而引入 EDI，可逐步引入各项单证，并与企业内部信息系统集成，改善接单、出货、催款的作业流程，或改善订购、验收、对账、付款的作业流程。批发商因其交易特性，其相关业务包括向客户提供产品以及向厂商采购商品。

EDI 采购进货单传送的优点是：

（1）不需要为配合不同厂商而使用不同的电子订货系统。

（2）使厂商提早收到订单，及时处理，加快送货速度。

（3）避免了重复输入数据，节省了人力和时间，同时降低了人为错误。

（五）运输商的 EDI 应用

在运输行业，通过采用集装箱 EDI，可以将船运、空运、陆运、外轮代理公司、港口码头、仓库、保险公司等企业的应用系统联系在一起，从而解决传统单证传输过程处理时间长、效率低等问题，有效提高货物的运输能力，实现物流控制电子化，如图 7.10 所示。

物流运输行业使用 EDI 技术可改善托运、收货、送货、回报、对账、收款等作业流程。EDI 托运数据可与发送系统集成，自动生成发送明细单；托运数据可与送货的回报作业集成，将进货结果及早回报给托运人，提高客户服务质量。另外，还可回报运费，供客户提早核对并可运用 EDI 催款对账单向客户催款。

企业可先引入托运单，接收托运人传来的 EDI 托运单报文，将其转换成企业内部的托运单格式。其优点是：

（1）事先得知托运货物的详情，包括箱数、重量等，以便调配车辆。

（2）不需重新输入托运单数据，节省人力和时间，减少人为错误。

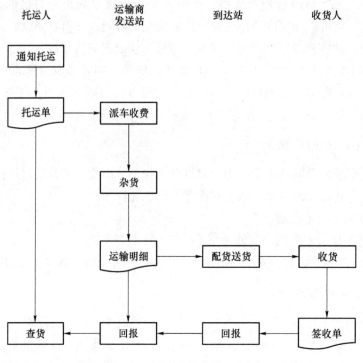

图 7.10　EDI 在运输业的应用

1. 商业贸易领域

在商业贸易领域，通过采用 EDI 技术，可以将不同制造商、供应商、批发商和零售商等商业贸易之间各自的生产管理、物料需求、销售管理、仓库管理、商业 POS 系统有机地结合起来，从而使这些企业大幅提高其经营效率，并创造出更高的利润。

2. 其他领域

在税务、银行、保险等贸易链路的多个环节之中，EDI 技术同样也具有广泛的应用前景。通过 EDI 和电子商务技术（ECS），可以实现电子报税、电子资金划拨（EFT）等多种应用。

EDI 在海关中的应用如图 7.11 所示。

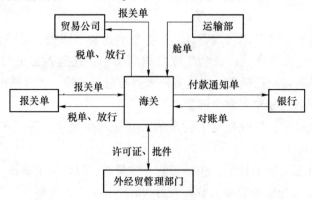

图 7.11　EDI 在海关中的应用

EDI 在商检中的应用如图 7.12 所示。

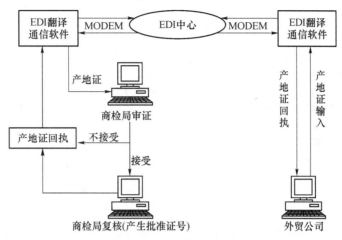

图 7.12　EDI 在商检中的应用

任务四　物流企业信息化技能实训

一、情境设置

EDI 的过程原理如图 7.13 所示。

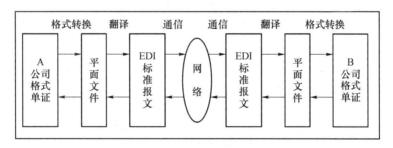

图 7.13　EDI 的过程原理

二、实训目的

（1）掌握 EDI 技术的基本原理。
（2）了解 Excel 中宏的功能。
（3）学会实训报告的撰写。

三、实训准备

（1）学生在进行任务之前，学习和查阅与信息相关的理论知识点。
（2）学生要熟悉 Excel 中宏的使用。
（3）每位学生一台计算机，安装 Windows 2000 以上软件操作系统，能够登录 Internet，并安装有 Excel 软件。

四、实训步骤

（1）给学生安排任务。

（2）学生根据具体的流程进行操作。

（3）完成调研报告的撰写。

五、具体操作步骤

1. 设置 Excel 宏选项

打开"Excel"表格，依次单击菜单中的"工具""宏""安全性"命令，如图 7.14 所示。此时系统会出现如图 7.15 所示的"安全性"对话框，将其选择"中"或"低"，一般选择"中"。这样，一旦系统运行"宏"时会给出提示。

图 7.14　进入 Excel 宏设置选项

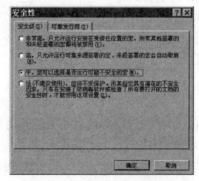

图 7.15　"安全性"对话框

2. 打开 EDI 演示文件，查看 EDI 相关文件格式

打开 EDI 演示文件"电子数据交换模拟 .xls"，如图 7.16 所示。进入 Excel 后，系统会出现图 7.17 所示的"安全警告"界面。

图 7.16　"打开"对话框　　　　　　　　　　图 7.17　"安全警告"界面

单击【启用宏】按钮出现图 7.18 所示的画面，这是一张出口商品检验申请单，单击该检验单右侧的【映射到平面文件】按钮，将其映射到平面文件，如图 7.19 所示。继续单击【翻译到 EDI 报文】按钮，出现图 7.20 所示的 EDI 报文格式。

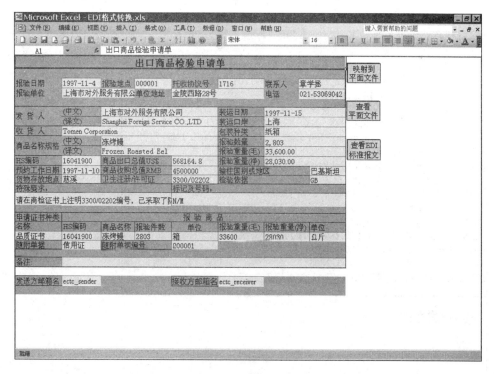

图 7.18　出口商品检验申请单原始单据

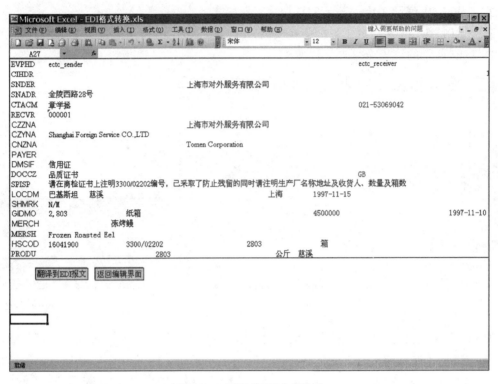

图 7.19 映射到平面文件格式

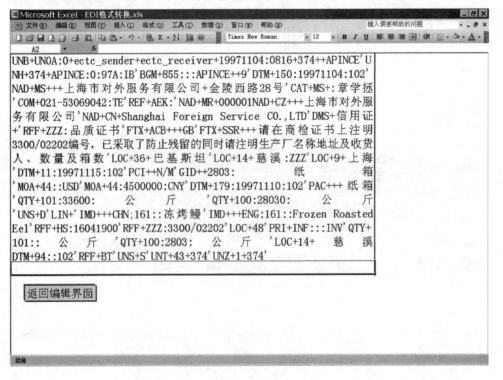

图 7.20 EDI 报文格式

3. Excel 中宏的应用基础

在 EDI 格式转换过程中，重点的应用就是 Excel 中宏的使用。所谓宏，其实就是 Excel 中的编程语言，功能十分强大，能够完成许多复杂的功能，有些小型管理软件如库存软件、财务软件就是用 Excel 宏编写的。和其他编程语言相比，宏相对简单，而且和 Excel 高度集成，能够编写出十分漂亮的管理表格及界面。

下面通过插入一张简单的图片说明 Excel 中"宏"的基本原理。

（1）打开 Excel，依次单击菜单中的"工具""宏""录制新宏"命令，如图 7.21 所示。此时系统会出现如图 7.22 所示的"录制新宏"对话框，输入新宏的名称，比如"插入图片"。

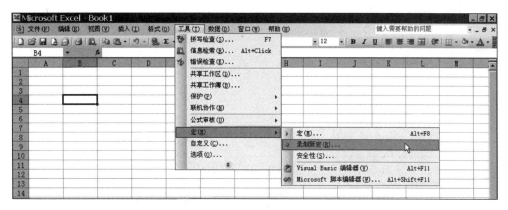

图 7.21　打开"录制新宏"命令

图 7.22　"录制新宏"对话框

（2）插入图片（如图 7.23 所示），完成宏的录制。依次单击"插入""图片""来自文件"，在地址栏里找到图片文件，将其插入到 Excel 中，如图 7.24 所示。图片插入完成后，单击图 7.25 中的"停止录制宏"图标。

（3）查看宏源码。依次单击菜单中的"工具""宏"命令，出现图 7.26 所示的"宏"对话框。单击【编辑】按钮，出现如图 7.27 所示的界面，这就是宏的源代码。宏的源代码以 Sub 开头、End Sub 结尾，中间是宏的语句。因为插入图片宏比较简单，以单引号开头的都是注释语句，真正有用的就一句：

```
ActiveSheet.Pictures.Insert ("D:\yz.jpg").Select。
```

（4）执行宏。将 Excel 关闭，重新打开一个新的 Excel，如图 7.28 所示。依次单击菜单中的"工具""宏"命令，在弹出的"宏"对话框中单击【执行】按钮，就会出现图 7.29 所示的结果。

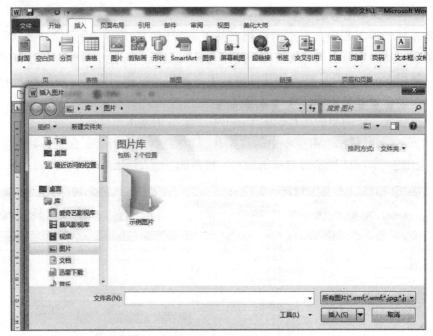

图 7.23 插入图片

图 7.24 选择要插入的图片

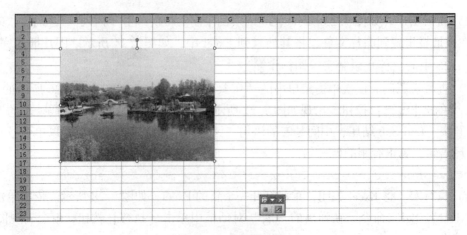

图 7.25 停止录制宏

图 7.26 "宏" 对话框

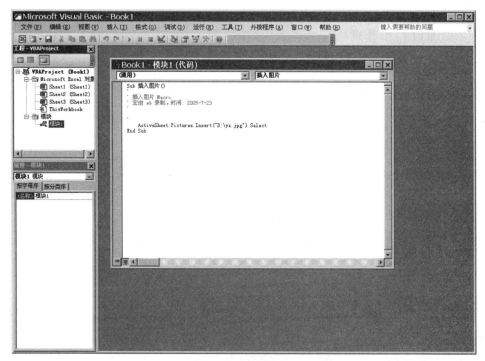

图 7.27 宏的源代码

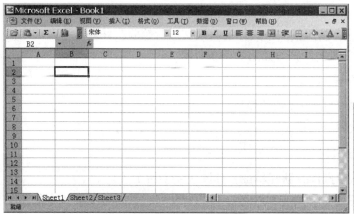

图 7.28 新打开一个 Excel 窗口

图 7.29 执行宏

任务五 物流 EDI 技能实训

一、实训内容

物流 EDI 应用基础软件的操作。

二、实训时间

4 学时。

三、实训目的和要求

（1）了解物流 EDI 基础软件的作用。
（2）清楚物流 EDI 基础软件的功能。
（3）熟悉物流 EDI 基础软件的操作。

四、实训重点和难点

物流 EDI 基础软件的功能与操作；物流 EDI 的工作流程。

五、实训方法

以教师辅导、学生实操练习为主。

六、实训用具

PC 机、服务器、物流 EDI 基础软件、装箱单样本。

七、实训步骤

（一）物流 EDI 基础软件简介

EDI Express 是 EDI 用户与 EDI 中心进行报文交换的客户端软件，其主要功能是将港航运输的主要单证生成报文形式，按照报文格式标准对报文进行校验，并通过一定的通信协议与 EDI 中心进行报文交换。实训软件界面如图 7 – 30 所示。

（二）介绍实训内容和要求

（1）清楚物流 EDI 基础软件的主要功能模块。
（2）学会 EDI Express 软件的操作。

（三）学生练习

（1）进入 EDI Express 软件操作，新建单证，如图 7 – 31 所示。
（2）选择"装箱单报文"（注：对于试用版，只能选此项；且因是干货，冷藏温度、危险品等级等项不用填），如图 7 – 32 所示。
（3）在弹出的窗口中单击【新建】按钮，输入相关数据，如图 7 – 33 所示。

（4）输入"箱号"栏，如"CBHU0168193"（注：字母要大写，且全世界集装箱号码是唯一的），并选择【校验】按钮，确认无误后继续进行。

（5）输入"船名"栏，按【选择】按钮，出现下拉框，选中后双击（如选 ASIAN STAR）。

（6）输入"封号"栏，如"5371605"。封号是海关查验后封的。

（7）输入"尺寸类型"栏，单击菜单并双击获取（取 20 英尺①干货柜）。

（8）输入"状态"栏，单击下拉按钮获取有关资料（如"拼箱"）。

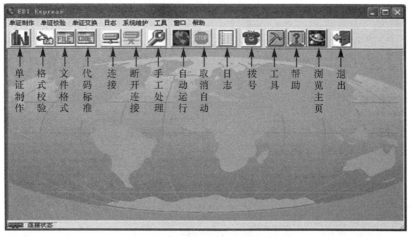

图 7－30　"EDI Express" 界面

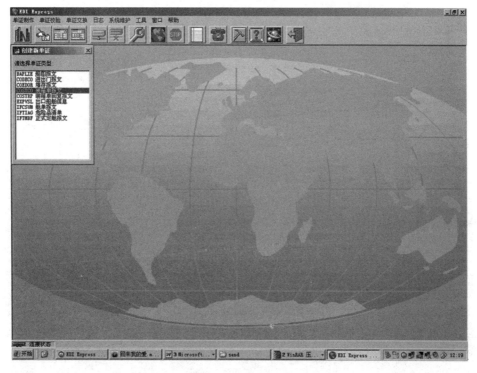

图 7－31　新建单证

---

① 1 英尺 ＝ 0.304 8 米。

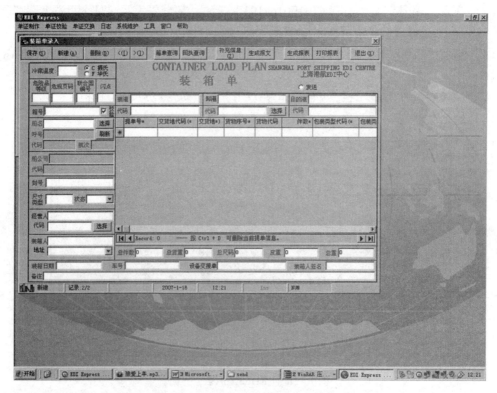

图 7 – 32　选择"装箱单报文"

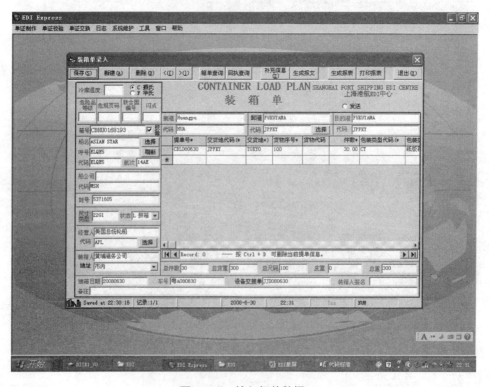

图 7 – 33　输入相关数据

（9）输入"经营人"栏，先在"代码"栏选择，如"APL"，然后填写"美国总统轮船"。

（10）输入"装箱人"栏，如可填"黄埔港务公司"。

（11）输入"地址"栏，单击下拉菜单获取有关资料。

（12）输入"装箱日期"，如"20080630"。

（13）输入"装港"栏，由菜单栏——→单证校验——→代码标准——→代码表中选：09 港口代码——→字段名：描述——→操作符：选"＝"——→取值：Huangpu（黄埔）——→查找——→出现选项；将选项填入装箱单内。（注意：代码表内的 01 贝位代码错字了，应改为泊位代码）

（14）输入"卸港"栏，按【选择】按钮，如选"JPFKY"。

（15）输入"目的港"栏，与上相同（因卸货与目的港是同一个港）。

（16）输入"提单号"栏，如"CBL080630"。

（17）输入"交货地"代码，与"目的港"栏相同；输入"交货地"，如"TOKYO"；"货物序号"，如"100"；"货物代码"可不填；"件数"，如"30.00"；"包装类型代码"，可查（由菜单栏——→单证校验——→代码标准——→代码表中选：08 包装类型代码——→字段名：字母码——→操作符：选"＝"——→取值：CT——→查找——→出现选项；"类型"为"纸板箱"）；"货物描述"同理可查，（由菜单栏——→单证校验——→代码标准——→代码表中选：07 货物代码——→字段名：货物代码——→操作符：选"＝"——→取值：17 7 4——→查找——→出现选项；"针织，纺织（机织物）"或字段名：货物名称——→操作符：选"＝"——→取值：针织，纺织（机织物）——→查找——→出现选项；"针织，纺织（机织物）"）；填写"唛头"，如"ABC/NEWYORK"。

（18）"车号"，如填"粤 A080630"。

（19）"设备交接单"，如"JJD080630"。

（20）无须输入"总件数"等栏，因为在上述数据输入完毕，单击工具栏上的【保存】按钮，"总件数"等栏目的内容会自动算出。

（21）最后按工具栏上的【生成报文】按钮。

（四）小结

根据学生实训的情况进行小结，指出学生在实操练习中易出错和忽视的环节。

八、实训报告

实训名称：   课程名称：

| 学号： | | 姓名： | | 实训时间： |
| 专业： | | 班级： | | 实训地点： |

一、实训目的与要求

二、实训环境

三、实训内容

四、实训步骤

五、结论、问题与解决方法
  （此部分为实训总结，是体现实训过程的重要内容，应鼓励学生将遇到的重要问题及解决方法总结出来，以体现实训对学生技能的提升作用。）

批语：

★知识拓展

美的集团 EDI 应用案例

一、企业简况

创业于 1968 年的美的集团，是一家以家电业为主，涉足房产、物流等领域的大型综合性现代化企业集团，旗下拥有四家上市公司、四大产业集团，是中国最具规模的白色家电生产基地和出口基地之一。目前，美的集团有员工 20 万人，拥有十余个品牌，拥有中国最大、最完整的小家电产品群和厨房家电产品群，同时产业拓展至房产、物流及金融领域。美的在全球设有 60 多个海外分支机构，产品销往 200 多个国家和地区，年均增长速度超过 30%。2010 年，美的集团整体实现销售收入达 1 170 亿元，其中出口额 70.8 亿美元，名列中国企业 100 强。

二、应用背景

随着自身业务在全球范围内的不断扩大，美的已经形成了一个覆盖全球，从生产制造、供应商、物流、渠道到客户的庞大企业供应链群。2010 年，美的制订"十二五"发展规划，定下了五年内进入世界 700 强，成为全球白色家电前三位的具备全球竞争力的国际化企业集团的发展目标。美的意识到，当前的市场竞争已经由企业与企业之间的竞争变为供应链与供应链之间的竞争，要实现既定目标，成为一个屹立全球市场的企业，就必须进一步联合上、下游的业务伙伴，紧密合作关系，加强供应链一体化管理，共同增强整条供应链的竞争力，实现"敏捷供应链"。

敏捷供应链的第一步，便是提升供应链成员在业务合作中大量信息交换的速度和准确性，这将直接影响到整个供应链的运作效率。美的的供应链伙伴群体十分庞大，上、下游企业和合作伙伴众多，每年需要交换大量的单据，美的与业务伙伴之间典型的信息交互如图 1 所示。

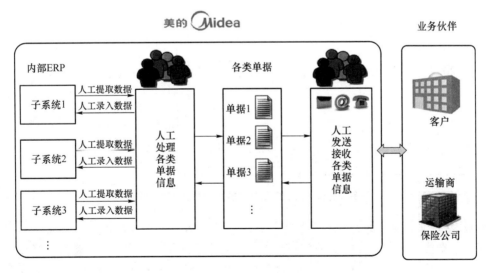

图 1 美的与业务伙伴之间典型的信息交互

之前，美的是采用人工的方式实现对大量业务单据的接收、处理和发送，需要花费较长时间来完成单据的处理；同时，人工处理方式难免发生错误。为了满足美的与供应链合作伙伴之间的实时、安全、高效和准确的业务单据交互，提高供应链的运作效率，降低运营成本，美的迫切需要利用能够提供企业级（B2B）的数据自动化交互和传输技术，即 EDI（电子数据交换）方案来解决这个问题。

在选型的时候，美的注重 EDI 解决方案的如下特性：

第一，美的供应链内众多的合作伙伴，包括供应商、物流商、渠道商、银行和保险机构等，都有自己的业务数据标准和传输协议，同时，美的内部各子应用系统也有各自的数据标准，因此 EDI 平台方案必须具备强大的数据处理能力，能够将各类异构数据迅速转换为标准 EDI 报文，同时还要具备支持多种传输协议的能力。

第二，EDI 平台作为连接美的与众多合作伙伴的中间平台，是双方进行业务数据集成和交互的核心，处理速度直接影响到业务流程的效率，因此需要具备数据快速处理和传输能力，同时，整个处理和传输过程应该完全自动化而无须人工干涉。

第三，随着业务的不断发展，美的供应链内的合作伙伴、业务流程、数据标准会发生相应的变动，因此 EDI 平台方案必须具备良好的柔韧性，以迅速适应业务需求的变更和拓展。

三、解决之道

经过反复的筛选和比较，美的最终选择业界领先的供应链管理解决方案提供商 SinoServices（锐特信息）为其提供 EDI 解决方案和技术支持。SinoServices 提供了 SinoEDI 企业级数据整合解决方案，主要的功能模块包括集成服务器（如业务流程引擎、网关、映射转换）、数据流管理（如数据的路由、数据监控管理等）和 EDI 组件（支持 ANSI X.12 及 EDIFACT EDI 标准组件——适配器）。

SinoEDI 企业级数据整合解决方案架构如图 2 所示。

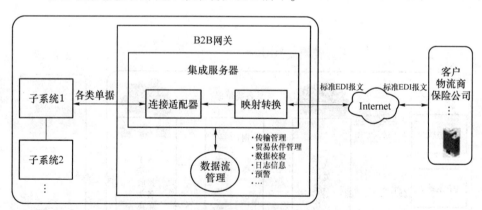

图 2 SinoEDI 企业级数据整合解决方案架构

SinoEDI 企业级数据整合解决方案支持各类传输协议、加密算法，同时也是一款性能非常优异的数据处理平台，支持任意数据格式之间的转换，数据流程可灵活定制，路由功能强大，且具备各类适配器与后台系统、数据源的集成。开发、部署由图形化的统一开发平台来完成，简单易用。它具备以下优点：

（1）高度灵活、反应敏捷，可高效、快速地适应业务需求的变化。不管是有新的合作伙伴的加入，还是有新的数据格式，EDI平台都可在不影响现有平台运行的情况下，快速接入新合作伙伴，增加新的数据格式，且平台架构不会发生任何大的变化。

（2）支持任何数据格式。如EDIFACT、ANSI X.12、RosettaNet、XML、IDOC、Flat File等，强大的EDI引擎可支持各个时期各个版本的EDI标准。

（3）安全、高效、统一的B2B传输网关。B2B传输网关不仅提供了一个B2B传输的统一接入点，便于管理，具备强大的合作伙伴管理（TPM）功能，同时，还可以保证所有通过网关的数据都能安全发送与接收，并提供多层次的安全防护，包括协议安全策略、SSL/TLS策略等。

（4）强大的数据并发及处理能力。EDI平台独特的设计，具备高效的数据处理能力，性能极其出色。

（5）与后台各种系统实现无缝集成。如SAP、IBM MQ、J2EE应用、数据库等都有相应的直连接口，便于美的内部各业务系统与EDI平台的高度集成。

利用SinoEDI企业级数据整合解决方案，美的和各业务伙伴之间大量的数据和业务表单往来便可实现完全自动化传输和识别，不受各类数据源的结构和传输协议的影响。

四、实施过程

2009年11月4日，美的和SinoServices成立了由双方专家组成的项目实施小组，宣布EDI项目正式启动。

在项目实施过程中，首先进行EDI平台以及对各种网络系统、数据备份、防火墙、入侵检测等运行环境的部署、调试。同时SinoServices深入到美的业务系统应用部门，对实际工作业务流程等进行深层次的调研，并结合美的合作伙伴的业务和操作流程进行全面的分析。然后在调研的基础上，立即着手进行EDI平台上的设计和开发，围绕所确定的业务范畴中的流程与数据的调研分析，按照产品线和业务类型的划分，分析企业数据流需求和详细的各类业务数据需求，在此基础上提交了整体项目分析和设计文档。同时，SinoServices对美的业务人员进行EDI操作流程培训，对美的EDI平台管理人员分阶段进行了平台管理和监控方面的培训。

2010年2月3日是美的EDI项目重要的日子，在这一天，伊莱克斯（Electrolux）作为美的第一家EDI对接合作伙伴成功上线运行，实现了双方出货通知、发票等的自动化EDI流程。2010年11月4日，北滘码头成功上线运行，实现了美的与北滘码头的订舱确认、调柜指令等的自动化EDI流程。2011年7月4日，美的与中国出口信用保险公司（中信保）EDI对接成功，双方实现了费率同步、OA限额申请、LC限额申请、出运申报、出运反馈、收汇反馈等业务数据的交互。这一系列项目的上线，大大提高了美的和合作伙伴双方业务贸易的效率，减少了人工干预的工作量。

五、应用效益

美的的EDI已成功运转了6年多，先后接入伊莱克斯、北滘码头、中信保等业务合作伙伴，美的已经明显收到集成、开放、灵活的EDI应用所带来的效益。美的与业务伙伴之间的数据交互由过去的人工方式转变为完全的自动化，极大地提升了供应链的工作效率。

实施EDI之后美的的业务流程变化如图3所示。

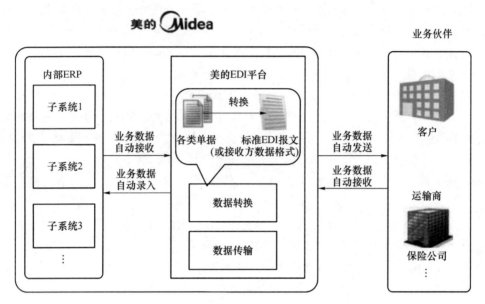

图 3　美的的业务流程变化

以前的人工处理方式需要从美的的各个业务子系统如 ERP、CRM 等提取出相关数据，再人工转换成合作伙伴所需要的单据格式，通过邮件、传真、电话等方式向相应的接收方发送（人工转换的过程可在美的或合作伙伴方进行）。同样地，当从合作伙伴处接收到各类异构形态的单据之后，要通过人工方式识别、读取，并录入到相应的子系统中。

现在，这个工作流程变为 EDI 平台自动接收各子系统发出的数据，再自动转换成标准 EDI 报文（或者合作伙伴系统能够直接识别的数据格式），再自动传输给接收方，整个过程无须人工干预，极大地提升了工作效率。

以美的和其合作伙伴"中信保"的一个业务流程"短期出口险申报"为例。

短期出口险申报的笔数大，数据来源多，数据在传送给中信保之前要做很多"预加工"。例如，美的内部以"订单"为管理单位，而中信保以"发票"为最小业务识别单位，因此，美的要对同一张发票下的订单做金额合计，出运日、商品、运输方式也需要按业务规则提取，合并成一张发票提交中信保。同时，数据多以 Excel 报表作为传递的载体，美的先要从业务管理系统中导出 Excel 数据，再做数据加工处理交给中信保。在如上操作方式下，系统仅能够支持每次最大不超过三万条数据的传送，并且多为单向的传送方式（美的到中信保）。而实施 EDI 方案之后，系统可支持每次十万条以上的数据传送，美的在操作本企业业务系统的同时可完成保险业务申请，并即时获取中信保业务处理的反馈，不仅加快了业务处理速度，还轻松实现了双方的高效沟通。

再以美的和其合作伙伴"北滘码头"的一个业务流程"订舱确认和货柜状态更新"为例。这个业务流程分为如下步骤：

（1）美的船务订舱得到 S/O 号。

（2）将 S/O 号发给码头。

（3）码头根据 S/O 号在系统里生成相应的 S/O 序列号，并更新货柜状态为"已派单"。

（4）码头将信息发给美的。

（5）美的收到信息后，仓库进行调柜指令，更新货柜状态为"已调柜"，并将货柜指令和货柜状态发给码头。

（6）码头收到调柜指令后，安排货柜去码头，安排后得到具体的柜号，并更新货柜状态为"已出场"发送给美的。

（7）货柜从码头上船后，码头将离港日期、大船封条号等信息发给美的。如果实际柜号因为某些原因再次修改，码头需要将修改后的信息发给美的。以前，美的和码头对于如上业务流程的合作是通过即时通信工具、邮件、电话等方式人工获取对方的数据信息，再录入到自己相应的业务系统中。双方之间信息交互的次数越频繁，便越难确保信息交互的准确性和时效性。而实施 EDI 方案之后，码头通过接入美的 EDI 平台，发送的信息可在第一时间同步到美的的业务系统供相应人员查看，极大地提升了业务流程的效率。

从以上例子中可以看出：

第一，实施 EDI 平台方案后，美的大大加快了业务处理速度，并且降低了人工处理方式下的相关成本，平均几秒钟便能够完成一份单据的处理；单日数据传送数量提升了六倍；数据传输已完全自动化，从而节省了劳动力，提高了劳动力的利用效率。

第二，为美的节省了过去人工处理方式下所产生的额外费用；节省了各类纸张费用；节省了电话、传真、邮递的费用；节省了打印、复印费用；节省了对数据收发、录用人员的管理费用。

第三，由于实行了无纸化和全自动操作，大大降低了人工处理过程中由于人为操作、纸张丢失等造成的出错率。出错率降低了，基本实现了无错化处理。除了以上这些即时的效益之外，EDI 应用对美的全面提升竞争力有着深远的作用。

试进行案例分析：

（1）美的公司实施 EDI 之前和之后的业务流程有什么样的变化？

（2）EDI 应用对美的公司全面提升竞争力有着怎样的深远作用？

（3）EDI 这个项目的成功实施在其公司的后期应用中应做好哪些方面的工作？

思考题

1. 什么是 EDI？物流 EDI 怎样理解？
2. EDI 有哪些构成？EDI 软件的组成有哪些？
3. EDI 的特点有哪些？
4. 为什么要制定 EDI 标准？EDI 标准是由哪些方面组成的？
5. 简述 EDI 在物流中的电子订货过程。
6. 简述 EDI 在我国物流中的应用。

項目八

自动化技术

 项目简介

　　自动化技术是一门综合性技术，它和控制论、信息论、系统工程、计算机技术、电子学、液压气压技术、自动控制等都有着十分密切的关系，其中又以控制理论和计算机技术对自动化技术的影响最大。

　　随着经济与技术的发展，自动化在各行各业得到了广泛的应用，为提高效率、提高工作质量起到重要的作用。自动化技术也被广泛地应用到物流行业，为物流行业的发展带来新的机遇和挑战，物流自动化已成为体现物流行业水平的重要标志。

工作流程

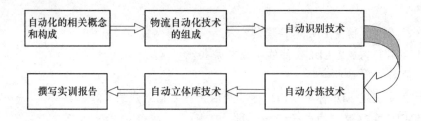

学习目标

　　（1）了解自动化技术。

　　（2）熟悉自动化技术在物流行业中的应用。

　　（3）掌握自动识别技术、自动分拣技术以及自动立体库技术。

自动化在物流行业中的应用

一、背景

随着现代企业生产经营方式的变革和市场外部条件的变化，以降低原材料成本和进行产品技术开发来降低产品成本的空间越来越小，这使企业把目光转向有着"第三利润源泉"的物流环节上来。而传统的自给自足式的物流服务不管从经济效益上还是系统化、专业化程度上都无法与专业的第三方物流企业相比，因此越来越多的企业为了优化企业资源配置和增强市场竞争优势，将不属于企业核心竞争力范畴的物流业务外包，促使中国第三方物流（Third Party Logistics）走向高速发展。但中国第三方物流水平仍然落后于世界水平。中国的第三方物流的服务还是以各生产企业提供简单仓储和运输等服务为主。而随着生产企业对物流服务要求的提高和来自国外第三方物流企业强有力的竞争，国内第三方物流企业必须充分利用现代物流装备和物流技术来提高物流管理水平、降低物流成本、提高物流效率，为生产企业提供更满意的物流服务，诸如自动化立体仓库、各种物流输送设备、高速分拣机、无线识别技术等先进的物流装备和物流技术不断涌现。

二、需求分析

2000 年以后特别是 2009 年国务院发布《物流业调整和振兴规划》，把促进物流业发展上升到国家战略层面。物流装备市场快速增长，自动化物流系统在各个行业表现出旺盛的需求，物流装备技术已经进入到普及与提高阶段。总体来看，国内物流装备技术的发展已经从相对落后逐步完成了基本技术的普及和产品系列化，但在高端产品的技术水平以及产品的品质、性能方面依然与国际先进水平有一定的差距。

（一）消费需求不同

在传统的货物分拣系统中，一般是使用纸制书面文件来记录货物数据，包括货物名称、批号、存储位置等信息，等到货物提取时再根据书面的提货通知单，查找记录的货物数据，人工搜索、搬运货物来完成货物的提取。在这样的货物分拣系统中，制作书面文件、查找书面文件、人工搬运等流程浪费了巨大的人力、物力，而且严重影响了物流的流动速度。随着竞争的加剧，人们对物流的流动速度要求越来越高，这样的货物分拣系统已经远远不能满足现代化物流管理的需要。

（二）存储的需要

经过分析发现，在整个生产过程中最受制约的就是仓储，即原材料和零部件的仓储和配送。大型企业储量大导致外租库成本高，并且需要大量的仓库管理人员，由此产生大量的包括工人工资在内的费用。另外，物料的库存量较大，通常用于流通的是纸箱，它的缺点在于：产品的零部件容易压坏，上线的时候还要倒箱，多次倒箱增加了人工拣选，保证不了产品的质量。

三、应用效果

现在，一个先进的货物分拣系统，对于系统集成商、仓储业、运输业、后勤管理业等都是至关重要的，因为这意味着比竞争对手更快的物流速度、更快地满足顾客的需求，其潜在的回报是惊人的。建立一个先进的货物分拣系统，结合有效的吞吐量，不但可以节省数十、数百甚至数千万元的成本，而且可以大大提高工作效率，显著降低工人的劳动强度；使用这样的货物分拣系统，完全摒弃了使用书面文件完成货物分拣的传统方法；采用高效、准确的电子数据的形式，可以提高效率，节省劳动力；使用这样的货物分拣系统，不但可以快速地完成简单的存储与提取，而且可以方便地根据货物的尺寸、提货的速度要求、装卸要求等实现复杂货物的存储与提取；使用这样的货物分拣系统，分拣工人只需简单的操作就可以实现货物的自动进库、出库、包装、装卸等作业，降低了工人的劳动强度，提高了效率；使用这样的货物分拣系统，结合必要的仓库管理软件，可以真正实现仓库的现代化管理，充分实现仓库空间的合理利用，显著提高企业的物流速度，为企业创造、保持市场竞争优势创造条件。

通过建立自动化立体库，可以加大存储量，取代原来的外租库，而且由于使用了计算机系统，管理人员数量降低，外租库的租金和外租库到车间的来回费用也减少，同时还节省了工人工资，降低了物料的库存。因为在计算机系统里都设定了，比如说只允许放 7 天的料，超过 7 天不让进，相对来说使整个库存量下降。还有一个重要的作用是深化了企业物流系统的规划。立体库要求所有的分供方按照标准化的模式送货，所采用的都是标准化的托盘、标准的周转箱，在采用统一的产品包装之后，从分供方的厂里到生产线整个过程不用倒箱。对车间也是一样，以往车间脏、乱、差现象很严重，在使用标准箱之后，全部实行了叉车标准化作业。立体库具有灵活性和扩展性，刚开始设计立体库想的只是放一定量的产品，但是通过计算机系统管理以后只占很少的库容，公司马上把其他产品也全部放进去，减少了外租库，整个效果非常明显。

任务一　自动识别技术

自动识别技术是将信息数据自动识读、自动输入计算机的重要方法和手段，它是以计算机技术和通信技术为基础的综合性科学技术。

自动识别技术将数据自动识别、自动采集并且自动输入计算机进行处理。自动识别技术近些年的发展日新月异，它已成为集计算机、光、机电、通信技术为一体的高新技术学科，是当今世界高科技领域中一项重要的系统工程。

一、自动识别技术的概念

自动识别是通过将信息编码进行定义、代码化，并装载于相关的载体中，借助特殊的设备，实现定义信息的自动采集，并输入信息处理系统从而得出结论的识别。自动识别技术是以计算机技术和通信技术为基础的一门综合性技术，是数字条码、数据采集、数据标识、数据管理、数据传输的标准化手段。

二、自动识别技术的组成和工作原理

自动识别系统由标签（由耦合元件及芯片组成，每个标签具有唯一的电子编码）、阅读器（读取标签信息的设备，可设计为手持式或固定式）、天线（在标签和读取器间传递射频信号）以及数据传输和处理系统组成。自动识别技术的组成如图8.1所示。

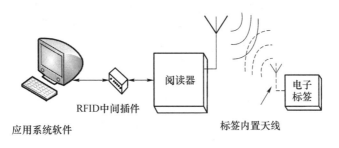

图8.1 自动识别技术的组成

自动识别技术的工作原理：标签进入磁场后，接收阅读器发出的射频信号，凭借感应电流所获得的能量发送出存储在芯片中的产品信息（Passive Tag，无源标签或被动标签），或者主动发送某一频率的信号（Active Tag，有源标签或主动标签）；阅读器读取信息并解码后，送至中央信息系统进行有关数据处理，如图8.2所示。

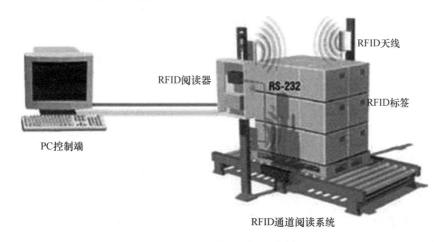

图8.2 自动识别技术的工作原理

通过射频识别技术识别专门的 RFID 标签来读写上面的数据，这个过程可以是非接触的。只要在一定的范围内就可以识别，并可同时识别多个，操作快捷方便。它所应用的RFID 标签可读可写，这是与一般条码的重要区别。

三、自动识别技术的类型

自动识别技术包括条码识读、射频识别、生物识别（人脸、语音、指纹、静脉）、IC卡、（OCR）光学符号识别等，如图8.3所示。

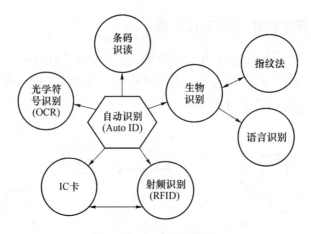

图8.3　自动识别技术的类型

1. 条码识读

条码系统（Barcode System）是由条码符号设计、制作及扫描、阅读组成的自动识别系统。一般条码系统的处理流程如图8.4所示。

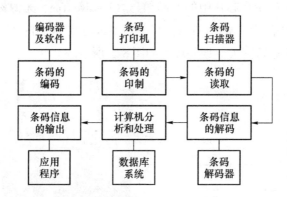

图8.4　条码系统的处理流程

条码系统主要包括条码的编码、条码的印制、条码的读取、条码信息的解码、计算机分析和处理、条码信息的输出等。

2. 光学符号识别

光学符号识别是通过图像处理和模式识别技术对光学的字符进行识别，是自动识别技术研究和应用领域中的一个重要方面。它是一种能够将文字自动识别录入计算机中的软件技术，是与扫描仪配套的主要软件，属于非键盘输入范畴。光学符号识别的处理流程如图8.5所示。

3. IC卡

IC卡又称集成电路卡，它将一个或多个集成电路嵌置在与普通信用卡相同的塑料卡片上。集成电路芯片可以是存储器或微处理器。带有存储器的IC卡称为记忆卡或存储卡，带有微处理器的IC卡称为智能卡或智慧卡。记忆卡可以存储大量信息；智能卡则不仅具有记忆能力，而且还具有处理信息的功能。由于便于携带，存储量大，IC卡被广泛地应用在各领域。

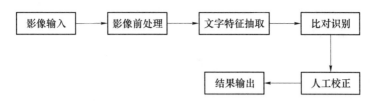

图 8.5 光学符号识别的处理流程

IC 卡的基本工作原理：射频读写器向 IC 卡发出一组固定频率的电磁波，卡片内有一个 LC 串联谐振电路，其频率与读写器发射的频率相同；当在电磁波的激励下，LC 谐振电路产生共振，从而使电容内有了电荷；在电容的另一端接有一个单向导通的电子泵，将电容内的电荷送到另一个电容内存储，当所积累的电荷达到 2 V 时，此电容可作为电源为其他电路提供工作电压，将卡内数据发射出去或接收读写器的数据。

4. 语音识别

语音识别技术，也被称为自动语音识别（Automatic Speech Recognition，ASR），其目标是将人类语音中的词汇内容转换为计算机可读的输入符号，例如按键、二进制编码或者字符序列。语音识别的工作流程如图 8.6 所示。

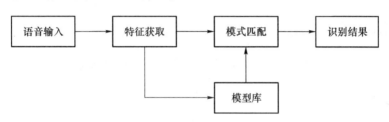

图 8.6 语音识别的工作流程

四、自动识别技术的具体应用

自动识别系统几乎覆盖了现代生活领域中的各个环节，并具有极大的发展空间。其中比较常见的应用有条码打印设备和扫描设备、手机二维码的应用、指纹防盗锁、自动售货柜、自动投币箱、POS 机、车辆自动识别等。

1. 车辆自动识别

高速公路自动收费系统是自动识别技术最成功的应用之一，它充分体现了非接触识别的优势。在车辆高速通过收费站的同时完成缴费，解决了交通的瓶颈问题，提高了车行速度，避免拥堵，并提高了收费结算效率。

2. 货物跟踪、治理及监控

自动识别技术为货物的跟踪、治理及监控提供了快捷、准确、自动化的技术。以自动识别技术为核心的集装箱自动识别成为全球范围最大的货物跟踪治理应用。

3. 仓储、配送等物流环节

自动识别技术目前在仓储、配送等物流环节已有许多成功的应用。随着自动识别技术在开放的物流环节统一标准的研究开发，物流业将成为射频识别技术最大的受益行业。

4. 电子钱包、电子票证

自动识别卡的功能相当于电子钱包，可以实现非现金结算。

5. 产品加工过程自动控制

产品加工过程自动控制主要应用在大型工厂的自动化流水作业线上，以实现自动控制、监视，提高生产效率，节约成本。

6. 动物跟踪和治理

自动识别技术可用于动物跟踪，在大型养殖场，可通过采用射频识别技术建立饲养档案、预防接种档案等，达到高效、自动化治理牲畜的目的，同时为食品安全提供了保障。自动识别技术还可用于信鸽比赛、赛马识别等，以准确测定到达时间。

任务二　自动化识别系统技能实训

自动识别技术种类较多，在物流自动化技术中常用的主要包括条码技术、射频识别技术等，这里主要以条码识别技术为例练习自动识别技术的操作。

一、实训内容

学生通过了解自动识别技术，实践操作货物入库和出库作业。

二、实训目的

（1）了解自动识别技术的工作原理，体会自动识别技术带来的强大优势。

（2）掌握在货物入库、出库及盘库等仓库作业中自动识别技术的操作。

三、实训要求

要求学生在此实训过程中，熟悉自动化识别的主要组成部分及其作用，熟练掌握自动识别技术的操作，做到准确无误地识别货物。

四、实训方法

整班学生集中听讲座，由教师讲解某公司的具体业务流程。

将学生分为若干组，每组 10 个人。学生在指导教师的带领下进行具体操作。

实训指导教师通过实训软件的后台管理系统对学生书写的有关操作进行指导，并给出考核成绩。

五、实训步骤

1. 系统登录（以美菱条码系统为例）

在图 8.7 所示的"条码采集系统"中，输入用户名和密码，单击【登录系统】按钮进入"系统"界面,如图8.8所示。

图8.7　"登录"界面

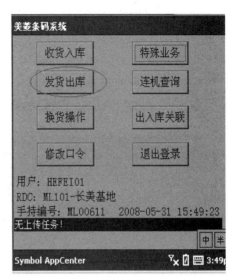

图8.8　"系统"界面

2. 扫描界面

(1) 收货入库适用范围:指令入库、箱损入库、机损入库、手工入库、未完单据、已完单据。

(2) 单击【指令入库】按钮,如图8.9所示。

(3) 发货出库适用范围:销售出库(标单、样机发出、调换发出)、调拨出库。

(4) 特殊业务适用范围:拒收入库、报废。

3. 发货出库

(1) 单击【发货出库】按钮,见图8.8。

(2) 单击【指令出库】按钮,如图8.10所示。

图8.9　"收货入库类型选择"界面

图8.10　"发货出库类型选择"界面

（3）用手持扫描仪依次扫描出库指令上的单据号及行项信息。

（4）在提示"扫描的行项信息已正确处理！"后扫描待出库产品上的条码，如图 8.11 所示。注：扫描数量不能大于单据数量。

（5）整张单据扫码完成后，单击"菜单"，在下拉菜单中选择"单据完成确认"，如图 8.12 所示。在弹出的对话框中选择【是】按钮，再单击【返回】按钮，此张单据出库扫码完成，可进行下张单据操作。

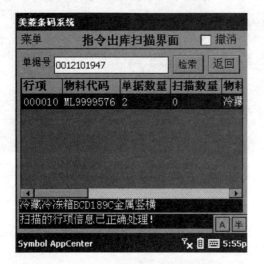 

图 8.11 "指令出库"扫描界面　　　图 8.12 "单据完成"确认界面

六、实训报告

实训名称：　　　　　　　　　　　　　　　　　　　　课程名称：

学号：		姓名：		实训时间：	
专业：		班级：		实训地点：	

一、实训目的与要求

二、实训环境

三、实训内容

四、实训步骤

五、结论、问题与解决方法

（此部分为实训总结，是体现实训过程的重要内容，应鼓励学生将遇到的重要问题及解决方法总结出来，以体现实训对学生技能的提升作用。）

批语：

任务三　自动分拣技术

最初的分拣系统是完全基于人力的作业系统，通过人工搜索、搬运货物来完成货物的提取。在这种系统中，书面文件的制作和查找、人工搬运等浪费了巨大的人力、物力，作业效率低下，无法满足现代化物流配送对速度和准确度的高要求。

随着科学技术的飞速发展，分拣系统中开始运用各种各样的自动化机械设备，计算机控制技术和信息技术成为信息传递和处理的重要手段。虽然在多数的分拣系统中，某些作业环节还需要有人工参与，但作业强度已越来越小，完全由机械完成分拣作业的自动分拣系统也应运而生。机械化、自动化、智能化已成为现代分拣系统的主要特点与发展趋势。

现代物流配送中，高科技的应用为作业效率和质量的提高提供了坚实的技术保证。现代化的分拣系统逐渐成为物流机械化系统、信息系统以及管理组织系统的有机组合。物流机械化系统主要是各种物流设备的有效组合和配置；信息系统是分拣信息和控制信息等流动的载体；管理组织系统负责设备、人员的调度，控制系统总体的运作模式。

一、自动分拣技术概述

自动分拣系统（Automatic Sorting System）是第二次世界大战后率先在美国、日本的物流中心广泛采用的一种自动化作业系统。该系统目前已经成为发达国家大中型物流中心不可缺少的一部分。该系统的作业过程可以简单描述如下：流动中心每天接收成百上千家供应商或货主通过各种运输工具送来的成千上万种商品，在最短的时间内将这些商品卸下并按商品品种、货主、储位或发送地点进行快速准确的分类，然后将这些商品运送到指定地点，如指定的货架、加工区域、出货站台等，同时，当供应商或货主通知物流中心按配送指示发货时，自动分拣系统在最短时间内从庞大的高层货架存储系统中准确找到要出库的商品所在位置，并按所需数量出库，将从不同储位上取出的不同数量的商品按配送进货点的不同运送到不同的理货区域或配送站台集中，以便装车配送。

二、自动分拣系统的组成

自动分拣系统一般由控制装置、分类装置、输送装置及分拣道口组成。

（一）控制装置

控制装置的作用是识别、接收和处理分拣信号，它根据分拣信号的要求指示分类装置按商品品种、商品送达地点或货主的类别对商品进行自动分类。这些分拣需求可以通过不同的方式输入到分拣控制系统中去，如可通过条形码扫描、色码扫描、键盘输入、质量检测、语音识别、高度检测及形状识别等方式输入，控制系统再根据对分拣信号的判断来决定某一种商品该进入哪一个分拣道口，如图 8.13 所示。

（二）分类装置

分类装置的作用是根据控制装置发出的指示分拣。当具有相同分拣信号的商品经过该装置时，该装置开始动作，使商品改变在输送装置上的运行方向进入其他输送机或进入分拣道口。分类装置的种类很多，一般有推出式、浮出式、倾斜式和分支式滑块型等。不同的装置对分拣货物的包装材料、包装重量、包装物底面的平滑程度等有不同的要求。分支式滑块型分类装置如图8.14所示。

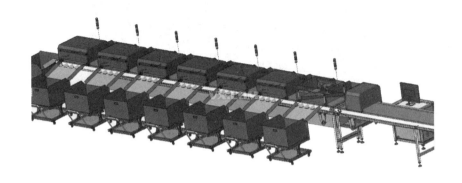

图8.13 控制装置

（三）输送装置

输送装置的主要组成部分是传送带或输送机，其主要作用是使待分拣商品通过控制装置、分类装置，并进入输送装置。其两侧一般要连接若干分拣道口，以便使分好类的商品滑下主输送机（或主传送带）进行后续作业，如图8.15所示。

图8.14 分支式滑块型分类装置

图8.15 输送装置

（四）分拣道口

分拣道口是指已分拣商品脱离主输送机（或主传送带）进入集货区域的通道，一般由钢带、皮带、滚筒等组成。所有商品在分拣道口集中后或被入库储存，或被组配装车，如图 8.16 所示。

以上四部分装置通过计算机网络连接在一起，配合人工控制及相应的人工处理环节构成一个完整的自动分拣系统。

图 8.16　分拣道口

三、自动分拣系统的特点

（一）能连续、大批量分拣

自动分拣系统采用流水线自动作业方式，不受气候、时间、人的体力等限制，可以连续运行。同时自动分拣系统可以连续运行 100 小时以上，每小时可分拣 7 000 件包装商品，而人工每小时只能分拣 150 件左右，同时分拣人员也不能在这种劳动强度下连续工作8 小时。

（二）分拣误差率极低

自动分拣系统的分拣误差率大小主要取决于所输入分拣信息的准确性高低，这又取决于分拣信息的输入机制。如果采用人工键盘或语音识别方式输入，则误差率在3% 以上；如果采用条码扫描输入，除非条码的印刷本身有差错，否则不会出错。因此，目前自动分拣系统主要采用条码技术来识别货物。

（三）分拣作业基本实现无人化

国外建立自动分拣系统的目的之一就是减少人员的使用，减轻员工的劳动强度，提高人员的使用效率，因此，自动分拣系统能最大限度地减少人员的使用，基本做到无人化。分拣作业中人员的使用仅局限于以下工作：

（1）送货车辆抵达自动分拣线的进货端时，由人工接货。

（2）由人工控制分拣系统的运行。

（3）分拣线末端由人工将分拣出来的货物进行集载、装车。

（4）自动分拣系统的经营、管理与维护。

四、自动分拣系统的应用

自从第二次世界大战自动分拣系统开始在西方发达国家投入使用以来，已成为物流中心、配送中心等必需的设施条件之一，但其对技术、经济条件要求较高，因此，企业在引进和建设自动分拣系统时一定要考虑以下条件。

（一）一次性投资巨大

自动分拣系统本身需要建设短则 40～50 m、长则 150～200 m 的机械传输线，还需要有配套的机电一体化控制系统、计算机网络及通信系统等。这一系统一般都建在自动主体仓库中，因此就要建 3～4 层楼高的立体仓库，库内需要配备各种自动化的搬运设施，这丝毫不亚于建立一个现代化工厂所需的硬件投资。这种巨额的先期投入要花 10～20 年才能收回成本。

（二）商品外包装要求高

自动分拣机只适于分拣底部平坦且具有刚性包装规则的商品。袋装商品、包装底部柔软且凹凸不平的商品、包装容易变形的商品，易破损、超长、超薄、超重、超高、不能倾覆的商品不能使用普通的自动分拣机进行分拣。因此为了使大部分商品都能用机械进行自动分拣，可以采取两条措施：一是推行标准化包装，使大部分商品的包装符合国家标准；二是根据所分拣的大部分商品的统一包装特性定制特定的分拣机。

（三）自动分拣系统的应用前景分析

自动分拣系统能灵活地与其他物流设备实现无缝连接，如自动化仓库、各种存储站、自动集放链、各种运载工具、机器人等，实现对物料实物流、信息流的分配和管理。

采用自动分拣系统，使人工分拣、堆置物料的劳动强度大大降低，操作人员无须为跟踪物料而进行大量的报表工作、登单工作，因而显著提高了劳动生产率。另外，非直接劳动力如物料仓库人员、发料员以及运货员工作量的减少甚至取消又进一步直接降低了作业成本。

自动分拣系统运行平稳、安全性高，且人工拣取物料的作业量降低、对物品的损坏减少，因此，为顾客创造了更多的价值，为公司赢得了更多的信誉和商机。同时自动分拣系统投放地址准确，减少了物料分类错误的可能性，减少了由于分类错误造成的经济损失和信誉损失。

由于自动分拣系统采用标准化、模块化的组装，具有系统布局灵活，维护、检修方便等特点，所以自动分拣系统可以方便地选择放置使用场所，受场地影响不大。

任务四　自动分拣系统技能实训

一、情景设计

现代社会人们对物流配送速度的要求越来越严格，而自动分拣设备在物流活动中的应用大大提高了物流效率、满足了企业、顾客的需要。

二、实训目的

通过本次实训，学生了解分拣系统各种设备的工作原理，体会自动分拣仓库的强大优势；掌握货物入库、出库及盘库流程，培养学生在企业中的实际操作能力。

三、实训内容

学生通过了解企业立体库业务流程，实践操作货物分拣入库和出库作业。

四、实训要求

要求学生在此实训过程中，熟悉自动化立体仓库的主要组成部分及其作用，并且熟练操作自动化分拣的操作系统，做到准确无误地将货物出、入库。

五、实训方法

整班学生集中听讲座，由教师讲解某公司的具体业务流程。

将学生分为若干组，每组10个人。学生在指导教师的带领下进行具体操作。

实训指导教师通过实训软件的后台管理系统对学生书写的有关操作进行指导，并给出考核成绩。

六、实训步骤

分拣系统是依据顾客订货要求或配送中心的送货计划，将商品从储位或其他区域中迅速、准确地拣出，并按照一定的方式进行分类、集中，等待配装送货的一种作业系统，如图8.17所示。此系统集成了两种分拣模式，即"摘取式分拣"模式和"播种式分拣"模式。

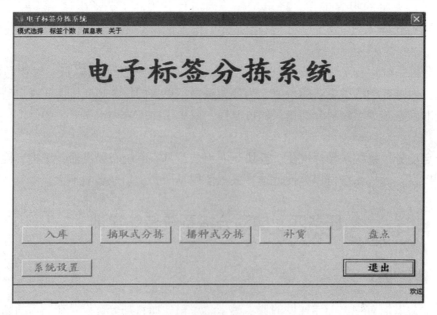

图8.17 "电子标签分拣系统"界面

（1）进入"货架信息设置"界面对摘取式的货架信息进行设置，分别如图 8.18 和图 8.19 所示。

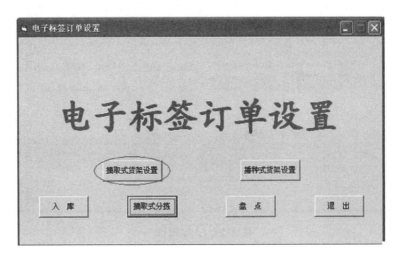

图 8.18 货架模式选择

图 8.19 摘取式分拣货架信息表

选择仓位号，填写详细信息即可。

（2）入库订单设置。单击【入库】按钮，进入"入库单设置"界面。对入库单进行设置，如图 8.20 和图 8.21 所示。

单击【入库】按钮，选择要入库的内容。然后选择"数量"，再单击【生成入库单】按钮就可以了。再选择"入库仓位"，输入"数量"并生成。

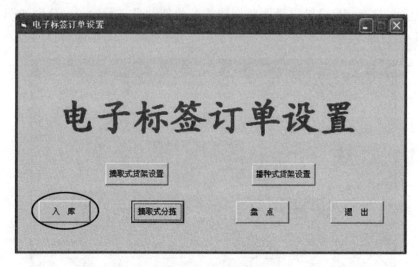

图 8.20　入库操作

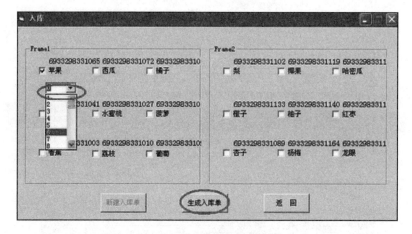

图8.21　入库订单设置

七、实训报告

实训名称：　　　　　　　　　　　　　　　　　　**课程名称：**

学号：	姓名：	实训时间：
专业：	班级：	实训地点：

一、实训目的与要求

二、实训环境

三、实训内容

四、实训步骤

五、结论、问题与解决方法
　　（此部分为实训总结，是体现实训过程的重要内容，应鼓励学生将遇到的重要问题及解决方法总结出来，以体现实训对学生技能的提升作用。）

批语：

任务五　自动化立体仓库

自动化立体仓库（AS/RS）是由立体货架、有轨巷道堆垛机、出入库托盘输送机系统、尺寸检测条码阅读系统、通信系统、自动控制系统、计算机监控系统、计算机管理系统以及其他如电线电缆桥架配电柜、托盘、调节平台、钢结构平台等辅助设备组成的复杂的自动化系统。它运用一流的集成化物流理念，采用先进的控制、总线、通信和信息技术，通过以上设备的协调动作进行出入库作业。

一、自动化立体仓库概述

（一）自动化立体仓库的概念

自动化立体仓库采用几层、十几层乃至几十层高的货架储存单元货物，用相应的物料搬运设备进行货物入库和出库作业。由于这类仓库能充分利用空间储存货物，故人们常形象地将其称为"立体仓库"。

自动化立体仓库利用立体仓库设备可实现仓库高层合理化、存取自动化、操作简便化。自动化立体仓库的主体由立体货架、巷道堆垛起重机等组成。货架是钢结构或钢筋混凝土结构的建筑物或结构体，货架内是标准尺寸的货位空间，巷道堆垛起重机穿行于货架之间的巷道中，完成存、取货的工作。管理上采用计算机及条码技术。自动化立体仓库在工业生产、物流、商品制造、军事等领域应用广泛。

（二）自动化立体仓库的基本组成

1. 高层货架

高层货架指用于存储货物的钢结构，主要有焊接式货架和组合式货架两种基本形式，如图 8.22 所示。

图 8.22　高层货架

2. 托盘

托盘（也叫货箱）指用于承载货物的器具，亦称工位器具。

3. 巷道堆垛机

巷道堆垛机指用于自动存取货物的设备。按结构形式分为单立柱和双立柱两种基本形式；按服务方式分为直道、弯道和转移车三种基本形式。

4. 输送机系统

输送机系统是立体仓库的主要外围设备，负责将货物运送到堆垛机或从堆垛机上将货物移走。输送机种类非常多，常见的有辊道输送机、链条输送机、升降台、分配车、提升机和皮带机等。

5. AGV

AGV（Automated Guided Vehicle）即自动导向小车。根据其导向方式分为感应式导向小车和激光导向小车。

6. 自动控制系统

自动控制系统是驱动自动化立体仓库系统各设备的系统，以采用现场总线控制模式为主。

7. 储存信息管理系统

储存信息管理系统亦称中央计算机管理系统，是全自动化立体仓库系统的核心。典型的自动化立体仓库系统均采用大型的数据库系统构筑客户机/服务器体系，它可以与其他系统（如 ERP 系统等）联网或集成。

二、自动化立体仓库的特点

（一）优点

（1）节约仓库占地面积，使仓库的空间实现了充分的利用。由于自动化立体仓库采用大型仓储货架的拼装，又加上自动化管理技术使得货物便于查找，因此建设自动化立体仓库比传统仓库的占地面积小、空间利用率高。在发达国家，提高空间的利用率已经成为考核系统合理性和先进性的重要指标。在提倡节能环保的今天，自动化立体仓库在节约占地资源上有着很好的效果，也必将是未来仓储发展的一大趋势。

（2）自动化管理提高了仓库的管理水平。自动化立体仓库采用计算机对货品信息进行准确无误的信息管理，减少了在存储货物中可能会出现的差错，提高了工作效率。同时，自动化立体仓库在入库、出库的货品运送中实现了机动化，搬运工作安全可靠，减少了货品的破损率，还能通过特殊设计使一些对环境有特殊要求的货品有很好的保存环境，如有毒、易爆的货品，也减少了人在搬运货品时可能会受到的伤害。

（3）自动化立体仓库可以形成先进的生产链，促进了生产力的进步。由于自动化立体仓库的存取效率高，因此可以有效地连接仓库外的生产环节，可以在存储中形成自动化的物流系统，从而形成有计划、有编排的生产链，使生产能力得到大幅度的提升。

（4）减少库存资金积压。经过调查了解，因历史原因造成的管理手段落后，物资管理零散使生产管理和生产环节的管理难以紧密联系到位。为了达到预期的生产能力和满足生产需要，就必须准备足够的原材料和零部件，但这样便造成了物资的积压。如何解决物资积压，在降低成本的同时满足生产需要是目前各大企业亟待解决的首要问题。高层货架解决了库存物资积压问题。

（5）企业现代化的标志。现代企业采取的是集约化大规模生产模式，这就要求生产过程中各环节密切相连成为一个有机整体，要求生产管理科学实用。为此，建立自动化高架仓库系统是其有力的措施之一。

（二）缺点

（1）仓库结构复杂，配套设备多，需要大量的基建和设备投资。

（2）货架安装要求精度高，施工比较困难，施工周期长。

（3）计算机控制系统是仓库的"神经中枢"。一旦出现故障，将会使整个仓库处于瘫痪状态，收发作业中断。

（4）由于高层货架是利用标准货格进行单元储存的，所以储存货物的种类有一定的局限性。

（5）仓库实行自动控制与管理，技术性比较强，因此对工作人员的技术业务素质要求比较高，必须具有一定的文化水平和专业知识，而且需要经过专门培训的人员才能胜任。

任务六 自动化立体仓库技能实训

一、实训目的

通过本实训学习，学生了解自动化立体仓库的各种设备工作原理，体会自动化立体仓库的强大优势；掌握货物入库、出库及盘库流程，培养学生在企业中的实际操作能力。

二、实训内容

学生了解企业立体仓库业务流程、实践操作立体仓库入库和出库作业。

三、实训要求

要求学生在此实训过程中，熟悉自动化立体仓库的主要组成部分及其作用，并且熟练掌握自动化立体仓库的操作系统，做到准确无误地将货物出库、入库。

四、实训方法

整班学生集中听讲座，由教师讲解某公司的具体业务流程。

将学生分为若干组，每组10个人。学生在指导教师的带领下进行具体操作。

实训指导教师通过实训软件的后台管理系统对学生书写的有关操作进行指导，并给出考核成绩。

五、自动化立体仓库管理系统操作实训

物流公司接到客户的入库作业任务，将有三批货物送抵海星1号仓库进行入库作业处理，具体入库的货品、数量等信息如表8.1所示。

表8.1 客户订单

客户名称		北京欧乐科技				库房			海星1号
入库方式		送货				订单来源			E-mail
批次	货品	型号	条码	数量	单位	包装规格	产品规格	托盘货品量	储区储位
12002	冰箱	BXSM5091	9787880701203	20	箱	1 500 mm×550 mm×600 mm	1×1	4	平堆区
12002	蒸汽拖把	TPHJQ08	9787798966879	16	箱	700 mm×300 mm×220 mm	1×1	20	托盘货架区
12002	电机	LKCCM002	9787538557138	20	箱	600 mm×400 mm×220 mm	1×10	20	立体仓库区

备注：上述入库货品的储位信息可以结合实训库房内的实际情况进行更改，只要保证货品待上架的储位为空即可。

在实训课程前需要先做基础维护，即实训教师需要进行准备工作。实训教师首先要在"仓储管理"系统中的"基础管理"模块对待入库货品信息进行维护，同时打印待入库货品的条码，并将条码粘贴在模拟货品上。此外，实训教师还需打印备用托盘标签，并粘贴在托盘上，待入库理货时使用。最后，根据实训任务要求，在"仓储管理"系统的"配置管理"模块中配置储位存放规格信息。

基础维护操作步骤

步骤一：货品管理

货品管理在仓储管理系统中起到了对库存货品进行管理和统计的功能。在仓储管理"基础管理"模块下的"货品管理"界面进行货品信息录入和维护工作。单击【新增】按钮添加新的货品信息。

货品管理需要维护的信息包括：货品信息、货品数量对照信息、操作策略信息。本文以"电机"为例填写货品管理信息，其他货品信息维护过程相同，不再赘述。

（1）货品信息维护。在"货品"界面选择"客户名称"，通过单选框选择需要添加货品的客户名称，然后单击【确定】按钮完成设置。

录入客户名称是为了明确货物的归属权。在同品类货品出库时，系统会依据货品的归属客户进行选择，确定需要出库的货品储位信息。

填写好归属客户信息后，需要填写其他货品属性信息。

货品信息中，SKU 包装单位是指最小包装单位，即常见的销售包装。对于电机来讲，一个电机装在一个箱子里，这个箱子就是最小包装单位。

（2）货品数量对照。进入"货品数量对照"界面，单击【增加】按钮录入数量信息，系统会根据总包装和单品数量计算出每一个单品的长、宽、高。填写好上述信息后，单击【确定】按钮后会在下方的数量对照列表中列出详细信息。

（3）操作策略。操作策略主要是为货品上、下架提供支持决策的。系统会根据所选定的操作策略自动提示需要上、下架的货品储位信息。

在"操作策略"界面，可以选择上架、下架策略，单击【提交】按钮即可。本例中选定默认上、下架策略。

步骤二：货品条码

按货品归属客户的信息查询并打印。通过单选框选择客户名称。

单击客户筛选列表中的【确定】按钮。再单击"打印标签"界面中的【查询】按钮，就可以查看该客户的产品信息。勾选需要打印的产品，并选择打印机的类型，单击【打印】按钮。

货物查询方式还可以通过【货品编码】、【条形码】按钮进行查询，操作过程与按客户名称查询一致。

将打印完成后的标签贴在货品表面易于扫描的位置。

步骤三：托盘标签

设定托盘的编码方式，包括前缀、起始编号、个数、补齐长度。系统中设定的托盘编码长度为 13 位。

根据实训任务中给定的托盘编码信息，托盘编码的前缀为 80000000000，起始编号为 0，批量个数为 20，补齐长度为 2。设定编码信息后，单击【生成】按钮，就会根据设定的编码方式生成各托盘的编码串。如本例所示，就会产生 800000000000～800000000019 的编码号。待货位编码打印好后，贴在相应的货上。贴放标签时注意：贴放的位置要易于手持终端扫描。

步骤四：储位存放规格

在系统中，对货物进行入库上架的操作时，手持终端会根据货品的信息自动生成储位信息。这个功能主要就是依靠配置管理中的"储位存放规格"设置来完成的。在物流综合业务平台中，选择"仓储管理"系统，在左侧任务栏中找到"配置管理"选择"储位存放规格"，进入"存放规格设置"界面，根据实训任务中的信息及货品编号填写相应的储位规格信息。

重复上述操作，将所有需要加上操作的货物的储位规格按照案例要求设定好。根据第二条入库通知，仓库需要入库一批"电机"。电机入库存储的区域是立体仓库区。

在入立体仓库区的实训过程中，所涉及的作业区域包括：

（1）入库理货区。该区域为入库订单处理、入库检验、单据交接、货品入库理货提供作业场所。

（2）设备暂存区。货物理货清点完毕后，搬运人员需从设备暂存区取出搬运设备，将理货完成的货物从理货区搬运至立体仓库区。

（3）立体仓库区。待货物都搬运至立体仓库区的入货口，立体仓库的巷道堆垛机会启动并将货物上架到指定的储位。货物入托盘货架区的具体作业流程、涉及的作业区域、操作人员，任务流程如图 8.23 所示。

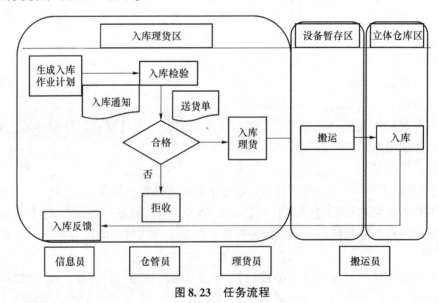

图 8.23　任务流程

入库操作步骤

步骤一：入库订单处理

信息员接到客户入库订单后，会生成入库作业计划并传递给仓库，由仓管员打印入库单处理后续入库作业任务。入库作业首先需要录入订单，并对订单进行处理，这样手持终端才能接收到作业任务，以进行后续的理货、上架操作。入库作业的首要任务是订单的录入和处理。进入"订单管理"系统"新增"入库订单。根据入库通知单的信息，分别对订单信息、订单入库信息及订单货品进行维护。保存订单后，将填写完整的入库信息生成作业计划，并打印入库单。

步骤二：入库交接

仓管员与送货员进行货物验收、交接工作。验收无问题，实收电机 20 箱。首先仓管员根据实际验收情况填写入库单实收数量并签上自己的名字，然后主动与送货员交接，要求送货员在入库单相应的位置签字确认，如图 8.24 所示。

入库单

cc 配送中心 __海星 1 号仓库__ 　　　　应收总数：20　实收总数：20

客户名称：北京欧乐科技有限公司　客户编号：0L0100880　客户指令号：　日期：

产品名称	条形码	规格	应收数量	实收数量	货位号	批号	备注
电机	9787538557138	1×10	20				

仓管员（签字）：张宇　　　　　　　　送货人（签字）：李二

图 8.24　入库单

同时，仓管员按照送货员的要求在客户单据上填写实收数量、验收意见，并在相应位置签字确认。填写后的送货单如图 8.25 所示。

送货单

日期：2012 年 8 月 9 日　　　　　　　编号：L000012001

客户信息			
客户单位	万盛物流	客户地址	北京市通州区经济开发区 7 号
货物信息			

货品名称	包装	数量	单位	实收数量
电机	纸箱	20	箱	20

客户验收意见

送货人：李二　　　　　　　　收货人：张宇

图 8.25　送货单

步骤三：入库理货

仓管员（理货员）从设备暂存区取出搬运车，拉取空托盘至入库理货区。根据电机包装箱规格 600 mm×400 mm×220 mm 进行托盘堆码作业。

电机码盘的奇数层俯视图如图 8.26 所示；其偶数层俯视图如图 8.27 所示。

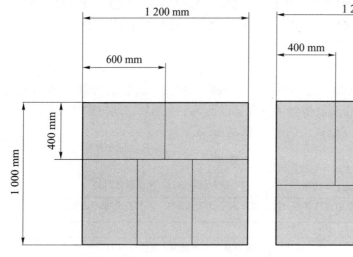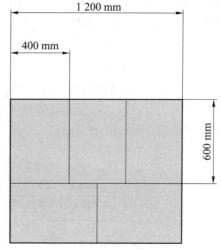

图 8.26　奇数层俯视图　　　　　　　**图 8.27　偶数层俯视图**

将货物堆码完毕后，使用给定的用户名和密码登录手持终端系统，并选择指定的库房，利用手持终端进行组托作业。

登录手持终端系统后，进入其应用操作"主功能"界面，如图 8.28 所示。在手持终端"主功能"界面单击【入库作业】按钮，出现图 8.29 所示界面。

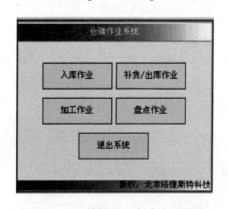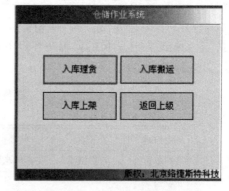

图 8.28　手持终端"主功能"界面　　　**图 8.29　"入库作业"界面**

在图 8.29 所示的"入库作业"界面中单击【入库理货】按钮，进入图 8.30 所示界面。

在图 8.30 所示中，单击【理货】按钮，进入图 8.31 所示界面。利用手持终端采集货品条码信息，信息采集成功后，系统自动提示此货物的入库目标储存区域。再利用手持终端采集托盘标签信息，信息采集成功后，出现图 8.32 所示界面。

在图 8.32 所示中填写实收数量，如不填写，手持终端系统则按照默认数量记录。此处实收数量应填写"20"，然后单击【保存结果】按钮，进入图 8.33 所示界面。进入该界面后证明理货已完毕，等待搬运上架操作。

图8.30 "理货"界面

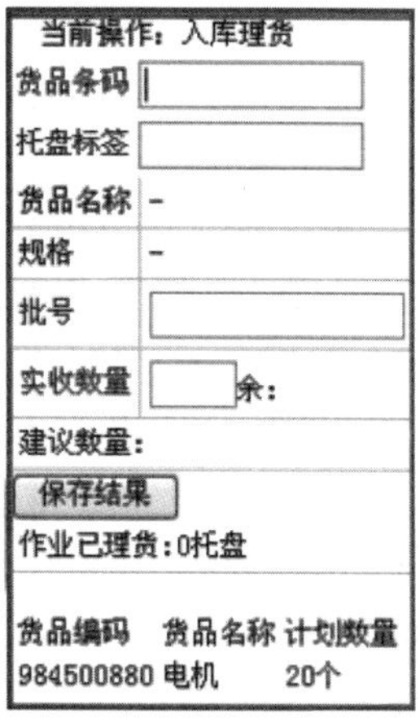

图8.31 "入库理货"界面 　　图8.32 "采集货品条码信息"界面　　图8.33 "理货完毕"界面

步骤四：入库搬运

搬运员从设备暂存区取出搬运车，并通过手持终端的提示将清点交接的货物搬运至入库上架区。

在图8.29所示的"主功能"界面单击【入库搬运】按钮，进入图8.34所示界面。

利用手持终端采集托盘标签，信息采集成功后，手持终端系统自动提示需搬运的货品名称、数量及到达地点等信息，如图8.35所示。单击【确认搬运】按钮，完成手持终端的搬运操作。

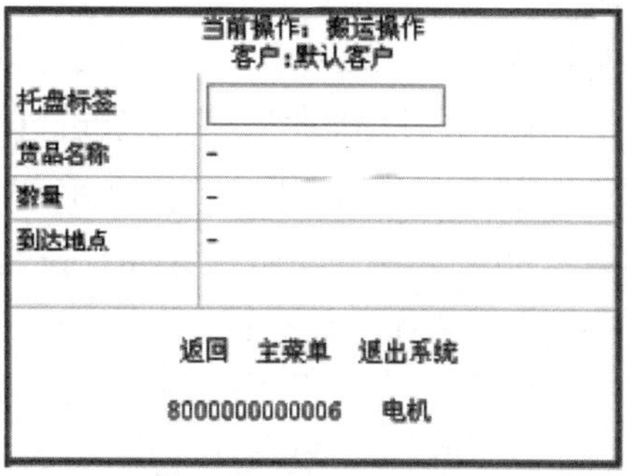

图8.34 "入库搬运"界面 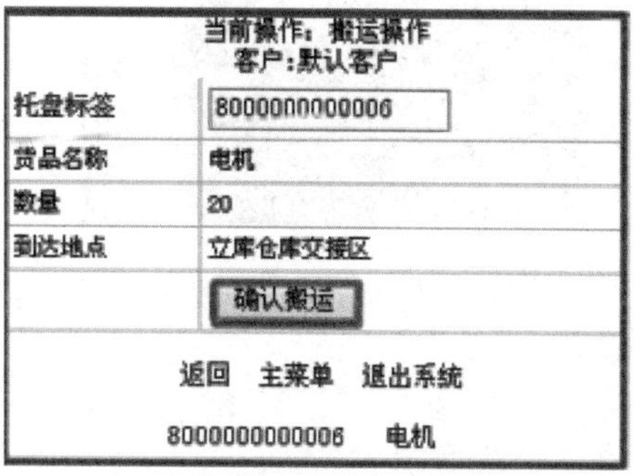　　　　　图8.35 "采集托盘信息并确认"界面

在入库理货区，将码盘放置好的货品放置到搬运车上。搬运员拖动搬运车行至立体仓库

区，将货物放置在立体仓库的入货平台处。

步骤五：入库上架

立体仓库的上架操作不同于其他区域的操作。自动立体仓库的巷道堆垛起重机会接收到手持终端发送的作业指令，自动将货物放置到指定的货位上，因此，搬运员首先需要在手持终端进行"上架"操作。

搬运员在"主功能"界面单击【入库上架】按钮，进入到"入库上架"界面，如图8.36所示。

利用手持终端扫描托盘标签，系统会自动分配储位信息，如图8.37所示。

当前操作：入库上架	
托盘标签	
名称	-
规格	-
批号	-
数量	-
储位标签	-

返回　主菜单　退出系统
8000000000006　电机

图8.36　"入库上架"界面

当前操作：入库上架	
托盘标签	8000000000006
名称	电机
规格	1×10
批号	12002
数量	20
储位标签	D01076- 　　B00000

立库仓库区B00000　　　确认上架
返回　主菜单　退出系统
8000000000006　电机

图8.37　扫描托盘标签后的"入库上架"界面

图8.38　巷道堆垛机取货

自动立体仓库根据系统分配的储位自动完成上架操作，因此在这里不需要扫描储位标签，直接单击【确认上架】按钮，巷道堆垛起重机就会启动，并将货物从入库平台叉取出来，如图8.38所示。

待货物平稳取放到货叉上后，巷道堆垛起重机会向前移动，并根据手持终端给定的上架储位，确定停止的位置，利用货车将货物推放到货架上，完成上架作业。

在"入库作业"界面单击【入库理货】按钮，进入图8.30所示界面。在图8.30所示中，单击【完成】按钮，此时完成全部入库操作。

六、实训报告

实训名称：　　　　　　　　　　　　　　　　　**课程名称：**

学号：	姓名：	实训时间：
专业：	班级：	实训地点：

一、实训目的与要求

二、实训环境

三、实训内容

四、实训步骤

五、结论、问题与解决方法 　　（此部分为实训总结，是体现实训过程的重要内容，应鼓励学生将遇到的重要问题及解决方法总结出来，以体现实训对学生技能的提升作用。）

批语：

★知识拓展　　　日本的三大物流配送中心自动化立体仓库

　　大阪物流配送中心建立了自动化立体仓库，采用了自动分拣系统和自动检验系统，从进货检验、入库到分拣、出库、装车全部用各种标准化物流条码经电脑终端扫描，由传送带自动进出，人工操作只占其中一小部分，较好地适应了高频度、小批量分拣出货的需要，降低了出错率。特别值得一提的是大阪物流配送中心为解决部分药品需要在冷冻状态下保存与分拣而采用了全自动循环冷藏货架。由于人不便进入冷冻库作业，冷冻库采用了全自动循环货架，取、放货时操作人员只需在库门外操作电脑即可调出所要的货架到库门口，存、取货作业完毕后再操作计算机，货架即回复原位。

　　富士物流配送中心具有配送频度较低、操作管理较为简单的业务特点，在物流设备上采用了最先进的大型全自动物流系统，从商品保管立体自动仓库到出货区自动化设备，进、存货区域的自动传送带和自动货架、无线小型分拣台车、电控自动搬运台车，专职分拣装托盘的机器人，全库区自动传送带等最先进的物流设备一应俱全。在富士物流配送中心，由于自动化程度很高，虽然其最大的保管容量达到 8 640 托盘，最大出货处理量可达 1 800 托盘/日，一天可安排 10 吨的进出货车辆 125 辆，但整个物流配送中心的全部工作人员才有 28 名。

　　目前在日本有 30% 以上的物流配送中心使用富士通公司开发的物流信息系统和相应的自动化物流设施来实现物流合理化改革。日本的信息技术更新换代非常快，电脑车一般一年要升级换代 3 次，刚安装的自动化装置可能很快就进入被淘汰的行列或者很快就需要投资进行更新，以适应信息系统的发展变化。而物流的实际情况也是千变万化的，单纯的自动化设置不能针对实际情况进行灵活的反映，反而是以人为本的标准化作业更有效率。富士通东京物流配送中心的最大特点是设定了简单而又合理的库内作业标准化流程，而没有采用全自动化的立体仓库和自动化分拣系统。

思考题

1. 简述自动化技术在物流中的应用及作用。
2. 简述自动化立体仓库的组成及意义。
3. 简述自动分拣系统的组成。
4. 加速发展我国物流业的自动化存在哪些阻碍？

仓储管理信息系统

项目简介

　　仓储在物流业中起着至关重要的作用，如果不能保证正确的进货和库存控制及发货，将会导致物流链上各管理费用的增加，服务质量难以得到保证，从而影响企业的竞争力。传统简单、静态的仓储管理已无法保证企业各种资源的高效利用。如今的仓库作业和库存控制作业已十分复杂化、多样化，仅靠人工记忆和手工录入，不但费时费力、容易出错，而且还会给企业带来巨大的损失。

　　目前，仓储信息化不断与互联网、通信等技术相结合，已被应用于物流领域，逐步实现全球范围内物品跟踪与信息共享，大幅提高了物流业的管理与运作效率，降低了成本。智能仓储管理信息系统已经应用在各大物流公司中。

工作流程

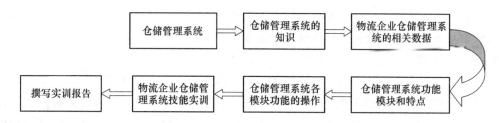

学习目标

　　（1）了解仓储管理系统的相关知识。
　　（2）掌握仓储管理系统的功能模块。
　　（3）学会操作仓储管理系统。

★ 案例导入

一、背景

四川某石油设备公司是一家专业从事石油钻采设备的研究、设计、制造、成套和服务的大型民营企业。公司总部占地面积400余亩，员工2 000多人，已经具备年产100台石油钻机和500台钻井泵的生产能力。

目前该公司总部拥有多个大型仓库，包括原料库、配件库、装备库和劳保用品库。随着企业规模的不断发展壮大，仓库只有不断地扩建才能满足企业物资存放的需要。为了能规范仓储物资管理，提高库房管理工作效率，该公司最终选择了精诚EAS－WMS仓储物资管理系统来控制整个生产过程，以使企业向生产制造柔性化和管理精细化方向发展，提高市场应对的实时性和灵活性，降低管理成本、提高库房管理工作水平。

北京精诚软件公司凭借多年仓储条码系统的开发和实施经验、专业的咨询和软件实施服务团队，与该公司结成战略合作伙伴，是精诚EAS－WMS软件在机械加工行业的又一典型案例，双方本着互惠互利的原则，为共同促进民族产业发展携手前进。

二、需求分析

该石油设备公司在仓储物资管理方面的实际需求如下：

1. 条码批次/唯一化管理

该公司的仓储物资条码管理系统采用条码按批次和唯一化管理的混合模式，对于便于唯一化管理的物资采用条码唯一化管理，一件物品对应一个条码；对于不便唯一化管理的物资采用批次条码来管理。

2. 智能货位管理

要求入库时通过扫描物资条码列出存放该物资的具体货位号，出库时通过分析同类物资在库时间长短根据"先入先出"的原则自动做出出库物资货位的选择。

3. 虚拟货位管理

即对于一些特殊的物资，在入库时，不能按正常物资那样存放到指定货位，而只能存放到库房的一定区域。因此要求系统对于用来存放这些特殊物资的区域（非货位）进行编号管理，相当于货位的概念。在此类特殊物资入库时，系统能自动判断其应该存放的区域，在出库时能自动指导库管人员到指定区域办理出库操作。

4. 出入库管理

能按设定的工作流程快速完成物资的入库、出库操作，包括物资采购入库、生产退料入库、产成品入库、生产领料出库、销售出库、售后出库等，能进行各种查询分析，提供各种报表。在入库时，按编码规则生成并打印物资条码，完成对物资条码的粘贴，同时需要相应部门完成相关操作（如采购到货单据的制作、验收移交清单的填报等）。出库时，根据相应部门流转过来的单据（如领料单、销售发货单等），系统能自动生成相应的出库单，并能指导操作员到相应的货位完成出库扫描操作。

5. 临时出入库管理

对于采购部门不能及时制作采购到货单的物资入库，要求采用临时入库管理；同时提供该类物资的临时出库管理，并能提供临时出入库物资的统计汇总和查询功能。临时入库也要求能完成物资的条码生成打印操作，在系统中也能做到条码批次或唯一化管理。

6. 仓库盘点管理

目前该公司采用的是人工盘点，费时费力，工作效率低。因此要求新系统能够在盘点管理上尽量减少人工工作量，提高工作效率和盘点准确率。

7. 库龄分析

对于在库物资应提供库龄分析报表以供查询，并且在物资出库时要求系统按先入库先出库的原则自动选择出库物资。

8. 工作提醒

由于某些业务单据处理不及时往往会造成整个业务链停滞不前，所以在系统中应该增加工作提醒功能。按预先设定的工作流程，当业务单据流转到某一用户处，在该用户登录到系统时，系统会自动弹出待处理业务提醒，用户根据提醒即可顺利完成业务处理。

9. 与企业资源计划（ERP）的数据接口

仓储管理系统从 ERP 系统中获取物资基础资料信息。在物资条码管理系统中完成的出入库业务及库存数据，在 ERP 中能够查询到相关数据及处理单据。

三、系统功能

为配合该公司信息化建设的整体进度，实施仓储物资管理系统必须遵循整体规划、分步实施的原则。经过讨论，北京精诚软件公司认为条码物资管理系统可分为前后两期来分别完成：前期项目主要是在该总公司仓库进行试点，重点完成智能货位管理、出入库管理、盘点管理、临时出入库管理等，以实现基础的数据采集和出入库管理，以及库房特殊业务的管理；后期项目将针对该公司各分公司仓库的物资管理系统进行条码化改造，最终实现全公司物资条码化追踪管理。前期项目必须考虑预留 ERP 系统的接口，同时为后期条码化管理预留接口，为实现该公司整体信息化建设奠定好基础。

（一）智能货位管理功能

在基础资料建立时，对每一个货位可存放的物资进行预先设定，同时对每一类物资可以放置的货位也做预先设定，即将物资与货位进行双向关联。这样，在进行物资入库时，只需要扫描物资条码，系统就能自动查找可以存放该物资的货位，并且将这些货位中空闲的货位列表显示出来，用户可从中选择一个货位存放该物资。

同样，在物资出库时，只要导入出库物资资料，系统即可查找出哪些货位存放该物资，并能根据物资在库库龄分析，按库龄时间长短进行排序，让操作员能快速选中库龄时间最长的物资，完成出库操作手续。

传统的货位管理只能做到事后记账，即物资存放在哪个货位在系统中记录，出库时按其存放位置去取货出库。精诚软件在该项目上提出的智能货位管理理念必将成为今后一段时间WMS 系统的一大热点。

（二）出入库管理功能

1. 物资入库

供应商送货后，由仓库检验员验收，并在系统中开具"实物验收移交清单"，实物验收清单由系统传递给库管人员和采购部，采购部根据订货合同和"实物验收移交清单"制作"采购到货单"，系统将把采购部制作的"采购到货单"传送给库管人员。系统只有在"采购到货单"和"实物验收移交清单"同时齐备时才允许进行正常入库操作。

对于"采购到货单"迟迟不能到位的情况，系统提供特殊业务处理功能，就是允许库房管理处进行临时入库操作，即只要有"实物验收移交清单"即可办理临时入库手续。在完成入库手续前，仓库管理员先用扫描枪扫描要入库的物资条码（没有条码的要先给物资生成并打印条码），采集完后，把扫描枪跟条码管理系统连接并导入条码信息，系统会提示存放货位；选择物资明细和入库仓库，就可以生成入库单并把物资明细导入到"材料入库单"里，确认入库，保存相应入库单据。

2. 物资出库

物资出库包括三种情况：生产领料出库、销售出库和售后出库。

（1）生产领料出库。由生产车间在系统中开具"领退料单"，经生产部审批后，传送到库房管理处审核，审核完成后生成"材料出库单"，并根据库龄分析将最早入库的物资进行出库处理。在完成审批手续后，仓库管理员先用扫描枪扫描要出库的物资条码，采集完后，把扫描枪跟条码管理系统连接并导入采集的条码，完成材料出库手续。

（2）销售出库。由销售部在系统中制作"销售发货单"，经销售部领导审批后，系统自动将单据传送至库房管理处，库房管理处领导审批后，系统自动根据库龄分析将最早入库的物资出库，提示库管人员物资存放货位，生成"销售出库单"。库管人员根据系统提示找到相应出库物资，用扫描枪对出库物资进行条码采集，并将采集数据导入系统，完成物资销售出库手续。

（3）售后出库。售后出库由售后部在系统中制作"售后发货单"，经售后部审核后，传送到库房管理处，经库房管理处审核，办理售后出库。出库流程基本与生产领料出库一致。

（三）仓库盘点管理功能

在仓库盘点操作上，通常采用这样的方法完成：在手持扫描终端上选择盘点操作，然后用手持终端逐一扫描库存物资，完成后再将采集的条码信息导入系统，进行盘点操作。系统会根据库存信息与采集到的条码信息进行比较，然后列出盘亏盘盈物资明细，确认后即可生成仓库盘点统计表，对所有盈亏数据进行汇总统计。经相关权限的用户确认盘点数据后，系统会更正实际库存数据。

（四）临时出入库管理功能

临时出入库管理主要指对那些实物入库但手续未完成的物资的管理。在系统中提供一个虚拟的临时库区用于存放临时入库物资，同时系统提供临时入库物资的查询、统计与分析功能和对于临时入库且已出库物资的查询功能。在入库手续完备后，系统对临时入库物资提供补办入库手续，并从临时库中将相应的数据转入正常入库。

（五）查询统计功能

（1）在库物资明细表——查看某仓库某物资的当前库存明细信息。

（2）在库物资汇总表——查看某仓库某物资的当前库存汇总信息。

（3）采购入库流水账——所有采购入库单的单据汇总信息。

（4）临时入库物资明细表——查看临时入库物资明细信息。

（5）临时入库物资汇总表——查看临时入库物资汇总信息。

（6）业务出库流水账——所有业务出库单的单据汇总信息。

（7）生产领料流水账——所有生产领料单的单据汇总信息。

（8）生产退料流水账——所有生产退料单的单据汇总信息。

（9）入库、出库单汇总——查看某时间段内采购物资的流动情况。

（10）生产领料、退料单汇总——查看某时间段内在生产线上的物资的流动情况。

各种统计表均提供了组合查询和自定义表格的功能。

（六）库龄分析管理功能

系统根据入库时间自动将同类物资按入库时间进行排序。系统提供库龄分析统计表，同时提供按在库年限的查询，此功能主要是为物资出库提供依据。按先入先出的原则，在出库时优先选择库龄时间较长的物资出库。

（七）工作督办功能

根据以往实施办公自动化（OA）系统、配送需求计划（DRP）系统的经验，同时结合该公司在某些业务环节由于办理不及时造成出入库业务不能及时办理的实际情况，在设计此套仓储物资条码管理系统时，在系统中增加一个待处理业务提示的工作督办功能。用户在登录到系统时，在用户界面上将给出待办事宜的提示信息。用户只需要单击相关的提示信息即可处理相关的业务。这样，用户只要登录业务系统，就能及时处理相关业务。

除此之外，系统还提供了生产退料入库、销售退货入库、采购退货出库、数据导入导出（Excel、TXT 格式）等业务功能。

四、实施效益

该公司实施条码仓储管理系统后，将规范各相关部门的业务操作，提高各部门之间的协作，解决目前该公司实物临时入库管理混乱的问题。条码系统将解决目前货位管理不够智能化的问题，实现入库、出库智能选择货位的功能，提高物资出入库的效率。

所有业务单据均是在系统中处理和流转，减少纸质单据的管理，逐步实现无纸化办公。条码系统将解决目前仓库盘点依靠人工清点的问题，提高盘点效率和准确率。条码系统使用业务单据的关联管理，减少业务单据的重复录入，有效提高业务部门的工作效率。同时，精诚仓储物资条码系统引入 OA 中的"待办事宜提示"，有效进行工作提醒，解决业务处理不及时的问题。

通过数据接口的开发，使条码系统与其他业务系统实时交换数据，有效保障用户的前期投资。

系统引入了物料清单（BOM）表，通过物料计算（MRP）生成"生产领料单"，这为今后 MES 系统预留了接口。

精诚条码系统的成功实施为该公司的信息化注入了新的活力，同时与 ERP 系统的有效集成大大提高了该公司从采购、库存、生产、销售到财务管理的有效协同，真正为企业搭建了一个统一集成的管理平台，使公司的信息化建设又迈向了一个更高的台阶。

任务一 仓储管理系统概述

目前，许多企业已认识到企业管理信息对企业发展的战略意义，从财务软件、进销存软件 CIMS 到 MRP、MRP II，再到 ERP，代表了中国企业从粗放型管理走向集约型管理的要求。物流企业之间竞争激烈，对成本要求更严格，企业上下游之间信息和资源的共享性更高。而仓库，尤其是制造业中的仓库，是链上的节点，不同节点的库存观不同。在物流供应链的管理中，不再把库存作为维持生产和销售的措施，而将其作为一种供应链的平衡机制，其作用主要是协调整个供应链。但现代企业同时又面临着许多不确定的因素，无论它们来自分供方还是来自生产或客户，对企业来说处理好库存管理与不确定性关系的唯一办法是加强企业之间信息的交流和共享，增加库存决策信息的透明性、可靠性和实时性。而这正是仓储管理系统所要帮助企业解决的问题。

一、仓储管理系统概念

WMS 是仓储管理系统（Warehouse Management System）的缩写，是一个实时的计算机软件系统，它能够按照运作的业务规则和运算法则，对信息、资源、行为、存货和分销运作进行更完美的管理，使其最大化地满足有效产出和精确性的要求。

仓储管理系统是通过入库业务、出库业务、仓库调拨、库存调拨等功能，综合批次管理、物料对应、库存盘点、质检管理、虚仓管理和即时库存管理等的综合管理系统。它可有效控制并跟踪仓库业务的物流和成本管理全过程，实现完善的企业仓储信息管理。该系统既可以独立执行库存操作，又可与其他系统的单据和凭证结合使用，提供更为完整、全面的企业业务流程和财务管理信息。

传统的仓储管理系统概念忽略了管理经验和自动识别硬件的缺失。仓储管理系统中的软件指的是支持整个系统运作的软件部分，包括收货处理、上架管理、拣货作业、月台管理、补货管理、库内作业、越库操作、循环盘点、RF 操作、加工管理、矩阵式收费等。仓储管理系统中的硬件指的是为了打破传统数据采集和上传的瓶颈问题，利用自动识别技术和无线传输提高数据的精度和传输的速度。管理经验指的是开发商根据其开发经验中客户的管理方式和理念整合的一套管理理念和流程，为企业做到真正的管理。

通常 WMS 按照常规和用户自行确定的原则，来优化仓库的空间利用和全部仓储作业。对上，它通过电子数据交换（EDI）等电子媒介，与企业的计算机主机联网，由主机下达收货和订单的原始数据；对下，它通过无线网络、手提终端、条码系统和射频数据通信（RFID）等信息技术与仓库的员工联系。通过上、下相互作用传达指令、反馈信息并更新数据库，同时生成所需的条码标签和单据文件。

仓储管理系统是应用条码和自动识别技术的现代化仓库管理系统，能有效地对仓库流程和空间进行管理，实现批次管理、快速出入库和动态盘点，并快速帮助企业的物流管理人员对库存物品的入库、出库、移动、盘点、配料等操作进行全面的控制和管理，有效地利用仓库存储空间提高仓库的仓储能力；在物料的使用上实现先进先出，最终提高了企业仓库存储空间的利用率及企业物料管理的质量和效率，降低了企业库存成本，提升了企业市场竞争力。

二、仓储管理系统的特点

（一）功能齐全

WMS 既能提供仓储信息管理，又能控制电子标签系统，从而形成了一套智能仓储管理系统。

（二）清爽、友好的操作界面

WMS 整个界面给用户一种友好、清晰、一目了然的感觉。系统内部众多功能安排巧妙，操作人员只要具备计算机操作常识和一定的业务能力，就可以很快上手。错综复杂的账务处理全部在系统内部完成，使系统操作变得从容、简单，既省时又省心。

（三）安全可靠的数据库

WMS 采用强大可靠的 Microsoft SQL Server 2000 大型数据库作为数据存储支持，其数据的传输速度快捷、稳定、安全性高，便于后期维护，并且其查询分析性能卓越，存储量大。

（四）功能强大、实用

WMS 提供了录入、查询、图像显示、统计和分析功能，对采购、销售、库存、应收、应付、单据报表、统计报表分析、零售等进行合理分配。对大量烦琐复杂业务可以自动生成，彻底脱离了手工操作的烦琐工作，因此各模块功能强大，应用灵活，实用性强。

三、仓储管理系统的功能

建设 WMS 的目的是独立实现仓储管理的各种功能：收货、在正确的地点存货、存货管理、订单处理、分拣和配送控制。WMS 将关注的焦点集中于对仓储执行的优化和有效管理，同时延伸到运输配送计划和上下游供应商客户的信息交互，从而有效提高仓储企业、配送中心和生产企业的仓库的执行效率和生产率，降低成本，提高企业客户的满意度，提升企业的核心竞争力。

WMS 一般具有的功能模块有：单独订单处理及库存控制管理、基本信息管理、货物流管理、信息报表、收货管理、拣选管理、盘点管理、移库管理、打印管理和后台服务系统。

WMS 系统可通过后台服务程序实现同一客户不同订单的合并和订单分配，并对基于 PTL（Photographic Technology Laboratory，摄影技术试验所）、RF（射频）、纸箱标签方式货品的上架、拣选、补货、盘点、移库等操作进行统一调度和下达指令，并实时接收来自 PTL、RF 和终端 PC 的反馈数据。整个软件业务与企业仓库物流管理的各环节吻合，实现了对库存商品管理实时、有效的控制。下面介绍 WMS 的几个基本功能。

（一）基本信息管理

系统支持对品名、规格、生产厂家、产品批号、生产日期、有效期和箱包装等商品基本信息的设置，同时能对所有货位进行编码并存储在系统的数据库中，因此系统能有效地追踪商品所处位置，也便于操作人员根据货位号迅速定位到目标货位。

（二）上架管理

系统在自动计算最佳上架货位的基础上支持人工干预，提供已存放同品种的货位、剩余空间，并根据避免存储空间浪费的原则给出建议的上架货位且按优先度排序，操作人员可以直接确认或人工调整。

（三）拣选管理

拣选指令中包含位置信息和最优路径，可根据货位布局确定拣选指导顺序。系统自动在RF 终端的界面等相关设备中根据任务所涉及的货位给出指导性路径，避免无效穿梭和商品找寻，提高了单位时间内的拣选量。

（四）库存管理

系统支持自动补货。自动补货算法，不仅可确保拣选面的存货量，而且可提高仓储空间的利用率，降低货位蜂窝化现象出现的概率。系统能够通过对货位深度信息的逻辑细分和动态设置，在不影响自动补货算法的同时，有效提高空间利用率和控制精度。

四、仓储管理系统的基本架构

企业的物流发生在企业所处的整条供应链内。WMS 是企业处理物流业务体系中的一个子系统。它具有充分的可扩展性，能够与现有系统的接口集成，和企业内其他系统协同运作。企业执行整条供应链的系统架构包括 WMS 的硬件架构和软件架构，如图 9.1 所示。

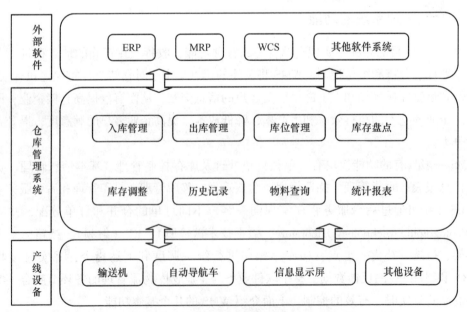

图 9.1　WMS 的硬件架构和软件架构

五、仓储管理系统的支持技术

WMS 系统集成了信息技术、无线射频技术、条码技术、电子标签技术、WEB 技术及计算机应用技术等，将仓库管理、无线扫描、电子显示、WEB 应用有机地组成一个完整的仓储管理系统，从而提高作业效益，实现信息资源充分利用，加快网络化进程。其中的关键技术主要有无线射频技术（RF）、电子标签技术、数据接口技术。

WMS 如果缺少了 RF 系统的有力支持，仓储水平未必能有大幅度的提高。完善的 WMS 是离不开 RF 系统支持的，因为 WMS 的高效率运作是以快速、准确、动态地获取货物，处理数据作为其运行基础的。而 RF 通信系统使 WMS 实时数据处理成为可能，从而大大简化了传统的工作流程。如原来的移动码就有 50 余种，现在可简化为一两个操作。实践证明，以 RF 技术为基础的 WMS，无论是在确保企业实时采集动态的数据方面，还是在提高企业效率与投资回报率方面都具有很大的优势。RF 是一种非接触式的自动识别技术，它通过射频信号自动识别目标对象并获取相关数据，识别工作无须人工干预，可以在各种恶劣环境下工作。

WMS 能否与企业的资源管理系统等实现无缝连接，成为评价其功能的重要因素，也是企业尤其是制造企业实施供应链管理或物流一体化管理的重要基础。若无此基础，企业是不能有效地实施快速响应战略（QR）或有效客户响应（ECR）战略的，而这个基础是通过接口技术来实现的。

六、仓储管理系统在我国的应用

仓储管理系统是仓储管理信息化的具体形式，它在我国的应用还处于起步阶段。目前在我国市场上呈现出二元结构：一是以跨国公司或国内少数先进企业为代表的高端市场，其应用 WMS 的比例较高，比较集中在国外基本成熟的主流品牌；二是以国内企业为代表的中低端市场，主要应用国内开发的 WMS 产品。下面主要结合中国物流与采购联合会征集的物流信息化优秀案例，从应用角度对国内企业的 WMS 概况做一个分析。

第一类是基于典型的配送中心业务的应用系统，在销售物流中如连锁超市的配送中心，在供应物流中如生产企业的零配件配送中心，都能见到这样的案例。北京医药股份有限公司的现代物流中心就是这样一个典型案例。该系统的目标：一是落实国家有关医药物流的管理和控制标准等；二是优化流程，提高效率。系统功能包括进货管理、库存管理、订单管理、拣选、复核、配送、RF 终端管理、商品与货位基本信息管理等功能模块；通过网络化和数字化方式，提高库内作业控制水平和任务编排。该系统把配送时间缩短了 50%，订单处理能力提高了一倍以上，还取得了显著的社会效益，成为医药物流的一个样板。此类系统多用于制造业或分销业的供应链管理中，也是 WMS 中最常见的一类。

第二类是以仓储作业技术的整合为主要目标的系统，主要解决各种自动化设备信息系统之间的整合与优化问题。武钢第二热轧厂的生产物流信息系统即属于此类。该系统主要解决原材料库（钢坯）、半成品库（粗轧中厚板）与成品库（精轧薄板）之间的协调运行问题。

否则将不能保持连续作业，不仅放空生产力，还会浪费能源。该系统的难点在于物流系统与轧钢流水线的各自动化设备系统要无缝连接，使库存成为流水线的一个流动环节，也使流水线成为库存操作的一个组成部分。各种专用设备均有自己的信息系统，WMS 不仅要整合设备系统，还要整合工艺流程系统，更要融入大范围的企业整体信息化系统。此类系统涉及的流程相对规范、专业化，多出现在大型 ERP 系统中。

第三类是以仓储业的经营决策为重点的应用系统，其鲜明的特点是具有非常灵活的计费系统、准确及时的核算系统和功能完善的客户管理系统，为仓储业经营提供决策支持信息。华润物流有限公司的润发仓库管理系统就是一个这样的案例。此类系统多用于一些提供公共仓储服务的企业中，其流程管理、仓储作业的技术共性多、特性少，所以要求不高，适合对多数客户提供通用的服务。该公司采用了一套适合自身特点的 WMS 以后，减少了人工成本，提高了仓库利用率，明显增加了经济效益。

任务二　仓储管理系统的业务流程

当今时代是飞速发展的信息时代，各行各业都离不开信息处理。计算机最大的好处在于它能够进行信息管理。使用计算机进行信息控制，不仅提高了工作效率，而且大大提高了信息安全性。尤其对于复杂的信息管理，计算机能够充分发挥它的优越性。使用计算机对产品仓库信息进行管理，具有人工管理无法比拟的优点。它检索迅速、查找方便、可靠性高、存储量大、保密性好、寿命长、成本低，可减少更多的人力、物力，这些都能够极大地提高货品仓储的管理效率，也是企业仓库管理科学化、正规化、与世界接轨的重要条件。因此，开发一个仓储管理系统是很有必要的，具有特殊的技术意义和管理意义。

一、软件背景

企业的仓储管理往往是很复杂、烦琐的。由于所掌握的物资种类众多，入库、出库等操作的方法各有差异，各类统计计划报表繁多，所以仓储管理需要系统的、规范的管理手段。

传统的仓储管理存在诸多弊病。因为进行信息管理的方式主要是基于文本、表格等纸介质的手工处理，所以仓库的工作人员和管理员也只是当时记得比较清楚，时间一长，如果再要进行查询，就得在众多的资料中翻阅查找了，既费时又费力，若要对很长时间以前的货品进行更改就更加困难了。对于货品出入库情况的统计和核实采用对账本的人工检查，这样不仅无法约束管理者的权限等，而且任何人都可查看，容易引起资料外泄。另外，数据信息处理工作量大，容易出错，而且数据繁多，容易丢失，且不易查找。因此物资管理必须实现计算机化，而且必须根据企业的具体情况制订相应的方案。

使用仓储管理系统，既可以对信息进行规范管理、科学统计和快速查询，减少管理方面的工作量，同时又能调动广大员工的工作积极性，提高企业的生产效率。

二、国内外现状和发展趋势

现在国内外对此类系统的开发与研究注重实用性，基本上能满足各企业仓储方面的管理要求。目前的各类系统又都没有针对大众的广泛应用，只能运用于某个企业或单位，这一点还有待于今后的进一步开发与改进。

日常生活中最常见的管理软件就是超市结账用的扫描系统。红外扫描码技术的诞生使企业能够避免手工输入所导致的误差，并且提高操作效率。对每个物品进行唯一编码、数字化，这是计算机技术给我们生活带来的最大改变。如今在国内，仓储管理系统屡见不鲜，基本大中型企业都有自己的管理系统，网上也有很多开源的数据管理平台，但是仓储管理软件总体上是各自为政，无法做到集成化。设计出良好的仓储管理软件，拥有友好的用户界面，提高用户体验，能够使用户非常快速地进行数据处理和查询，是当前仓储管理软件的要求。这样能够减少企业数据管理人员的培训成本，能够对系统进行二次开发和代码重构，使软件能更适应企业和市场需求。

三、行业现状

随着我国经济的飞速发展，各种类型、规模的企业迅速崛起。对于每个企业来说，随着企业规模的不断扩大，产品数量的急剧增加，所生产产品的种类也会不断地更新与发展，有关产品的各种信息量也会成倍增长。

面对庞大的产品信息量，如何有效地管理仓库产品，对这些企业来说是非常重要的。仓储管理的重点是销售信息能否及时反馈，能否确保企业的运行效益。仓储管理涉及入库与出库、经办人员与客户等方方面面的因素，如何管理这些信息数据，是一项复杂的系统工程。这些充分考验着仓库管理员的工作能力，工作量的繁重是可想而知的。因此借助仓储管理系统来提高仓库管理工作的效率，对信息的规范管理、科学统计和快速查询，减少管理方面的工作量，同时对调动广大员工的工作积极性、提高企业的生产效率，都具有十分重要的现实意义。

四、仓储作业流程简介

(一) 仓储作业流程

仓储作业流程是指以保管活动为中心，从仓库接收商品入库开始到按需要把商品全部完好地发送出去的全部过程。

仓储作业是指以货物入库、保管、出库为中心的一系列作业阶段和作业环节的总称。仓储基本作业主要由入库、保管、出库三个阶段组成。按其作业顺序，还可以细分为接运、验收、入库、保管、出库、发运等几个作业环节，如图9.2所示。

具体来说，现代仓储作业的仓储流主要有实物流和信息流。实物流是指库存物实体空间移动的过程，从仓库外流向仓库内，并经合理停留后再流向仓库外的过程，如图9.3所示。

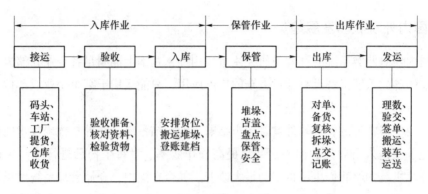

图 9.2　仓库的基本作业流程

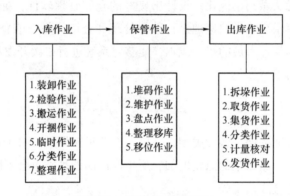

图 9.3　现代仓储实物流

从作业内容和顺序而言，主要有接运、检验、整理入库、保养管理、分拣与集中、装车、发运等环节。实物流是仓储作业最基本的过程，物流仓储各部门和各作业都是为了保证实物流商品的合理流动。信息流是库存物信息的流动。实物流伴随着信息流的实现，信息流离不开实物流运行，信息流是实物流的前提，控制着实物流的流向、流量、流速。信息流包括与实物流相关的物流单据、凭证、台账、报表、技术资料，它们在仓储各作业阶段填制、核对、传递。

（二）仓储作业的目标

仓储作业的目标就是按照仓储活动的客观要求和仓储管理的需要，把与仓储有直接关系的部门、环节、人和物尽可能合理地组织搭配起来，使工作协调、有效地进行，加速商品在仓库中的周转，合理地使用人力、物力，以取得最大的经济效益，即实现仓储活动的"快进、快出、多储存、保管好、费用省"。

五、仓储业务过程

（一）入库业务

入库业务也叫收货业务，它是仓储业务的开始。入库作业计划是存货人发货和仓库部门进行入库前准备的依据。入库作业计划主要包括到货时间，接运方式，包装单元与状态，存储时间，物品的名称、品种、规格、数量，单件体积与重量，物理、化学、生物特性等详细信息。物品入库管理是根据物品的入库凭证，在接收入库物品时进行的卸货、查点、验收、整理、堆码、办理入库手续等各项业务活动的计划和组织。入库业务流程如图9.4所示。

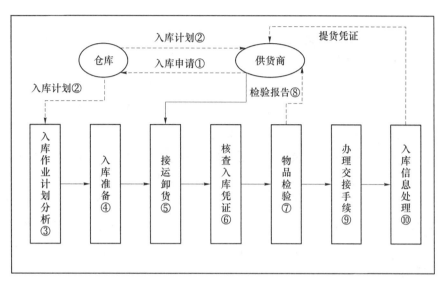

图9.4　入库业务流程

仓库部门对入库作业计划的内容要进行分析，并根据物品在库时间，货物的物理、化学、生物特性，单品体积、重量，包装物等，合理安排货位，仓库部门通过对入库作业计划做出测评与分析之后，即可进行物品入库前的准备工作。

1. 入库前的准备工作

（1）加强日常业务联系。仓储经营者应按计划定期与货主、生产厂家以及运输部门联系，了解将要入库货物的情况。如货物的品种、数量、规格、包装、单位体积、到库时间、存期、理化特性、保管要求等。

（2）妥善安排货位。根据入库货物的性质、数量、类别，按分区保管要求，核算所需的货位面积，确定存放的货位，留出必要的验收场地。安排货位时要按时对仓库进行清查、整理、归位，以便腾出空间。对于必须使用重型设备操作的货物，一定要确保可使用设备的货位。

（3）做好货位准备。在货物入库前，仓库保管员应及时、彻底清洁货位，清除残留物，清理排水管道，必要时进行消毒、除虫、铺地。详细检查照明、通风等设备，若有损坏应及时通知修理。

（4）合理组织人力。按照货物到达的时间、地点、数量等，预先做好到货接运、装卸搬运、验收、堆码等人力的组织安排。

（5）准备设备、工具。根据入库货物的种类、包装、数量等情况，确定搬运、验收、计量的方法，配备好所用车辆、验收器具和其他装卸搬运堆码的工具，还有必要的防护用品及用具。

（6）备足苫垫用品。根据入库货物的性能、储存要求、数量多少以及保管场所的具体条件，确定入库物资的堆码形式和苫盖、下垫形式，做到物资的堆放和苫垫工作同时完成。

（7）装卸搬运工艺设定。根据货物、货位、设备条件、人员情况，合理科学地制订卸车搬运工艺，保证作业效率。

（8）文件单证准备。对货物入库所需的各种文件单证，如入库记录单、理货检验单、料卡、残损单等妥善填写。

2. 入库作业管理

在入库业务环节中，应注意认真做好业务记录，并与承运人共同签字，以便分清责任；做到手续简便清楚、作业快而稳定、计数准确无误，并认真把好入库关。

（1）物资接运。物资接运人员要熟悉运输部门和有关供货单位的制度和要求。

（2）货物验收。货物验收人员收集、整理并熟悉各项验收凭证、资料和有关验收要求。

（3）办理货物入库手续。由保管员和收货员根据验收结果，在商品入库单上签收。同时，将物资存放的库房（货场）、货位编号批注在入库单上，以便记账、查货和发货。经复核签收的多联入库单，除保管人员存一联备查，账务员留一联登记物资账外，其余各联给货主，作为存货的凭证。

（二）出库业务

物资出库业务管理是仓库根据出库凭证将所需物资发放给提货单位所进行的各项业务管理。它是仓库作业的最后一个环节，仓库工作部门需要和运输部门、货主进行联系。商品出库要做到及时、准确、保质保量，尽量一次完成。出库业务流程如图9.5所示。

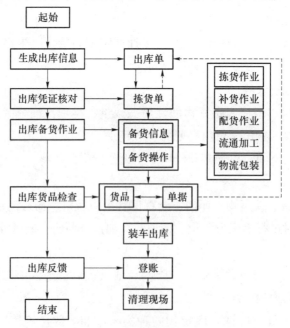

图9.5 出库业务流程

1. 出库前的准备

（1）制订计划。确定发货的货区货位；检查出库商品，拆除货垛苫盖物；安排好出库商品的堆放场地；安排好机械设备和人力。

（2）分拣配货和流通加工。有拆拼箱业务的仓库，在发货前要进行分拣配货。准备好相应的包装材料和标签、刷写包装标志的用具，根据情况对原包装进行整理加固或改换包装。

2. 核对出库凭证

核对出库凭证（提货单、领料单、调拨单）。严禁无凭证、电话、口授发货，任何白条都不能作为发货凭证。仓库在接到出库凭证后，由业务部门审核提货人，运输方式，结账方式，银行账号，货物的品种、规格、数量、总价，财务、保管、主管签名是否齐全、正确，有无涂改。

审核无误后，按照出库单证上所列的物资品名、规格、数量与料卡再做全面核对。无误后，在料卡上填写预拨数后，将出库凭证移交给仓库保管人员。保管员复核料卡无误后，即可做物资出库的准备工作。

3. 备料出库

坚持"先进先出"的原则，检查随货出库的文件资料。

4. 全面复核查对

查对物资的品名、规格是否相符；物资数量是否准确无误；各种技术证件是否齐全；包装质量如何。

5. 交接清点

出库发运之后，仓库保管人员应及时做好清理工作，及时注销账目、料卡，调整货位上的吊牌，以保持物资的账、卡、物一致。要保存好发货凭证。

（三）保管作业

在仓储业务流程中，商品的保管贯穿于出、入库中。商品保管的目的在于维护商品的质量，保护商品的使用价值。因此，商品保管的内容主要有两个方面：一方面是研究商品在仓储配送过程中受内外因素的影响，质量发生变化的规律；另一方面是研究商品在仓储配送过程中的科学养护方法，以保证商品的质量，避免和减少经济损失。

"以防为主、防治结合"是商品保管养护的核心，要特别重视物品损害的预防，及时发现和消除事故隐患，防止损害事故的发生。特别要预防发生爆炸、火灾、水浸、污染等恶性事故和造成大规模损害事故。在发生、发现损害现象时，要及时采取有效措施，防止损害扩大，减少损失。

任务三　仓储管理实训一

一、实训目的

（1）熟悉仓储的流程及仓储管理工作。

（2）掌握仓储管理系统软件的操作及其功能。

（3）熟悉仓储管理系统软件的基础数据、货位管理、计划调度、入库作业、出库作业、库存监控、库存管理、仓库规划等几个模块。

二、实训准备

（1）学生在进行任务之前，学习和查阅相关信息的理论知识点。

（2）学生要熟悉仓储业务流程。

三、相关知识

（一）仓储管理中的货物异常处理

1. 货物的异常情况

货物的异常情况包括包装开封、破损、变形、受潮、唛头型号不对、数量不符、霉烂、虫蛀、异味、倒堆等。

2. 处理方法

如发现货物异常则停止卸货，并进行现场实物拍照，然后先口头通知配送中心相关业务代表，并确认是否可卸货，如可以卸货则安排卸货，否则应等待卸货指令，填写异常报告。

（二）装卸货物过程中应该注意的事项

在货物进库过程中，监督卸货人员要严格按照"轻压重，小压大，整齐摆放，不超货物限高要求"的原则进行装卸，同时协助开、锁电梯。

1. 数量及型号（部件号）验收

清点货物的数量，分别核对包装件数和货物数量，首先点数和做记录。点数以整箱为单位，同时要核对实物上外箱的个数与入仓单上的个数是否相符。

2. 质量验收

质量验收是从包装外观进行检查，检查内容包括外包装有无开封破损、渗湿、污染、霉烂、虫蛀、异味等，如有上述现象，应立即停止入仓并通知部门领导进行处理或做异常处理。由于入仓货物为海关监管货物，所以不能擅自拆封。

3. 包装验收

包装验收即外包装标识查验，内容包括检查有无易燃、易爆等危险标志，外包装标识上的型号、唛头型号、个数等是否与所提供的单证一致，如不符立即通知配送中心相关客服代表或填写来货异常报告。

（三）相关概念

1. 呆滞部件

部件在仓库存放的天数超出操作员设定的天数即为呆滞部件。如果操作员设定的呆滞天数为10，那么在仓库放置10天以上的部件均为呆滞部件。

2. 出租率

在一定的时间内（一般以月为单位），一个实际仓库仓位出租的天数就是出租率。可以根据仓库的使用情况计算出仓位的出租率。

3. 中转率

对各个仓位的货物周转率进行统计。仓位中转率的统计是以月为单位，每次可以查询一个仓位一年的中转率。查询条件为：年份、仓位。

四、实训内容

（1）入仓部件查询。

（2）出仓部件查询。

（3）部件编号查询。

（4）部件名称查询。

（5）呆滞部件查询。

（6）进出部件查询。

（7）当前库存查询。

（8）历史库存查询。

（9）出租率查询。

（10）中转率查询。

（11）历史仓位查询。

五、实训步骤

一个比较完善的物流管理系统，应该有比较完善的查询功能，使有关人员可以根据查询条件对入仓部件、出仓部件、部件编号、部件名称、呆滞部件、进出部件、当前库存、历史库存、出租率、中转率、历史仓位等进行查询操作。

（一）入仓部件查询

入仓部件查询主要是查询部件的入仓实际库存情况。查询条件包括入仓单号、供应商名、购买商名、部件编号、部件中英文名称和入仓时间段。操作员可以根据其中的一个或几个条件查询到部件的入仓资料，如图9.6所示。

进入入仓部件查询界面后，输入一个或几个条件，单击【查询】按钮，即可在列表区查询结果。

其中，日期的格式为

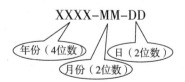

入仓时间段默认为当前日期的前一个月。

图9.6 "入仓部件"查询界面

（二）出仓部件查询

出仓部件查询主要是查询出仓部件的出仓情况，如出仓的部件数量等。查询条件包括出仓单号、购买商名、出仓时间段、部件编号和部件中英文名称。操作员可以根据其中的一个或几个条件查询到部件的出仓资料，如图9.7所示。

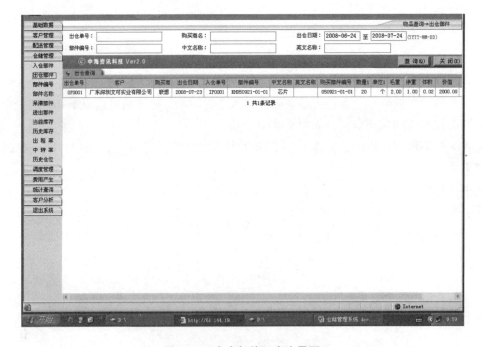

图9.7 "出仓部件"查询界面

进入出仓部件查询界面后，输入一个或几个条件，单击【查询】按钮，即可在列表区查询结果。

其中，日期的格式为 XXXX－MM－DD，出仓时间段默认为当前日期的前一个月。

（三）部件编号查询

部件编号查询可以查询到部件的入仓情况，并按照部件编码顺序显示出来。查询条件包括入仓单号、购买商名、供应商名、部件编号和入仓时间段，如图9.8所示。

图9.8 "部件编号"查询界面

进入部件编号查询界面后，输入一个或几个条件，单击【查询】按钮，即可在列表区查询结果。

其中，日期的格式为 XXXX－MM－DD，出仓时间段默认为当前日期的前一个月。

（四）部件名称查询

部件名称查询可以查询到部件的入仓情况，并按照部件名称排列显示。查询条件包括购买商名、供应商名、部件名称和入仓时间段，如图9.9所示。

进入部件名称查询界面后，输入一个或几个条件，单击【查询】按钮，即可在列表区查询结果。

其中，日期的格式为 XXXX－MM－DD，入仓时间段默认为当前日期的前一个月。

（五）呆滞部件查询

呆滞部件查询可以对呆滞的货物进行查询。查询条件包括购买商名、供应商名、部件名称和呆滞天数。

进入呆滞货物查询界面之后，输入一个或几个条件，单击【查询】按钮，即可在列表区查询结果。

图 9.9 "部件名称"查询界面

注意："天数"为操作员设定的呆滞天数，例如：天数为 10，表示在仓库放置 10 天以上的货物均为呆滞天数。

（六）进出部件查询

进出部件查询主要是对货物的入仓和出仓情况进行查询。查询条件包括客户名称、供应商、购买商、入仓单号、部件编号、部件名称和入仓时间段，如图 9.10 所示。

图 9.10 "进出部件"查询界面

进入进出部件查询界面后，输入一个或几个条件，单击【查询】按钮，即可在列表区查询结果。

其中，日期的格式为 XXXX – MM – DD，出仓时间段默认为当前日期的前一个月。

（七）当前库存查询

当前库存查询可以查询到各个仓位的当前库存情况，查询条件包括仓位。界面上设置了三个查询按钮，其中，【查询（仓位）】表示查询的结果按照仓位的顺序排列；【查询（日期）】表示查询的结果按照入仓日期顺序排列；【查询（单号)】表示查询的结果按照入仓单号的顺序排列，如图 9.11 所示。

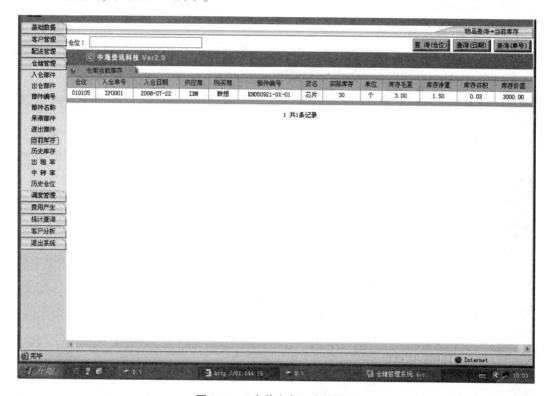

图 9.11　"当前库存"查询界面

进入当前库存查询界面后，系统会将所有的库存情况列出来。操作员只需要输入仓位，然后根据自己的需要单击三个查询按钮中的一个，就可以得到自己需要的结果。

（八）历史库存查询

历史库存查询可以查询到任意一天的库存情况，查询条件包括仓位、日期。

界面上设置了三个查询按钮，它们的意义分别为：【查询（仓位）】表示查询的结果按照仓位的顺序排列；【查询（日期)】表示查询的结果按照入仓日期顺序排列；【查询（单号)】表示查询的结果按照入仓单号的顺序排列。

进入历史库存查询界面后，系统会自动列举出当天的库存资料。操作员可以根据需要输入仓位或日期，然后单击三个查询按钮中的一个，就可以得到自己需要的结果。

（九）出租率查询

出租率查询可以得到根据仓库的使用情况计算出的仓位出租率。仓位出租率的统计是以月为单位的，每次可以查询一个仓位一年的出租率。查询条件包括年份、仓位。

进入出租率查询界面后，选择查询年份，填写查询仓位，然后单击【查询】按钮，即可得到自己需要的结果。

（十）中转率查询

进入中转率查询界面后，选择查询年份，填写查询仓位，然后单击【查询】按钮，即可得到自己需要的结果。

（十一）历史仓位查询

历史仓位查询是对仓位修改进行的查询。查询条件包括作业单号（转仓单号）、入仓单号、客户名称和转仓日期段等，如图 9.12 所示。

图 9.12　"历史仓位"查询界面

进入历史仓位查询界面后，操作员可以输入一个或几个条件，然后单击【查询】按钮，即可得到查询的结果。

注意：日期格式为：XXXX - MM - DD，系统默认为当前日期的前一个月。

六、实训报告

实训名称：　　　　　　　　　　　　　　　　　　课程名称：

学号：	姓名：	实训时间：
专业：	班级：	实训地点：

一、实训目的与要求

二、实训环境

三、实训内容

四、实训步骤

五、结论、问题与解决方法
　　（此部分为实训总结，是体现实训过程的重要内容，应鼓励学生将遇到的重要问题及解决方法总结出来，以体现实训对学生技能的提升作用。）

批语：

任务四　仓储管理实训二

一、实训目的

学生能够根据查询条件在系统中对入仓部件、出仓部件、部件编号、部件名称、呆滞部件、进出部件、当前库存、历史库存、出租率、中转率、历史仓位等进行查询操作。

二、实训内容和流程

（一）入仓

1. 入仓卸货

仓库调度收到入仓单和作业单，将单证安排给仓管员准备入仓前的工作，车到了以后核对单、货相符后就可以进行卸装，同时仓管员根据实际工作内容填写好入仓记录表和装卸作业单。

2. 入仓验货

仓管员要在货物装卸过程中做好货物的验收。根据入仓单确认卸装的货物是否正确，点清货物数量，检查是否有破损或者外包装有异常；外包装标识是否与入仓单一致。

3. 异常报告

装卸工在装卸过程中发现货物有多收、少收、缺损、受潮、唛头不符等其他异常情况时，应立即停止入仓并通知仓库主管进行处理或填写异常处理报告，找客户或司机签名确认，必要时在签收托运单上签实收数量。

4. 仓位确认

卸货完毕后仓管员根据叉车司机提供的仓位信息核对数量，包括核对记录表上与入仓单上的数量（箱数和个数），核对记录表上与仓位上的数量（板数）。进货确认单上应填写货物的真实仓位。装卸作业单和进货确认单在第二天返还配送中心。

仓储部入库收到和应制作的单证：

（1）入仓单（Receipt List）。

（2）入（出）仓记录表。

（3）装卸作业单。

（4）货物异常报告（Mis – Match Damaged Report）。

（5）进货确认单（Cargo In – Coming Check List）。

（二）仓储部出仓工作流程

（1）仓储部在接收出仓指令后，仓库主管首先会对出仓指令进行确认，然后核对出仓指令与库存是否相符，最后将信息反馈给配送中心。

（2）配送中心在接到仓储部发送的信息后，就可以进行选货和配货。配送中心根据选货单进行实物选货、配货，并确定车型，制作订车单传送给运输公司。

（3）运输公司的司机要到配送中心拿一份装车单（即 Load Plan）给仓储部的仓管员。仓管员据此指挥司机停靠在指定的车位上，然后核对装车单上的货名、数量和客户名是否与实物相符，核实无误后开展装车作业。

（4）装车完毕后，要对货物进行拍照。一般的客户要求是在整箱货物装完后只拍一两次就可以，但 Aspen Plus 要求是每装一排货就要拍一张照片。

（5）拍照完成后，就可以进行封柜，司机确认后在装车单上签名。仓管员要写放行条给司机，然后司机将货物运离仓库开往目的地。

（6）货物运离仓库后，仓管员在系统上录入相关信息，然后填写装卸作业单。一般情况下，装卸作业单、装车单在第二天返回配送中心。

仓储部出仓收到和应制作的单证：

（1）出仓单。

（2）装卸作业单。

（3）出仓记录表。

货物出仓流程如图9.13所示；装卸作业单如表9.1所示。

三、实训任务

（一）入仓实训角色安排

仓库主管：进行进出库的管理，对货物异常进行处理。

仓库调度：接收由配送中心发过来的入仓单和装卸作业单的空表，并分配相应的仓管员和装卸工进行卸货。

仓管员：仓管员根据实际工作内容填写好入仓记录表和装卸作业单。在进货确认单上填写货物的真实仓位。如果货物出现异常情况，制作货物异常报告，并且要求客户或司机前来确认。

叉车司机：根据调度安排装卸货物，在装卸过程中检查货物的外包装有无损坏，把货物放在规定的仓位上。

（二）出仓实训角色安排

仓库主管：接到出仓指令后进行资料的确认和信息数据的最后核对。

仓库调度：接到出仓指令单后，调度员根据出仓指令单上的信息进行调度，安排仓管员、叉车司机和搬运工的工作。

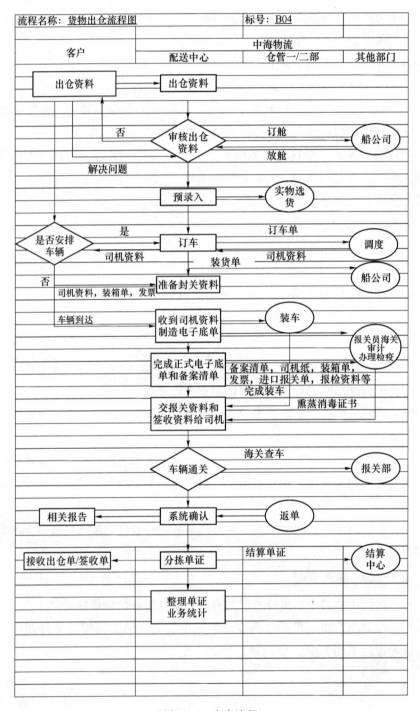

图9.13 出仓流程

表9.1　装卸作业单

No：6011378　　　　　　　　　　　　　　　　　　　　　年　　月　　日

客户名称：ASPEN	货物名称：	数量：

入仓/出仓号：	车号：	柜号：	作业地点：

货物实际作业体积		货物实际作业质量	

接驳过车	□ 进口　□ 出口	车辆吨位□　数量□	过夜天数□
作业内容	□ 进仓　□ 出仓　□ 贴标签　□ 打包　　□ 转堆		
车型数量	45尺×□　40尺×□　20尺×□　10吨×□　8吨×□　5吨×□　3吨×□		
作业时间	□时□分至□时□分	超时加班　□ 时　加班人数　□ 人	
作业方式	□ 人力叉车合作　□ 叉车　□ 人力　□ 人力辅助		

项　目	数　量	单　价	金　额

备注	
	仓库（盖章）

业务员：　　　　　　仓管员：　　　　　　叉车工：　　　　　　客户：

仓管员：根据选货单和装车单上的信息进行选货和配货，对货物实际出仓的情况如实地填写报告，并在装车单上签名确定。在货物运离仓库后，还要填写装卸作业单。

叉车司机：根据调度安排装卸货物，把货物从指定的仓位上装运到车上，在装卸过程中检查货物外包装有无损坏。

（三）结算中心作业角色分配

结算中心依据公司与客户签订的合同和其他单证对仓租进行计算，然后对所有已经产生的费用进行审核和结算操作，如表9.2所示。让学生分别扮演收款人和付款人两种角色，计算所有费用并制作应收对账单和应付对账单。

表9.2　结算中心角色分配

职位	人数	任务	备注
收款人	1	制作应收对账单　收款	
付款人	1	制作应付对账单　付款	

1. 仓租计算

在实际的操作中，仓租分为包租和散租两种。由于仓租费用是与时间的累计有关，所以不能在入仓或者出仓的时候即时产生，而是在结算时计算产生。

仓租是按客户、按单计算的，其计算公式为：

包租＝单价×面积×包租周期（其中非月初入仓的物品按照天计算）

散租＝单价×计费单位量×时间

管理费＝仓租×n%（按比例）

2. 费用核查

应收费用指的是本公司要向客户收取的费用。应付费用表示的是本公司应该付给相关公司的费用。

费用的类型有仓租、运输、装卸、处理、加班、报关、其他七种费用。

3. 结算中心制作应收账单和应付账单

应收账单主要是列出某个客户某段时间应该付给本公司费用的账目清单。应付账单主要是列出本公司在某段时间内应该付给某客户的费用清单。

4. 相关单据

应收对账单如表9.3所示；应付对账单如表9.4所示。

表 9.3 应收对账单

客户名称：

日期	作业单号	费用单号	线路	车型	车牌	费用名称	作业数量	单价	折扣	应付金额	开始日期	结束日期
						报关						
						报检						
						代理						
						封关						
						EDI单证						
小计												
总计												

表 9.4 应付对账单

客户名称：

日期	作业单号	费用单号	线路	车型	车牌	费用名称	作业数量	单价	折扣	应付金额	开始日期	结束日期
						运输						
						空返						
						压车						
						查车						
小计												

四、实训报告

实训名称：　　　　　　　　　　　　　　　　课程名称：

学号：		姓名：		实训时间：
专业：		班级：		实训地点：

一、实训目的与要求

二、实训环境

三、实训内容

四、实训步骤

五、结论、问题与解决方法

　　（此部分为实训总结，是体现实训过程的重要内容，应鼓励学生将遇到的重要问题及解决方法总结出来，以体现实训对学生技能的提升作用。）

批语：

★**知识拓展**　　　　**各种仓储货架方式的比较与分析**

某仓库长和宽是 48 m × 27 m，该仓库托盘单元货物尺寸为 1 000 mm（宽）× 1 200 mm（深）× 1 300 mm（高），重量为 1 t。仓库若采用窄通道（VNA）系统，可堆垛 6 层，仓库有效高度可达 10 m；而其他货架方式只能堆垛 4 层，有效高度为 7 m。

下面比较几种不同的货架和叉车、堆垛机系统方案，以及货仓容量、叉车类型和最佳性价比。

一、窄通道系统

该系统货物可先进先出，取货方便，适用于仓库屋架下弦较高的情况，如 10 m 左右。因采用高架叉车，采购价为 58 万元，地面需要加装侧向导轨。叉车通道宽为 1 760 mm。总存货量为 2 088 个货位。货架总造价为 41.76 万元，仓库总造价为 129.6 万元，工程总投资为 229.36 万元，系统平均造价为 1 098 元/货位。

二、驶入式货架系统

货物先进后出，且单独取货困难；但存货密度高，用于面积小、高度适中的仓库。该系统适用于货品单一、成批量进出货的仓库。系统采用平衡重式电动叉车，采购价为 22.5 万元，叉车直角堆垛通道宽度为 3 200 mm，总存货量为 1 812 个货位。货架总造价为 43.5 万元，仓库建筑总造价为 123.12 万元，工程总投资为 189.12 万元，系统平均造价为 1 044 元/货位。

三、选取式货架系统

货物可先进先出，取货方便。该系统对货物无特殊要求，适用于各种类型货物，但属于传统型仓库系统，货仓容量较小。系统采用电动前移式叉车，采购价为 26 万元，叉车直角堆垛通道宽度为 2 800 mm，总存货量为 1 244 个货位。货架总造价为 16.2 万元，仓库建筑总造价为 123.12 万元，工程总投资为 165.32 万元，系统平均造价为 1 329 元/货位。

四、双深式货架系统

货物可先进后出，取货难度适中。该系统货仓容量较大，可与通廊式货架媲美；且对货物和货仓无特殊要求，适应面广。系统采用站驾式堆高车和伸缩叉，采购价为 25 万元，叉车直角堆垛通道宽度为 2 800 mm，总存货量为 1 716 个货位。货架总造价为 24 万元，仓库建筑总造价为 123.12 万元，工程总投资为 172.12 万元，系统平均造价为 1 003 元/货位。

通过以上叙述可以看出，除了投资成本的不同，4 种货架仓储方式各有自己的特点，具体如下：

（1）窄通道系统能有效利用仓库的空间（通道最小），同时又能保证有很好的存取货速度和拣选条件（每个托盘都能自由存取和拣选）。该类仓库系统，每台设备的存取货速度为每小时 30 ~ 35 个托盘。适合于各种行业，特别是对种类比较多，或要求进出速度较快的情况。如果仓库越大、仓库的进出量越大，使用该系统的设备数量增加不会很多，成本反而更低。近年来，这种系统的仓库已越来越多，特别是大型仓库。

（2）驶入式系统可以有效利用仓库的空间（货架排布密度大），但不能满足拣选的要求。每个托盘不能自由存取。适合于种类比较单一、大批量进出状况的作业。该系统的出货速度不快，每小时只有 10 ~ 12 个托盘。该系统一般在较少的行业中使用。

（3）选取式货架系统是使用最广泛的一种，虽然不能非常有效地利用仓库的空间，但能保证有很好的存取速度和拣选条件（每个托盘都能自由存取和拣选）。该类仓库系统，每台设备的存取速度为每小时 15 ~ 18 个托盘，适用于各种行业。随着仓库增大，仓库的进出量越大，使用该系统的设备数量增加会较多，所以成本会增加；但它的灵活性非常好，第三方物流的仓库大都采用这种形式。

双深式货架系统是选取式和驶入式货架系统的结合体，可以非常有效地利用仓库的空间（货架排布密度较大），又能保证有很好的存取货速度和拣选条件（两个托盘都能自由存取和拣选）。该类仓库系统，每台设备的存取速度为每小时 12 ~ 15 个托盘。它的灵活性也较好，如果仓库增大，仓库的进出量也增大，使用该系统的设备数量增加却不会较多，所以其成本基本保持不变。近年来，这种系统的仓库使用已逐步增多，没有行业限制，但货物种类不能太多。

综合来看，每种仓库系统各有特色，各公司要按照各自行业的特点来选择最适合的、性价比最好的系统。当然，各个系统并不是独立的，可以结合起来同时使用，根据不同的物流方式、进出速度、货物品种、进出量来选择。

思考题 \\\\\

1. 仓库的入库流程是什么？
2. 入库前的准备工作有哪些？

运输管理信息系统

 项目简介

运输是物流运作的重要环节，在物流的各个环节中运输的时间及成本占有相当大的比例。运输管理是对运输方式、运输工具、运输网络、运输任务、运输过程的控制与优化，在这个运输网络中传递着不同区域的运输任务、运输资源、运输状态等信息。

运输信息管理是对运输工具、人员、货物及运输中各个环节信息的管理，主要涉及货物跟踪管理、运输车辆运行管理和物流实施信息跟踪管理。运输的效率直接影响整个物流系统的运作，这就需要借助运输管理信息系统。

工作流程

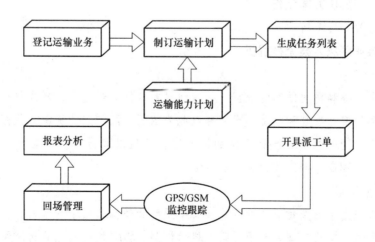

学习目标

（1）掌握运输过程中的人、车、货、客户及费用核算进行有效的协调和管理。

（2）掌握车辆安排、路线规划、路线优化的方法。

（3）学会利用跟踪系统进行实时网上车辆调度、客户服务，实现物流成本控制及其各种账务的管理。

（4）学会对各种资源的实时监控、协调及智能化管理。

★案例导入　　　　**大田公司为适应市场需求建立的运输管理系统**

大田集团创建于1992年，是经中国对外贸易经济合作部（现商务部）、中国民航总局（现中国民航局）批准的一类一级国际货运代理企业，2001年被国家经贸委列为国家重点扶持的物流企业之一，2007年被授予国家AAAAA级物流企业、首批企业信用评价AAA级信用企业。

长期以来，大田集团致力于促进中国物流的发展和进步，通过引进具有国际化视野的管理团队和专业人才，构筑适应当代物流市场需求的经营模式和管理模式，以及现代物流IT信息技术的研发和应用等举措，已经建立起了与国际接轨的第三方综合现代物流运作体系。

大田集团的终极目标是打造全球性的中国最佳的以供应链管理为核心的综合物流供应商。凭借十几年累积的物流经验和雄厚的资金实力，大田集团正在实施"六年三步走"的发展战略，强势进入陆路运输领域。为适应当代物流市场的需求，公司计划建立起一个运输管理系统，前期投入人民币4亿元打造公路运输标准产品。

一、仓库条码解决方案流程

解决方案流程如图1所示。

二、仓库条码解决方案流程解析

1. 合同管理系统

合同是商务业务和费用结算的依据，系统通过对合同的规范化、模式化和流程化，合理地分配物流服务的实施细则和收费标准，并以此为依据分配相应的资源，监控实施的效果和核算产生的费用，同时对双方执行合同的情况进行评估以取得客户、信用、资金的相关信息，交给客户服务和商务部门作为参考。

2. 调度管理系统

调度管理系统用于大型物流企业的业务集中调度管理，适用于网状物流、多址仓库、多式联运、共同配送、车队管理等时效性强、机动性强、需要快速反应的物流作业管理，以应付客户的柔性需求，减少部门之间的沟通环节，保证物流作业的运作效率。

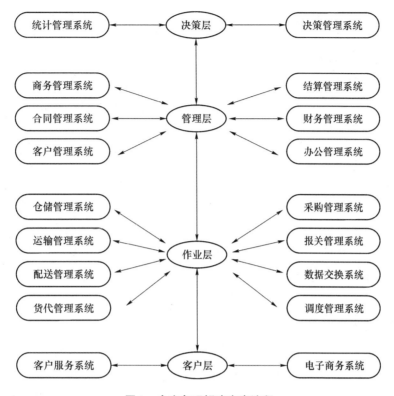

图1 仓库条码解决方案流程

3. 配送管理系统

配送管理系统是物流公司的核心业务系统，它要求系统稳定、性能高、操作方便。主要是在进行客户货物的配送时，负责车辆、配送点、路线和运输价格的维护管理。配送点主要负责接收客户订单，并联系总公司车队将货物运送到收货配送点完成货物的配送工作。由配送点制定价格并提交给总公司进行审核。客户为配送货物需要支付相应的费用。

4. 货代管理系统

货代管理系统满足国内一级货运代理的要求，完成代理货物的托运、接取送达、订舱配载、多式联运等多项业务需求，支持航空、铁路、公路和船务运输代理业务，并配合物流的其他环节，实现物流的全程化管理以及实现门对门、一票到底的物流服务。

5. 运输管理系统

运输管理系统对所有运输工具，包括自有车辆和协作车辆以及临时的车辆实行实时调度管理，提供对货物的分析、配载的计算以及最佳运输路线的选择。支持全球定位（GPS）和地理图形系统（GIS），实现车辆的运行监控、车辆调度、成本控制和单车核算，并提供网上车辆以及货物的跟踪查询。

6. 结算管理系统

结算管理系统是对企业所有的物流服务项目实现合同价格一条龙管理，包括多种模式的仓租费用、运输费用、装卸费用、配送费用、货代费用、报关费用、三检费用、行政费用、办公费用等的计算。根据规范的合同文本、货币标准、收费标准自动产生结算凭证，为客户以及物流企业（如仓储、配送中心、运输等企业）的自动结算提供完整的结算方案。

7. 客户管理系统

客户管理系统通过对客户资料的收集、分类、存档、检索和管理，全面掌握不同客户群体、客户性质、客户需求、客户信用等信息，以提供最佳客户服务为宗旨，为客户提供方案、价格、市场、信息等各种服务内容，及时处理客户在合作中遇到的各类问题，妥善解决客户合作中发生的问题，培养长期的、忠诚的客户群体，为企业供应链的形成和整合提供支持。

8. 报关管理系统

报关管理系统集报关、商检、卫检、动植物检疫等功能的自动信息管理于一体，满足客户跨境运作的需求。系统支持联机自动生成报关单、报检单，自动产生联机上报的标准格式，自动发送到相关的职能机构，并自动收取回执，使跨境物流信息成为无缝物流信息传递，使报关、报检业务迅速、及时、准确，为物流客户提供高效的跨境物流服务。

9. 数据交换系统

数据交换系统提供电子商务化的 WEB - EDI 数据交换服务，通过电子商务网站或者基于 Internet 的数据交换通道，提供标准的 EDI 单证交换，实现与供应链上、下游合作伙伴之间低成本的数据交换，为供应链企业数据交换、电子商务数据交换以及未来开展电子支付、电子交易创造条件。

10. 财务管理系统

财务管理系统结合成熟的财务管理理论，针对物流企业财务管理的特点，根据财务活动的历史资料进行财务预测和财务决策，运用科学的物流成本核算、作业绩效评估手段，从财务分析的角度，对企业发展战略、客户满意度、员工激励机制、企业资源利用，企业经济效益等方面进行分析，并得出有关财务预算、财务控制、财务分析报告，为实现企业价值最大化提供决策依据。

11. 统计管理系统

统计工作作为企业管理的基础，按照物流行业的标准，针对物流企业的经营管理活动情况进行统计调查、统计分析、统计监督，并提供统计资料。按照物流企业的统计要求，对物流企业的各项经营指标及经营状况进行分类统计和量化管理。

12. 决策支持系统

决策支持系统及时地掌握商流、物流、资金流和信息流所产生的信息并加以科学地利用，在数据仓库技术、运筹学模型的基础上，通过数据挖掘工具对历史数据进行多角度、立体的分析，实现对企业中的人力、物力、财力、客户、市场、信息等各种资源的综合管理，为企业管理、客户管理、市场管理、资金管理等提供科学决策的依据，从而提高管理层决策的准确性和合理性。

任务一 运输管理信息系统概述

现代运输管理是对运输网络的管理，在这个网络中传递着不同区域的运输任务、资源控制、状态跟踪、信息反馈等信息，是物流管理信息系统的重要组成部分，运输是整个供应链管理中不可或缺的一个环节，运输的效率直接影响整个物流系统的运作。

通过信息管理运输的有效运作可以为需要第三方物流公司服务的企业节约大量的成本，同时也会给第三方物流企业带来丰厚的利润。

然而，如何合理有效地实现运输系统利润的最大化、服务最优化，这是长期困扰物流企业和企业物流部门的问题。保持物流信息的畅通、合理地使用各方资源是物流企业和部门发展的基本条件，因此运输管理系统的建立是必不可少的。

一、运输信息的含义

运输信息是指在运输业务中所发生的信息，主要包括运输活动发生、完成的各种单据，包括提单、运费清单和货运清单等。

1. 提单

提单是用户购买运输服务所使用的基本单证，起着货物收据、运输合同证明和提货凭证的作用，也是在货物发生灭失、损坏或延误的情况下，请求损害赔偿最基本的证明。提单上需列明货物唯一真实的受领人、交接方式、运费、货物信息（名称、包装、数量等）、具体运输条款、有关承运人与托运人的责任以及索赔与诉讼等问题。除统一提单外，其他常用的提单类型还有订货通知提单、出口提单和政府提单。

2. 运费清单

运费清单是承运人收取其所提供的运输服务费用的一种单据，列明运费的款项及费用金额。运费分预付和到付。

3. 货运清单

货运清单是当单独一辆运输工具上装载多票货物时，用于明确总货载具体内容的单独文件。它列明了每一个停靠站点或收货人的地址、提单、质量以及每票货的清点数等，目的是提供一份单独的文件，用于明确总货载中的具体内容，而无须检查个别的提单。对于一站到底的托运货物来说，货运清单的性质与提单基本相同。

二、运输信息管理具体内容

运输信息管理是对运输信息进行计划、组织、指导、协调和控制的系统活动的总称。运输信息管理的内容涉及运输工具、运输人员、货物以及运输过程各业务环节的信息管理，下面着重介绍货物跟踪管理和运输车辆运行管理。

（一）货物跟踪管理

货物跟踪管理是指物流企业利用物流条码和 EDI 技术及时获取有关货物运输状态的信

息（如货物品种、数量、货物在途情况、交货期限、发货地、到达地、货主、送货车辆、送货负责人等），提高物流运输服务质量的方法。具体步骤为：首先将货物运输状态的基本信息制成物流条码印制或贴在货物包装或发票上，然后在取货、配送和收货时利用扫描仪读出物流条形码中的货物信息，通过公共通信线路、专用通信线路、卫星线路或是互联网把货物的信息传递到总部的中心计算机进行汇总整理储存。终端顾客可以实现对货物状态的实时查询，查询时只需输入货物的发票号，便可及时、准确地查到货物的运输状态。

货物跟踪管理首先要标准化物流条码，其次是配备各种设施，如扫描仪、专用通信网络等，因而投资较大。物流运输企业和用户只需在互联网上建立自己的网站，便可以对已开展的运输业务进行货物跟踪管理。

（二）运输车辆运行管理

运输车辆运行管理是针对物流运输作业中的运输车辆处于分散状态而进行的对在途运输车辆的管理。通过定位系统确定车辆在路网中的位置，可及时调配车辆、快速满足用户的需求，避免车辆完成运输任务后放空。车辆运输管理系统可分为以下两种。

1. 应用 MCA 无线技术的车辆运输运行管理系统

这种系统由无线信号发射及接收控制部门、运输企业的计划调度室和运输车辆组成。计划调度室与运输车辆之间通过无线信号进行双向通话。物流企业在接到顾客运输货物的请求后，将货物品种、数量、装运时间、地点、顾客的联系电话等信息输入计算机；同时将运行车辆移动通信装置发出的有关车辆位置和状态的信息，通过 MCA 系统由计算机确定，并自动给最靠近顾客的车辆发出装货指令，由车辆所装备的接收装置接收装货指令并打印出来。系统能提高物流企业的运输效率、服务水平。但受 MCA 无线发射频率的限制，只能用于城市的车辆计划调度管理。

2. 应用通信卫星、GPS 技术、GIS 技术的车辆运行管理系统

这种系统中物流运输企业的计划调度中心与车辆之间的双向通话借助于卫星通信进行。物流运输企业的计划调度中心发出的装货指令通过公共通信线路或专业通信线路传到卫星控制中心，由卫星控制中心把信号传送给通信卫星，再由通信卫星把信号传送给运输车辆，而运输车辆通过 GIS 系统确定车辆所在的位置，找到到达目的地的最佳路线；同时通过车载通信卫星接送天线、GPS 天线、通信联络控制装置和输出装置，将车辆所在的位置和状况等信息通过卫星传回到企业计划调度中心，以便于调度中心把握全局。这种系统的采用，对于实现企业车辆的最佳配置、提高物流运送业务效率和顾客满意度都具有重大意义。不足之处在于投资大、通信费用高。

任务二 运输管理信息系统的基本功能

运输管理信息系统是一种基于信息技术的管理信息系统，系统实现了道路运输管理数据资源共享，提高了工作效率，并且使道路运输管理工作透明化。可一目了然地展现各种运输

工具的运行状态、运力使用率和每日运输调度规划，同时接收来自托运人或者第三方物流供应商有关集装箱的信息或者发布的相应要求，可以在最大限度内减少托运人和承运人的经营成本，提高经济效率。运输管理信息系统如图10.1所示。

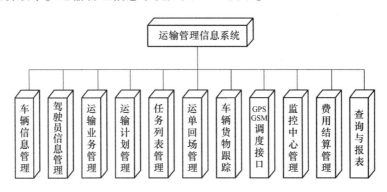

图10.1 运输管理信息系统

1. 车辆信息管理

车辆信息管理模块是对运输车辆的信息进行日常的管理维护，随时了解车辆的运行情况，以确保在运输任务下达时，有车辆可供调配。它主要包括车辆的一些基本属性，如载重量大小、运行年限、随车人员的要求以及是否监管车辆等。

为确保车辆的最佳运行状态，需要定期或不定期地对车辆进行维修和保养，从而保证整个运输业务过程中的安全和准时，进一步提高对客户的服务水平。

2. 驾驶员信息管理

对驾驶员的基本信息进行管理，以随时跟踪驾驶员的情况，并对驾驶员的学习情况、违章记录、事故情况、准驾证件以及其他证件进行管理。同时可以考核驾驶员的业务素质，以保证驾驶员队伍的稳定和发展。在驾驶员的管理中，还需要对驾驶员的出勤情况进行管理，以便在任务安排时可以自动判断其在任务当时是否能够正常出勤。

3. 运输业务管理

登记客户需要进行运输的货物信息，以便合理地安排运输计划。客户的一个委托为一笔业务，这里有三种情况：一是这笔业务是由其他操作流程转过来的，比如说可能是客户在报关、国际货运代理时就同时需要提供运输服务的；二是由物流公司自行承接的业务，即由销售人员与客户交流的结果；三是合作伙伴提供的货源信息，当物流公司把货物运抵目的地后，正好合作伙伴需要将某些货物带回。保证信息沟通顺畅，可以减少车辆的空载率，进一步降低物流成本，更好地吸引客户。

4. 运输计划管理

根据客户的要求安排运输计划，一笔业务可以安排一次运输计划，也可以安排几次运输计划。这就需要根据实际情况做出合理的安排。运输任务的大小、客户时间要求的限制等都是安排运输计划所要考虑的因素。

5. 任务列表管理

将运输计划分解成一笔一笔的任务，这样在安排车辆时就可以根据地点、时间、车班情况进行优化与组合，同时选择最优的运行路线，达到较高的车辆利用率和效益。

当然对已经由计算机自动制作出来的任务表，还可以对一些不合理的地方进行修改。根据已经生成确定的任务表制作派车单，并及时地将派车单交给当班的驾驶员，实施运输计划。

6. 运单回场管理

驾驶员把货物送至目的地并驾车回场后，将客户收货确认单带回，输入本次执行任务后的一些信息，如行程、油耗、台班数、货物有无损坏和遗失以及是否准点到达等，这些数据将作为数据统计分析的基础。

另外，可以将派车单的内容写入 IC 卡，这样出车的车辆就具有电子身份证的功能。这是根据不同的地方对营运车辆管理需要而设计的，它同样可以提高工作效率、减少人为的差错。如在集装箱车辆进入港区后，需要将 IC 卡交付工作人员进行货物确认，否则车辆将不允许进入岗区。

7. 车辆货物跟踪

车辆货物跟踪是以 GPS（全球卫星定位网）系统、GSM（全球个人通信）和 SMS（短消息网）、FLEX（高速寻呼网）、Internet 为基础，采用数据分析和智能化决策支持、GIS（地理信息系统）等技术，对车辆进行调度、监控、防劫防盗、报警、移动综合信息服务的业务活动。

它利用 GSM 的短消息功能和数传功能将运输工具的具体位置和其他信息传送至主控中心的计算机上，在主控中心进行地图匹配后显示在 GIS 监控器上。主控中心能够对移动车辆的准确位置、速度和状态等必要的参数进行监控和查询，从而科学地进行车辆调度和管理，实现对车辆的实时动态跟踪，极大地提高了运输的工作效率，同时加强了对运输成本的控制。当移动车辆在紧急情况或其安全受到威胁的情况下，可以向主控中心发送报警信息，从而及时得到附近交通管理或保安部门的支援。

（1）GPS 系统的构成。智能化调度信息网络平台主要由一级调度信息网络中心、二级调度信息网络中心、车载终端系统和通信网络系统构成。其中，通信网络系统以移动通信网络为主。

（2）自动收货确认系统。此系统在硬件上由便携式电子扫描枪和带无线通信模块的PDA 两部分组成。

8. GPS、GSM 调度接口

利用 GSM 公用数字移动通信网作为监控中心与移动目标（如车辆）之间的信息传输媒介，并利用 GPS 定位技术、电子技术、计算机技术、网络技术，结合运用电子地图地理信息系统，实现对移动目标（车辆）的位置、状态监视并利用 Internet 向外发布信息。通过这套系统可以实现以下功能：

（1）将中心要发送的信息按通信协议处理并向车载设备发送。

（2）接收车载设备根据通信协议发来的信息，得到有效的车载信息存储记录。如果工作站在线，则将信息发到对应的工作站上。

（3）自动调节通信信息流量，保证通信畅通。

（4）初始化并自动监测 GSM 通信机的状态，监视并显示出通信状态。

（5）地理信息电子地图图层的分层显示、管理。

（6）矢量电子地图的放大、缩小、平移。

（7）矢量电子地图的编辑、修改功能。

（8）车辆的监控、调度、管理。

（9）发送短消息。

（10）显示接收到的短消息。

（11）接收车载设备的紧急报警信息并发出声光提示。

（12）远程遥控功能。

（13）指定车辆允许的行驶路线。若车辆行驶偏离，则自动报警。

（14）指定车辆允许的行驶区域。若车辆越界，则自动报警。

（15）历史资料检索与历史轨迹回放、打印。

（16）资料统计打印。

（17）地图打印。

9. 监控中心管理

（1）电子地图功能具体包括：

①分层、多窗口显示电子地图图层，矢量电子地图的放大、缩小、平移、测距（直线、折线），地理信息查询。

②复杂地理信息的添加、编辑、删除。

③用不同的颜色、图标显示不同种类的车辆。

④地图打印输出。

⑤将车辆的位置信息以图标的形式显示在电子地图上，并可将偏离的轨迹居中到道路上。

（2）车辆监控、调度功能具体包括：

①中心可向一辆或多辆车载发送文字信息（如调度指令）、控制指令（立即回报当前位置信息、定时汇报位置信息、立即监听、电话功能的设置、断油断电、开闭车厢锁）和车载设备配置信息（监控中心的 SIM 卡号码、短消息服务中心号码）。

②中心可以直接接收车载发回的位置信息、速度信息、车辆运行状态信息、车载内预定义的文字信息、报警信息（如紧急报警信息、超速报警、越界/越线报警信息）。

③接到报警信号后，发出声光提示信息。

④历史轨迹回放。

⑤设定行驶路线或行驶区域，并指定相应的车辆。

⑥按需要将车辆编组，短信可在组内进行广播。

（3）通信管理功能具体包括：

①初始化时或运行中，自动监测 GSM 通信机的状态，实施监视并显示出系统的通信状态，发现故障发出声光信号，提示值班人员。

②设置中心 GSM 通信机内 SIM 卡短消息服务中心的号码。

③使中心能与 GSM 网接口。

④接收车载设备根据通信协议发来的信息，得到有效的车载信息、存储记录，将信息发给对应的工作站。

⑤将中心要发送的信息按通信协议处理并向车载设备发送。

⑥自动调节通信信息流量，保证通信畅通。

10. 费用结算管理

分析核算每一笔业务的实际活动成本及实际收益，以便管理人员分析利润，并规划下一步的业务方向。同时，能够对相同作业进行对比分析，对各种可利用资源进行成本控制。

11. 查询与报表

运输业务涉及的客户比较多，而且往来频繁，对于每个客户及各分包方的管理就显得尤为重要。运输业务的特殊性经常导致与客户之间台账的错误及混乱。系统需要提供详细的账单管理功能，对报表进行查询和管理。

任务三 运输线路最优化计算

一、运输管理系统对运输单元的资源进行实时的调度、跟踪

（1）调度管理自有的、协作的和临时的车辆信息。

（2）合理安排驾驶员、车辆、任务三者间的关系。

驾驶员的基本资料分别如图10.2和图10.3所示。

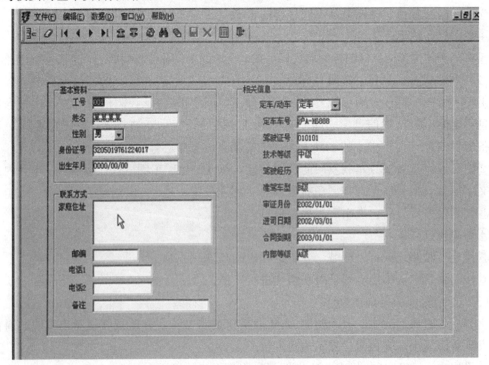

图10.2 驾驶员的基本资料（一）

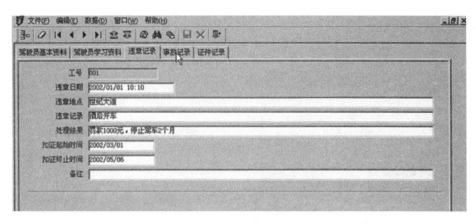

图 10.3　驾驶员的基本资料（二）

二、对运输车辆的信息进行日常的管理维护

（1）包括车辆的基本属性，如载重量、可载容积、运行年限以及随车人员的要求等。

（2）为确保车辆的最佳运行状态，需要定期或不定期的对车辆进行维修保养，从而保证整个运输业务过程中的安全和准时，进一步提高客户服务水平。车辆基本资料界面如图 10.4 所示；车辆保养计划界面如图 10.5 所示。

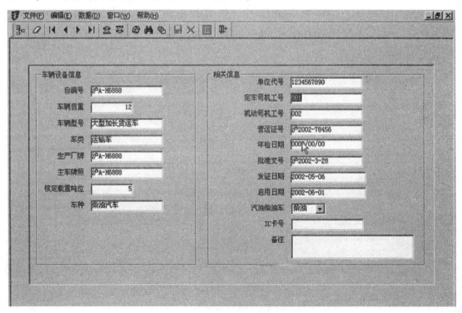

图 10.4　"车辆基本资料"界面

三、运输业务信息管理

1. 运输业务登记

登记客户需要进行运输的货物、运输要求、起运地、目的地、运输交货时间等信息，以便合理地安排运输计划。

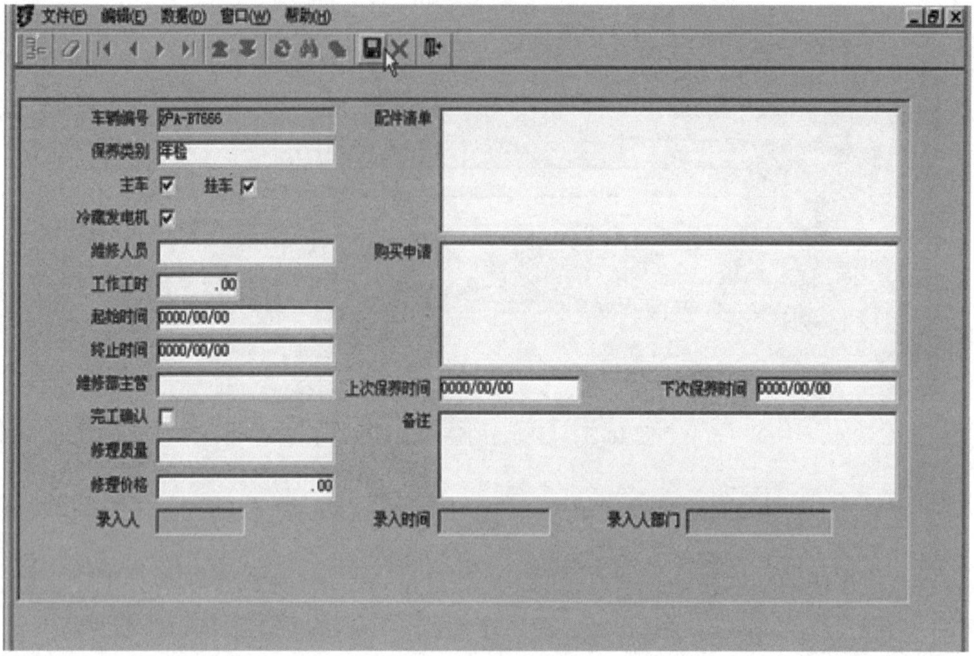

图 10.5 "车辆保养计划"界面

在订车单审核的时候，操作员需要查看这些资料是否齐全、有效。对于新增的订车单，如果是合同客户，可以直接选择相关资料；如果是临时客户，则需要操作员手工录入订车资料，如图 10.6 所示。

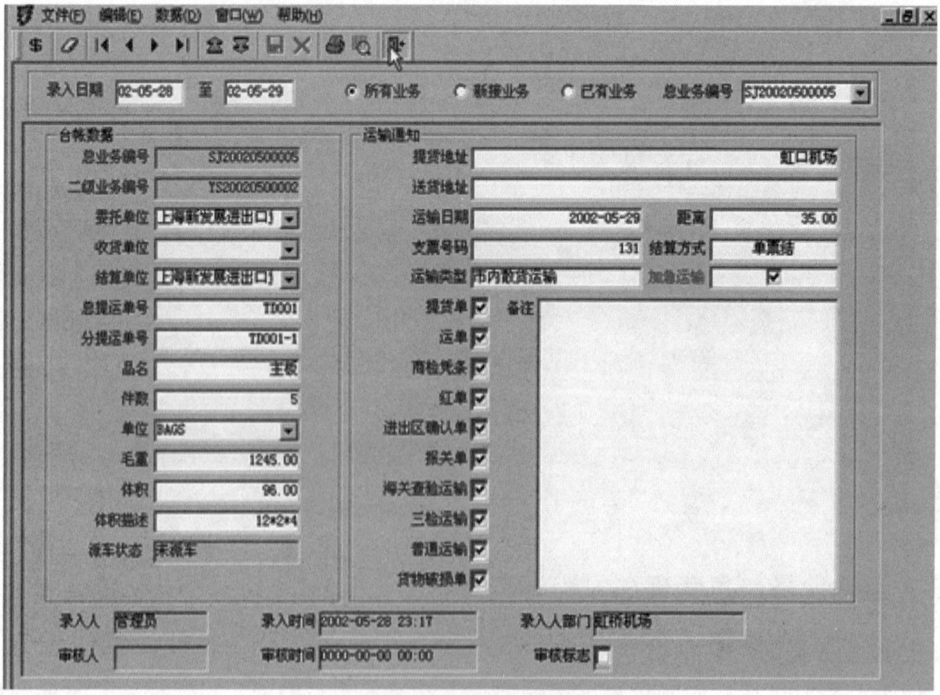

图 10.6 "运输通知单"界面

2. 任务列表管理

对系统自动计算制作的任务表，还可以进行人工修正。根据确认后的任务表制作派车单，并及时将派车单交给当班的驾驶员，实施运输计划，如图 10.7 所示。

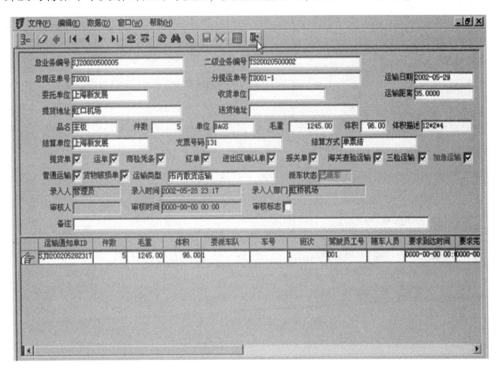

图 10.7　"调度计划书"界面

当所有线路属性设置完成后单击"设置"图标来设置线路系数。设置好参数后单击【保存】按钮，系统将根据线路参数来选择线路，如图 10.8 所示。

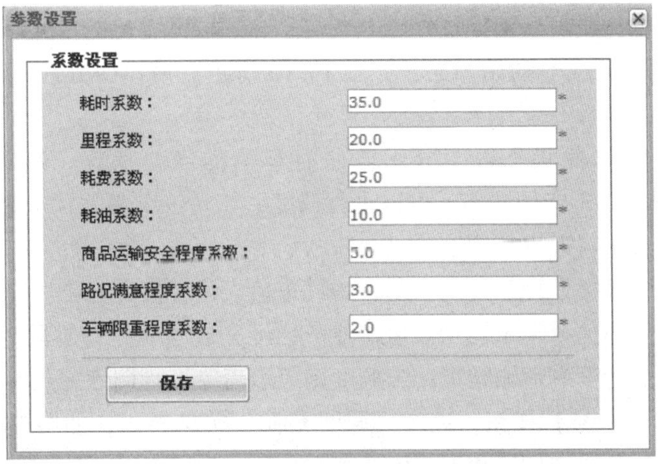

图 10.8　线路"参数设置"界面

当线路系数设置好后单击"计算最优线路"图标，系统将根据设置的线路选择一条最优的线路，如图 10.9 所示。

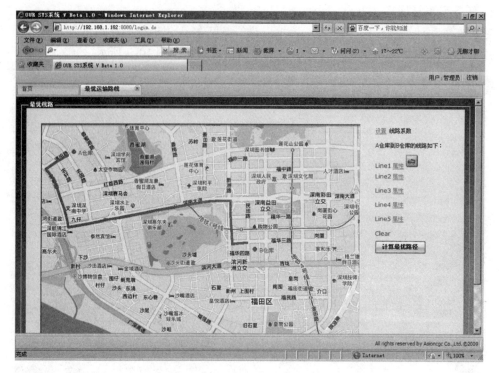

图 10.9 "最优路径"界面

任务四 运输调度配载系统信息

订车单确认之后，就可以进行调度配载的操作。在调度配载时需要知道目前有哪些车辆可以进行调度，哪些订单需要处理，还要知道各车辆所处的位置状态，以方便调度配载。

在本模块中，操作员可以清楚地知道这些信息，并根据各自的情况对订车单进行处理。

（1）进入"调度配载"初始界面，如图 10.10 所示。该界面分为车辆状态区和货运处理区两个部分。

①车辆状态区。车辆状态区会显示出所有车辆的当前状态。如果该车辆的状态为"－"，表示该车现在处于空闲状态，可以进行调度；如果该车辆的状态为"托运"，表示该车现在正在承运中，不可以进行调度。

②货运处理区。货运处理区会列出所有的订车单。订车单分为未调度、已调度和托运完毕三种状态。托运完毕的订车单表示该运输业务已经完成（费用计算除外）；已调度表示订车单已经处理，但是还没有运输结束；未调度则表示需要进行调度配载的处理。

（2）单击【订车单号】按钮，进入"调度配载"实操界面，如图 10.11 所示。该界面可分为调度、承运公司选择区和配载区三个部分。

①调度区。调度区是不能进行操作的，该区域会列出本次调度的相关资料。

②承运公司选择区。左边的承运公司选择区是提供给操作员选择承运公司以及承运车辆的区域。操作员可以选择与本公司有合同的承运公司，也可以输入临时承运公司，不过如果

选择临时的承运公司，所有的信息就需要操作员手工输入。承运资料录入完毕，单击【提交】按钮并保存。

图 10.10　"调度配载"初始界面

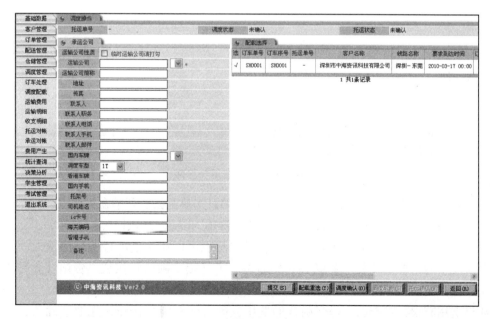

图 10.11　"调度配载"实操界面

③配载区。承运公司和承运车辆选定之后即转到调度配载区，所有没有进行调度配载的订车单都会在本区域显示出来。操作员可以根据需要将一份或者几份订车单配载到一辆车上进行运输。配载完毕后单击【调度确认】按钮；如果需要重新调度，选择【调度取消】按

钮。承运完毕，单击【托运确认】按钮，本次承运工作完成。

任务五　运输明细、费用管理

一、运输费用

调度配载完毕，需要对运输费用进行处理。这里的运输费用分为两类：一类是本公司应该收取的费用；一类是应该付给承运公司的费用。两类费用之间的差额就是本公司的盈利。系统设定的运输费用除了正常的运输费用以外，还包括了一些附加的费用，如空返费用、停车费用等。这些费用是否收取，由合同或者别的协议来决定。"运输费用"界面如图 10.12 所示。

图 10.12　"运输费用"界面

进入费用处理界面，所有已经完成调度配载的订车单都已经列举在界面上，操作员单击需要进行费用处理的订车单号，即可进入"费用清单"界面，如图 10.13 所示。

系统会按照已经生效的报价计算费用，操作员也可以在这里进行费用的输入、修改操作。确认无误后，单击【提交】按钮；然后再单击【提交确认】按钮。费用计算完毕，费用确认界面如图 10.14 所示。

如果费用有误，对于已经提交确认的费用，单击【取消】按钮，先取消确认，然后就可以对费用进行修改；对于没有提交确认的费用，直接修改即可。修改完毕，单击【提交确认】按钮，完成费用的修改。

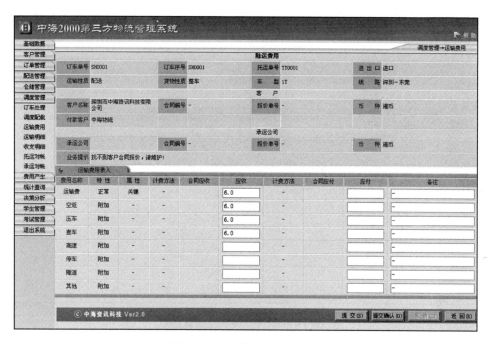

图 10.13　"费用清单"界面

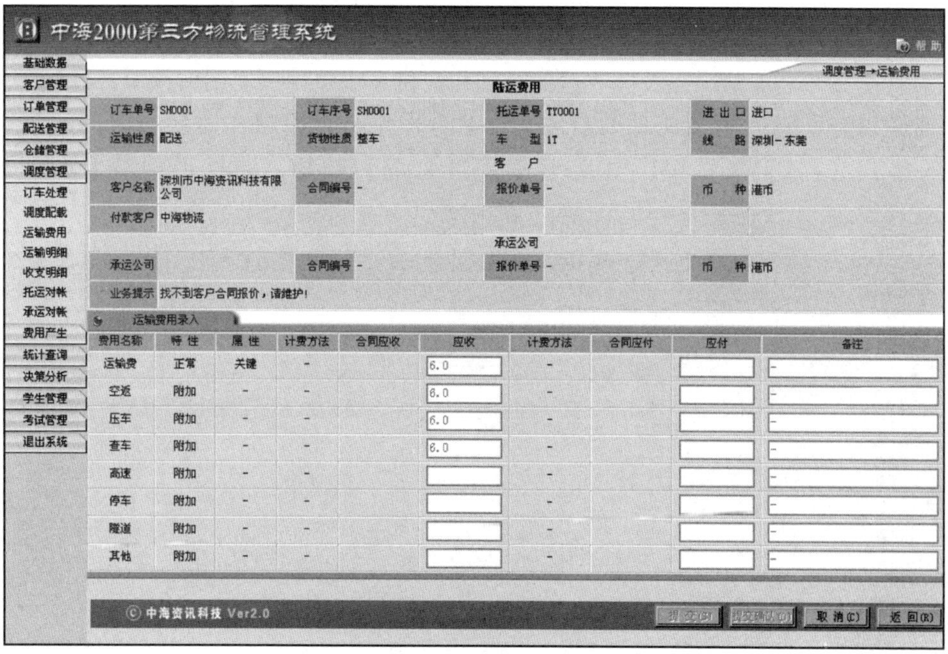

图 10.14　"费用确认"界面

二、运输明细

本模块可以对一段时间内的运输明细进行查询，操作员可以在这里查询到这段时间所有的承运资料，包括承运公司名称、运输线路、运输产生的各种费用。

操作员只需要填写查询的时间段，然后单击【查询】按钮即可得到查询的结果，如图 10.15 所示。

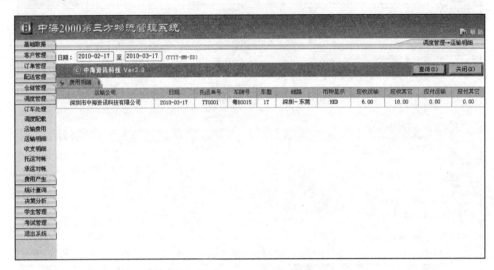

图 10.15 "查询"界面（运输明细）

三、收支明细

本模块可以查询到某段时间内的运输收支明细，包括费用产生的时间、单号、参与操作的公司名称、具体运输情况以及应收运输费用和应付运输费用、使用何种币种计量等。

系统默认查询时间为当前日期前的一个月，操作员可以根据需要对时间段进行修改（日期的格式为：YYYY - MM - DD）。单击【查询】按钮，即可得到需要的数据，如图 10.16 所示。

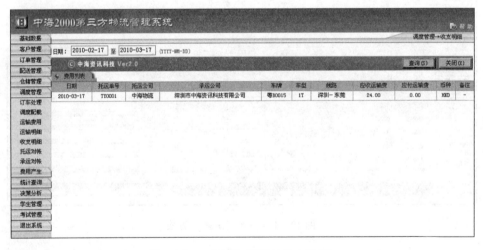

图 10.16 "查询"界面（收支明细）

★知识拓展

物流综合实例

中海是中国海外集团全资子公司，属国有企业，总投资 1.2 亿港币。1994 年在深圳福田保税区注册成立的现代第三方物流公司，在清水河投建 4 万平方米中海货运市场，拥有 100 多部货柜车及吨车，均装 GPS 卫星定位系统，为广大客户提供国内空运、公路运输、国际海运、空运、仓储，报关，报检，国际快递等服务，从报价、接载、报关、制单各个流程为客户提供查询信息。公司利用中国海外集团的海外机构，在全球 100 多个国家设有 1 000 多个办事处。

现有白桦家具公司从上海 shayne 国际控股有限公司处购入一批家具，先由上海运往香港的德利集团（香港）有限公司，接着从香港德利集团（香港）有限公司处提取货物并运到深圳的保税区进行储存转口，最终运往美国家具销售集团。白桦家具公司计划将物流业务外包，找到中海物流（深圳）有限公司，经询价后有合作意向。客户（白桦家具公司）与物流公司（中海物流）签订物流合作合同一份。合同的内容资料如下：

（1）商品类别：家具。

（2）品种：沙发。

（3）服务需求：委托报关、委托运输装卸、仓储。

（4）运输方式：公路。

（5）价值：US＄19344.00。

（6）合作期限：3 个月。

（7）保管要求：包租形式，专用仓位，防潮、防蛀、防晒。

物流公司合同审批表如表 1 所示。

物流公司商务部向物流公司配送中心发出"合约执行单"，同时配送中心也会收到由白桦家具传送过来的"采购需求单""发票""装箱单"。配送中心经确认后制作出订车单（也称为货物运输委托书），并传送到深圳市长城物流发展有限公司进行订车。订车单的制作如表 2 所示。

车辆备好后，深圳市长城物流发展有限公司通知中海物流公司的配送中心。中海物流公司配送中心根据白桦家具深圳有限公司提供的"采购需求单"制作出提货单和提货确认单，并交给运输公司的司机作为提货凭证。提货单和提货确认单如表 3 所示。

（1）提货单有别于提单。提单是用于航海运输的，而提货单是用于汽车运输的，是司机向发货人提货的凭证。

（2）提货单是用于司机提货的，因此提货单上的货物名称和编号一定要准确，在制作的时候必须列明。

待约定的时间到了，深圳市长城物流发展有限公司的司机就会拿着提货单、提货确认单、派车纸和托运单到指定的地方提货。装车前，白桦家具公司要向当地海关递交出口货物报关单和出境货物载货清单进行报关。报关放行后，白桦家具公司需在提货确认单上签字确认，司机也需要在交货确认单上签字确认。接着司机从装货地向目的地出发。同时，白桦家具公司要通知中海物流公司出境已放行，并向物流公司配送中心发送一份出境的报关资料（该资料可选由司机亲自拿到物流公司，或选择利用传真）。

表1 物流公司合同审批表

项目描述	客户名称：			所在地：
	业务：		价值：	
部门意见	报关部			负责人： 年　月　日
	配送部			负责人： 年　月　日
	仓管部			负责人： 年　月　日
	运输装卸部			负责人： 年　月　日
	财务部			负责人： 年　月　日
	项目委员会			负责人： 年　月　日
备注				
部门经理		总经理		

表2　订车单

货物运输委托单					
以下由委托人填写：		NO：AP08041401			
落货纸号		入仓号			
货物编号	货物名称	数量及包装/个（箱）	净重（kg/个）	毛重（kg/个）	体积（m³/个）
L10－891411－M	一人牛皮摇椅沙发/头层配二层	9	53.00	68.00	1.03
L10－910120－M	一人牛皮摇椅沙发/头层配二层	5	47.00	66.00	0.54
L10－910121M	一人牛皮摇椅沙发/头层配二层	30	58.00	77.00	0.74
L10－910123－M	一人牛皮摇椅沙发/头层配二层	30	70.00	92.00	0.87
	合计	74	4 552.00	6 012.00	60.27
装货时间	2008－04－15	卸货时间	2008年4月15日　X时		
所需车辆	拖架类型 C2/C6/C11 拖架（40HQ）				
装货地点	公司名称和地址：德利集团（香港）有限公司　元朗钢锈壆攸路50号				
	联系人：王先生				
	联系电话：				
深圳清关	公司名称和地址：中海物流（深圳）有限公司　　广东省深圳市福田保税区金花路蓝花道				
	联系人：陈先生				
	联系电话：0755－25304921				
卸货地点	公司名称和地址：中海物流（深圳）有限公司　　广东省深圳市福田保税区金花路蓝花道				
	联系人：贺先生				
	联系电话：0755－25304921				
备注（个性化的服务要求）：					

如不需要委托我司报关，请填写以下信息

大陆口岸：

| 报关公司名称： | | 报关地址： | |
| 报关联系人及电话： | | | |

香港口岸：

| 报关公司名称： | | 报关地址： | |
| 报关联系人及电话： | | | |

表3 提货单和提货确认单

××物流有限公司 CHINA OVERSEAS LOGISTICS (SHENZHEN) CO., LTD.					
提 货 单 　　Delivery Order　　　NO. APT08041401					
＿＿＿＿地区、场、站 收货人/通知方：		中海物流（深圳）有限公司			2008 年 4 月 15 日
司机名称： 林永斌	柜号： AMFU 8799155		货柜尺寸： 40'HQ		装货地点： 香港
内地车牌号： 粤－福 1015	香港车牌号： FB8633		启运地： 香港		目的地： 深圳
部件编号	货名	件数 （个）	质量 （kg/件）	体积 （m³/个）	包装 种类
L10－891411－M	一人牛皮摇椅沙发/头层配二层	9	68	1.03	箱
L10－910120－M	一人牛皮摇椅沙发/头层配二层	5	66	0.54	箱
L10－910121－M	一人牛皮摇椅沙发/头层配二层	30	77	0.74	箱
L10－910123－M	一人牛皮摇椅沙发/头层配二层	30	92	0.87	箱
合　　计		74	6 012	60.27	箱
标记唛码包装种类： 纸箱（总件数：74 个） PO NO. L0553001					
请核对清单上货物的编号及货物的规格型号，并在下面签名：					

业务指令单

日期：2008 - 04 - 15

配送中心：仓储系统（ ）   IIPC 系统：（ √ ）   MIK 系统：（ ）   （以车为单位）

发货人：ASPEN	出/入仓单号：	电子底单号：
收货人：中海物流	AP8041603	475131100800007269

货物名称	一人牛皮摇椅沙发/头层配二层 "(35 - 55)" * "(30 - 50)" * "(30 - 50)" HS 货名：皮革或再生皮革面的装软垫木框	作业模式： 进　境：（ √ ）　　　　出　境：（ ） 转关进境：（ ）　　　转关出境：（ ） 转关进区：（ ）　　　转关出区：（ ） 集报进区：（ ）　　　集报出区：（ ） 逐单进区：（ √ ）　　　逐单出区：（ ）	
总件数	74 个	一般贸易进区：（ ）　　一般贸易出区：（ ）	
包装类型	纸箱	区内转仓（ ）　区内转厂（ ） 分批出区（ ）	
总体积	60. 27 m³	客户特殊要求描述：	
毛重	6 012 kg	净重	4 552 kg	无（ ）　　植控（ ）　　卫控（ ）

车辆信息：

车辆安排	海福安排（ √ ）	运输路线	起：中国香港
	货主安排（ ）		止：HF（ √ ）　SK（ ）　HK（ ）
车型	40HQ	车牌	国内车牌：粤 - 福 1015　香港车牌：FB8633
		车型柜号	AMFU8799155
备注	一车一单（ √ ）		
	一车多单（ ）共（ ）单	车辆批次号：	
	一单多车（ ）	车辆数：1 辆	

EDI 号码：212046569
共 1 份

备注：

报关：

EDI 录入员		时间	审单人员		时间	单证交回配送时间	

粘贴电子底单处：

发货人签章		司机签章		收货人签章	

续表

×× 物流有限公司

CHINA OVERSEAS LOGISTICS（SHENZHEN）CO.，LTD.

提货确认单

托运单号：YT08041401 日期：2008 - 04 - 15

订车单号：AP08041401 车牌：国内车牌：粤 - 福 1015 香港车牌：FB8633

收货公司：中海物流 柜号：AMFU 8799155 托运公司：ASPEN

路线：香港—深圳

收货电话：0755 - 25304921 车型：40HQ 承运公司：深圳市长城物流发展有限公司

收货地址：广东省深圳市福田保税区金花路蓝花道 车数：1 辆

编号	货物名称	数量	单位	体积 /m³	质量 /kg	交货地点及联系人	备注
L10 - 891411 - M	PRESOTT RECLINER W/MOTOR	9	个	1.03	68.00	元朗钢锈墅攸路 50 号	
L10 - 910120 - M	BURBANK ARMLESS UNIT	5	个	0.54	66.00	元朗钢锈墅攸路 50 号	
L10 - 910121 - M	BURBANK LAF END	30	个	0.74	77.00	元朗钢锈墅攸路 50 号	
L10 - 910123 - M	BURBANK RAF 2 ARM END	30	个	0.87	92.00	元朗钢锈墅攸路 50 号	
合计：		74	个	60.27	6 012.00		

制单：XXX 货物、单证签收： 司机签名：×××

思考题 ▶▶▶

1. 运输管理信息系统在物流中的工作流程是什么？

2. 什么是运输管理信息系统？其有哪些基本职能？

3. 运输管理信息系统中应用了哪几种技术？其作用是什么？

4. 运输管理信息系统在物流应用中应注意哪些问题？

国际货运代理信息系统

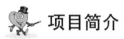 项目简介

国际货运代理是为进出口货物提供跨国运输的服务性行业，也是功能较多的管理型物流企业。其对硬件设施要求较低，更多的是对企业内部管理与运作时的内部与外部信息交流配合、业务管理的软件要求。国际货代管理信息系统是一个以货代为工作范畴、管理为主要操作手段、信息为主要数据载体的系统。

一、国际货运代理的基本概念

国际货运代理（简称货代）是指接受进出口货物收货人、发货人的委托，以委托人的名义或者以自己的名义，为委托人办理国际货物运输及相关业务并按提供的劳务收取一定报酬的行业。

货运代理企业可以作为代理人从事国际货运代理业务，接受进出口货物收货人、发货人或其代理人的委托，以委托人名义或者以自己的名义办理有关业务，收取代理费或佣金；也可以作为独立经营人从事国际货运代理业务，接受进出口货物收货人、发货人或其代理人的委托，签发运输单证、履行运输合同并收取运费以及服务费。

货运代理企业是以服务和价格为主要竞争手段的服务型物流企业，时效性要求很强，工作流程的安排在提高工作效率和服务质量上起着关键的作用。而信息系统的应用可以起到优化流程安排、加强管理、提高服务水平的作用，如何将信息系统的功能与货运代理流程较好地结合是各货运代理企业，尤其是大中型货运代理企业一直寻求解决和提高的问题。同样，信息系统在货运代理企业成本核算中也起着重要作用。

二、国际货运代理的业务范围

国际货运代理的业务范围具体如下：

（1）提供揽货、订舱（含租船、包机、包舱）、托运、仓储、包装服务。

（2）提供货物的监装、监卸，集装箱的拆箱、分拨、中转及相关的短途运输服务。

（3）提供报关、报检、保险服务。

（4）签发有关单证、交付运费、结算及交付杂费服务。

（5）提供国际展品、私人物品及过境货物运输代理服务。

（6）提供国际多式联运、集运（含集装箱拼箱）服务。

（7）提供国际快递（不含私人信函）业务服务。

（8）提供咨询及其他相关国际货运代理服务。

但这些并不是每个国际货运代理企业都具有的经营范围。由于各个国际货运代理企业的具体情况不同，商务主管部门批准的国际货运代理业务经营范围也有所不同。具体如下：

（1）代表发货人办理货物在出口运输中的具体业务，包括安排运输、装箱、储存保管、编制单证、一关两检、监装货物、结算费用、保险、代收提单、其他咨询和服务。

（2）代表收货人办理货物在进口运输中的具体业务，包括安排一关两检、提货、付费、拆箱储存、内陆运输、空箱返还、其他咨询和服务。

（3）代表出口地或进口地货运代理安排货物的分拨、托运等有关事宜，包括在出口地接收货物、装箱、签发货代提单、收取运费，在进口地从承运人处按单提货、拆箱、仓储、办理货物分拨、交付。

（4）以无船承运人或多式联运经营人的身份组织运输签发自己的运输单据（提单），提供全方位服务。

（5）当货运代理作为海关代理办理有关进出口商品的海关手续时，不仅代表海关的客户，而且代表海关当局，其主要职责是进行货物出口 EDI 数据预录入，办理海关手续，申报货物确切的金额、数量、品名，使政府在税收等方面不受损失。

三、贸易术语与国际货运代理的责任关系

贸易术语又称价格术语，它用三个英文字母的缩写来说明买卖双方的有关费用、风险和责任的划分，确定买卖双方在货物交接方面的权利和义务。贸易术语回答了以下四个涉及买卖双方切身利益的问题：

（1）卖方在什么地方，以什么方式办理货物的交接。

（2）由谁办理货物的运输、保险及通关手续，并承担相关的风险和费用。

（3）由谁承担货物在运输过程中可能出现的货物灭失或损坏风险。

（4）买卖双方需要交换哪些单据，并承担有关责任和义务。

贸易术语指明了由出口方还是进口方办理运输业务，也划分了运输费用支付的界限。对货运代理而言，贸易术语确定了货主需要货运代理企业办理业务的范围。

最常用的有 CIF（到岸价格）与 FOB（船上交货价格，离岸价格）。如果货运代理企业收到出口货主的 CIF 货物委托，货运代理将有可能需要安排国内段、出口海运段运输及出口报关、商检等；若收到出口 FOB 委托，仅需安排国内陆运及出口报关报检事务。而 EXW（工厂交货）、FCA（货交承运人）、CPT（运费付至运输目的地）、CIP（运费、保险费付至指定目的地）、DDU（未完税后交货）和 DDP（完税后交货）给"门到门"全程服务提供

了可能，为货运代理企业安排全程运输提供了机会。

四、国际货运代理的信息管理

国际货运代理企业是为进出口商提供货物运输、存储服务的企业，包括国际海空运输、多式联运、货物装卸、堆存等多个环节，需要运用外贸、航运、金融、保险、仓库、码头、地理、政治等广泛的专业知识，要涉及配合与银行、海关、商检、卫检等政府职能部门的业务，还要随时与分布在全球范围的分支机构代理公司和承运人保持密切的联系，及时向客户反馈货物流转的情况，作业环节多，需要处理的信息量非常庞大，且都有时效性。为了协调这样复杂协作的业务，又派生出了大量针对不同需求的单据。

传统运作方式虽勉强能够支撑业务，但因本身的局限性很难有新的突破，如果不依赖先进的管理和操作技术，就会被市场淘汰。因此，在信息高度发达的今天，要想利用传统的作业模式为客户提供及时、有效的服务是不可能的，未来货运代理企业的发展必将充分利用现代信息技术和网络技术，采用信息技术改造传统的操作方式，将货运代理企业纳入物流供应链的信息链中，从技术角度扩大货运代理企业的发展空间。所以，建立一个高效实用的信息管理系统是货运代理企业的当务之急。

工作流程

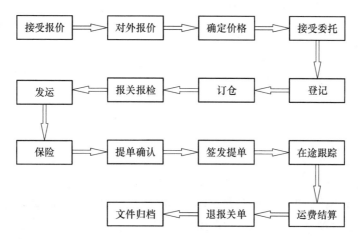

国际货运代理的业务流程包括以下内容：

一、询价

（1）货主询价，货运代理流程开始。

（2）货运代理向船公司询价。

（3）货运代理向货主报价。

（4）货主交给货运代理订舱委托单，即货主与货运代理的委托契约。

二、货运代理订舱

（1）货运代理审核订单，为货主选择合适的船公司。

（2）货运代理订舱，缮制自己的订舱委托单。

（3）船公司给货运代理订单号（适航提单）。

三、牵涉的报关、商检及拖车等环节

（1）货运代理凭货主的装箱单发票向海关提交申请。

（2）安排拖车去工厂装箱并运到堆场。

四、船公司安排货物上船

（1）确认提单内容，告诉货主船况。

（2）缮制提单，核对费用。

（3）集装箱上船后的第二天向船公司索要提单（付款提单）。

（4）船公司签发海运提单。

（5）向货主收取费用，发提单给货主。

（6）如果是自己缮制提单，在目的港请代理收回自己的提单。

（7）有代理的需发出货预报，包括到货时间、地点等，并缮制自己的有关单据。

（8）货主在两年内可调用单据查询（一般情况下单据可保存 3 年）。

（9）交货期限为 60 天。

 学习目标

一、掌握国际货运代理的系统操作

（1）熟悉国际货运代理信息系统的功能模块：基础数据信息资料、对外报价、业务操作、单证制作。

（2）熟悉国际货运代理业务流程；掌握国际货运代理企业各个工作岗位业务单据的制作过程，如制作托运单、订舱单、提单、派车单、报关单等。

（3）了解整个国际货运代理信息系统的构成；掌握货运代理业务的各个环节及其相互间的关系。

二、业务单据管理

（1）掌握托运单的生成方法，对托运单的信息进行维护管理。

（2）掌握业务操作流程：向船公司订舱、委托派车、报关，并自动生成各种单证。

（3）掌握单证管理，主要是对提单的维护管理。

★案例导入　　　　　　　　　　　**案例分析**

某货运代理公司接受货主委托，安排一批茶叶经海运出口。货运代理公司在提取了船公司提供的集装箱并装箱后，将整箱货交给船公司。同时，货主自行办理了货物运输保险。收货人在目的港拆箱提货时发现集装箱内异味浓重，经查明，该集装箱前一航次所载货物为精萘，致使茶叶受精萘污染。

请问：（1）收货人可以向谁索赔？为什么？

　　　（2）最终应由谁对茶叶受污染事故承担赔偿责任？

分析：（1）可向保险人或承运人索赔。因为根据保险合同，在保险人承保期间和责任

范围内，保险人应承担赔付责任；因为根据运输合同，承运人应提供"适载"的符合性证书（Certificate of Conformity，COC），由于COC存在问题，承运人应承担赔偿责任；也可以向货运代理公司索赔，货主与货运代理之间有着委托代理关系。

（2）由于承运人没有提供"适载"的COC，而货运代理在提空箱时没有履行其义务，即检查箱子的义务，并且在目的港拆箱时异味还很浓重，因此，承运人和货运代理应按各自的过失比例承担赔偿责任。

任务一　国际货运代理信息系统功能规划原则

一套完善的货运代理信息系统可以出色地完成货运代理业务所有信息的管理和维护，提供对运输工具的调度和管理，对货物进行实时跟踪，还能够实现数据的一致性，使得各系统高效地共享数据，提高工作效率，从而增强货运代理企业的经济效益。其信息系统覆盖业务、管理和企业战略发展三个层面，产品和解决方案终点为船东、船运代理、货运代理、第三方物流企业、运输企业、仓储企业等提供服务，并延伸至货主企业的物流部门。

货代信息系统功能规划原则如下：

1. 以人为本、方便操作、提高效率原则

信息系统的目标就是通过IT技术提高效率，从而更好地实现企业目标。在信息系统功能规划时更要体现这一原则，在功能实现与组合、界面设计、权限管理方面，方便公司一线业务人员、管理人员、公司外部使用者等各方使用者的使用。具体来说，要使功能易于理解，减少使用者的输入量，以使用者为中心设计操作界面。

2. 以流程观念为核心原则

在功能规划和实现上，通过业务进度、时间节点、时限警告、状态转换等多种方式实现流程化操作和管理，使信息系统更有效地与国际货代业务的实际操作相结合。同时建立和深化不同业务流程及业务流程与财务流程、管理流程之间的关系，打破以职能为基础的部门界限，以更好地实现信息交流。

3. 完整性原则

功能规划要符合全面、完整地覆盖信息化的要求。在功能框架的搭建上要全面，并具有一定的前瞻性。在功能设计上要能适应各类业务的需求，即使由于企业规模或业务发展的原因暂时不会使用部分功能，也需在设计中留有相应的接口，以便于将来的拓展。

任务二　货运出口管理系统

货运出口管理系统可以完成国际货运代理企业的海空出口业务的操作与管理，即完成接单、制单、订舱、提单签发、费用登记确认等业务流程的管理。

1. 订舱委托

接收客户的委托及时审核单证，并按要求订舱，自动生成委托书。此模块的信息输入是后续流程操作的基础。

2. 操作调度

完成整箱、拼箱的装箱操作以及集装箱的箱单制作。此模块还可实现安排仓储计划、运输计划等操作。

3. 单证处理

实现提单的制作签发、保管单据的流转及跟踪管理、单据格式的自定义等功能。

4. 查询统计

实现对运箱量、集装箱及提箱信息、费用信息、操作记录以及操作状态等信息的查询统计。货运出口流程如图 11.1 所示。

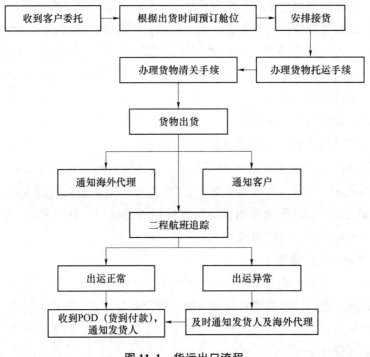

图 11.1 货运出口流程

任务三 货运进口管理系统

货运进口管理系统可以实现国际货运代理企业的操作与管理，即完成接单、制单、报关、费用登记确认等业务流程的管理。

1. 业务委托

接受客户的委托，对进口货物信息进行登记、查询、跟踪，并输入各项费用。

2. 作业调度

实现提单及单据的管理，运输安排以及拼箱进口的分拨。

3. 单证处理

实现小提单、运输委托单以及费用流转清单的制作。

4. 查询统计

实现对业务量、费用信息以及其他信息的查询统计。

业务管理主要有以下几种流程的操作：

（1）货物出运通知：订舱理货操作→理货列表→理货表→打印→货物出运通知。

（2）订舱表：订舱理货操作→订舱信息→打印→新增订舱单→检查存盘打印→订舱表。

（3）报关资料：订舱理货操作→理货信息→打印→报关资料。

（4）入库单：订舱理货操作→理货列表→理货表→打印→货场入库单。

（5）散货理货单：订舱理货操作→派车单→派车单列表→打印→散货理货单。

（6）订车通知：订舱理货操作→派车单→派车单列表→打印→订车通知。

任务四　销售管理系统

销售管理系统可以完成国际货运代理企业对客户资料、信用度、客户报价等的管理，进行销售人员业绩的考核、运价等公共信息的维护。

1. 合同管理

实现对合同信息的维护以及根据客户需要进行最优报价处理。

2. 客户关系管理

实现对客户基本信息、联系信息、服务信息等信息的维护，如客户信息的添加、修改、删除及查询。

3. 单位成本、业务考核

实现对销售人员的支出成本和利润进行统计分析。

4. 公共信息管理

实现对公开运价、船期等公共信息的维护。

任务五　费用管理系统

费用管理系统主要包括以下内容：

1. 应收应付、代收代付费用输入

输入或修改报关、仓储、运输等业务所产生的各项应收应付、代收代付费用。

2. 应收应付、代收代付费用审核

对各项费用进行审核。

3. 发票管理

进行发票的制作、打印、查询等。

4. 实收实付管理

进行实收实付费用的登记、审核、销账。

5. 应收应付、代收代付报表

进行各种应收应付、代收代付报表的制作、生成、打印。

6. 成本利润表、账龄分析表

进行成本利润表、账龄分析表的制作、生成、打印。

7. 对账自动传真、催账自动传真

自动生成传真文件。

任务六　决策支持系统

决策支持系统主要是根据国际货运代理企业的实际业务情况，对其经营情况与客户情况做出科学合理的评价。

1. 客户数据分析

该模块完成对客户资源、客户忠诚度、客户信用度的分析。通过客户资源分析确认潜在客户以减少企业的无效开支；通过客户忠诚度分析确认忠诚度比较低的客户以便制定合理的措施进行补救；通过客户信用度分析获得该客户的真实信用度，以减少资金的风险性。

2. 货源分析

通过货源分析，合理选择货源，开发高附加值的货源。

3. 业务数据分析

实现业务量分析、操作和服务质量分析、KPI指标分析、业务跟踪查询分析等。通过业务量分析对销售人员的业务量进行考核与对比分析；操作和服务质量分析用于计算差错率、任务按时完成率等指标以便掌握操作与服务的质量；KPI指标分析用于计算完美订单成功率、准时订单完成率、订单破损丢失率等指标；业务跟踪查询分析完成货物跟踪查询、业务跟踪查询。

4. 财务分析

实现成本利润分析和财务数据分析。成本利润分析用于对各部门、销售人员的业绩考核与对比分析；财务数据分析可以完成各类财务数据如应收账款、销售额等的统计分析。

5. 综合分析

完成物流业绩效果评估等综合分析。

★知识拓展

海运出口托运单

海运出口托运单 SHIPPING LETTER OF INSTRU CTION				
托运人 Shipper：				
编号 No.：　　　　　船名 S/S：　　　　　目的港 For：				
标记及号码 Marks & Nos.	件数 Quantity	货名 Description of Goods	重量（公斤）Weight Kilos	
			净 Net	总 Gross
			运费付款方式 Method of Freight Payment	
共计件数（大写）Total Number of Packages in Writing				
运费计算 Freight		尺码 Measurement		
备注 Remarks				
抬头 ORDER OF	可否转船 Whether transhipment allowed		可否分批 Whether partial shipment allowed	
通知 Notice	装运期 Period of shipment	有效期 Period of validity	提单份数 No. of B/L	
收货人 Receiver	银行编号 Bank No.		信用证号 L/C No.	

Shipper/Exporter:			**AEL-BERKMAN FORWARDING (HK) LTD.** **HAFFA** NEGOTIABLE FIATA MULTIMODAL TRANSPORT BILL OF LADING	
Consignee:			For delivery of goods please apply to:	
Notify Party:				
Pre-carriage by		Place of Receipt		
Vessel		Port of loading	B/L No.	Document No.
Port of discharge		Place of delivery	Final destination (for the merchant's reference only)	
Marks and numbers	No. of p'kgs or containers	Description of goods	Gross weight	Measurement

ORIGINAL

Particulars furnished by the Merchant

Freight and charges	Prepaid	Collect	Prepaid/Payable At	No. of Original B(s)/L
			IN ACCEPTING THIS BILL OF LADING, the Shipper, Consignee, Holder hereof, and Owner of the goods, agree to be bound by all of its stipulations, exceptions and conditions, whether written, printed or stamped on the front or back hereof, as well as the provision of the above Carrier's published Tariff Rules and Regulations, as fully as if they were all signed by such Shipper, Consignee, Holder or Owner. IN WITNESS whereof the Company or agent of the Company has signed the number of Bills of Lading stated herein, all this tenor and date, one of which being accomplished, the others to stand void. FOR AND ON BEHALF OF **AEL-BERKMAN FORWARDING (HK) LTD.**	
Total Charges			ISSUED ON AT	

SUBJECT TO CONDITIONS ON REVERSE SIDE

（受制于反面条件）

中华人民共和国海关出口货物报关单

预录入编号： 海关编号：SH0328866451

出口口岸		备案号		出口日期	申报日期
吴淞海关 2202				2006.06.10	2006.06.8
经营单位（0387124666）		运输方式	运输工具名称		提运单号
上海进出口贸易公司		江海运输	PUDONG V.503		KJSHBI 142939
发货单位		贸易方式	征免性质		结汇方式
苏州茶叶厂		一般贸易	一般征税		信用证
许可证号		运抵国（地区）	指运港		境内货源地
06AB122433		日本	大阪		上海
批准文号		成交方式	运费	保费	杂费
		CIF	502/815/3	502/984/3	
合同协议号		件数	包装种类	毛重（千克）	净重（千克）
TXT264		66	箱	429	330
集装箱号	随附单据			生产厂家	
GATU0506118/20/2280	Y：XK0511266			苏州茶叶厂	

标记唛码及备注 T.C

TXT264

OSAKA

C/NO.1-66

项号	商品编号	商品名称、规格型号	数量及单位	最终目的国（地区）	单价	总价	币制	征免
	0902.1090	中国绿茶		日本			502	照章
01		ART NO.555	100 千克		110.00	11000.00		
02		ART NO.666	110 千克		100.00	11000.00		
03		ART NO.777	120 千克		90.00	10800.00		

税费征收情况

录入员	录入单位	兹声明以上声报无讹并承担法律责任	海关审单批注及放行日期（签章）		
	3101042233		张玲		2006.06.9
报关员	李莉	申报单位（签章）	审单	审价	
单位地址	上海中山路1321号	上海进出口贸易公司 报关专用章	征税	统计	
			查验	放行	
邮编	电话 65788877	填制日期 2006.06.8	张华		2006.06.10

思考题

1. 什么是国际货运代理？其功能规划应遵循哪些原则？
2. 在物流中，货运代理的业务范围有哪些？
3. 货物进口管理系统模块功能有哪些？
4. 简述费用管理系统的功能。

参 考 文 献

［1］李云清．物流系统规划［M］．上海：同济大学出版社，2011．

［2］何明珂．物流系统论［M］．北京：高等教育出版社，2012．

［3］方仲民．物流系统规划与设计［M］．北京：机械工业出版社，2004．

［4］董维忠．物流系统规划与设计［M］．北京：电子工业出版社，2006．

［5］施李华．物流战略［M］．北京：对外经济贸易出版社，2012．

［6］蔡临宁．物流系统规划——建模及实例分析［M］．北京：机械工业出版社，2011．

［7］郝勇，张丽．物流系统规划与设计［M］．北京：清华大学出版社，2008．

［8］丁立言，张铎．物流系统工程［M］．北京：清华大学出版社，2013．

［9］李波．现代物流系统规划［M］．北京：中国水利水电出版社，2010．

［10］朱隆亮．物流运输与组织［M］．北京：机械工业出版社，2012．

［11］何倩茵．物流案例与实训［M］．北京：机械工业出版社，2013．

［12］曹前锋．物流管理案例与实训［M］．北京：机械工业出版社，2011．

［13］李玉民．配送中心运营管理［M］．北京：电子工业出版社，2012．

［14］齐二石，高举红．物流系统规划与设计［M］．北京：清华大学出版社，北京交通大学出版社，2011．

［15］网址：http：//www.doc88.com/p－182656639876.html．

［16］网址：http：//wenku.baidu.com/view/66949b8671fe910ef02df804.html．

［17］李安华．物流系统规划与设计［M］．成都：四川大学出版社，2013．

［18］网址：http：//www.qzbsg.gov.cn/zt/ztyj/Details/2f9bfacf－ef64－4a2a－a50f－87595dffe336．

［19］网址：http：//max.book118.com/html/2011/1208/836073.shtm．

［20］中国物流与采购联合会．中国物流年鉴（2005）［M］．北京：中国物资出版社，2009．

［21］朱强，桂寿平．基于系统动力学的区域物流建模方法的研究［J］．武汉理工大学学报，2003，4．

［22］吴清一．现代物流概论［M］．北京：中国物资出版社，2011．

［23］王转．配送中心系统规划［M］．北京：中国物资出版社，2013．

［24］徐泽水．关于层次分析中几种标度的模拟评估［J］．系统工程理论与实践，2010，7.

［25］尤建新，朱岩梅，张艳霞．物流系统规划与设计［M］．北京：清华大学出版社，2009.

［26］孙焰．现代物流管理技术——建模理论及算法设计［M］．上海：同济大学出版社，2004.

［27］李浩，刘桂云．物流系统规划与设计［M］．杭州：浙江大学出版社，2009.

［28］孙东川．系统工程引论［M］．北京：清华大学出版社，2013.

［29］网址：http：//www. 210. 35. 72. 22：7777/upload/file/11630548245.

［30］Francis X. Diebold. Elements of Forecasting［M］．北京：中信出版社，2013.